# すぐに▼役立つ

◆イザというときに困らない◆

# 最新 親の入院・介護・財産管理・遺言の法律入門

認定司法書士 **中村啓一**／社会保険労務士・中小企業診断士 **森島大吾** 監修

三修社

## はじめに

　人は誰でも年齢を重ねるにつれて、徐々に健康状態が悪化したり、身の回りのことができなくなっていくものです。今日では高齢者だけの世帯や高齢者の一人暮らし世帯が増えています。子どもが高齢の両親について何らかの形で面倒をみることが多いですが、介護等をする家族の負担も過大になります。介護保険により受けられるサービスにはさまざまなものがあり、複雑ですので、サービスをあらかじめ知って事前の備えをしておくことが大切です。

　また、日常生活を送る上で不安があれば、老人ホームや介護施設など、新しい住まいへの転居も検討しなければなりません。実際に入居して生活していくために施設の特徴や入居条件、提供されるサービスの内容を知り、後から困らない程度の知識をつけておく必要もあります。

　さらに、財産管理についての悩みもあります。身近な親族などにより財産管理が行われることは多いですが、身近な親族がいなかったり、高齢や障害などにより財産管理ができないことも増えてきています。そこで、いざというときのために、財産管理についての制度を理解しておく必要があるわけです。

　本書は、親が重い病気にかかり入院した場合にはじまり、医療保険、介護が必要な状態になった場合の介護保険や介護施設、自ら財産の管理ができなくなった場合に利用する可能性のある成年後見制度、財産管理等委任契約、信託契約、遺言、身内が亡くなったときの手続きまでを網羅的に解説しているのが特徴です。

　2018年の介護保険法改正や民法の相続法改正など、最新の法改正にも対応しています、本書をご活用いただき、皆様のお役に立てていただければ監修者として幸いです。

監修者　認定司法書士　中村　啓一

社会保険労務士・中小企業診断士　森島　大吾

# Contents

## 第3章　介護保険のしくみと活用法

# 第1章

## 親の介護や財産管理が必要になったら

# 親を介護をする際の心構え
# について知っておこう

親が元気なうちに話し合いの機会を設ける

## ■ 親が高齢になったらしておくこと

　親が高齢になった場合、どうしても体力面・健康面に不安が生じることは事実です。時には目をそむけたくなるような内容ではありますが、何も対策をとらないまま親が倒れるという事態に遭遇してしまうと、精神的にも慌ててしまい、経済面でも負担が生じるという事態になりかねません。親が健在なうちに、いざという時に備えた話し合いを、家族全員で行っておくことが重要です。

　話し合いの際に把握しておくべき点としては、**親の望んでいる内容を確認**することです。たとえば、自力での生活が困難となった場合の居住地などは重要な質問事項になります。今住んでいる家を終の棲家とするか、子と同居するか、介護施設に入所するか、などの選択肢があるため、きちんと確認をとっておきましょう。

　また、医療や介護にどのくらいの金額を費やすことができるか、などの経済状態や、病気になった際の余命告知、延命治療、遺言などの問題

も把握しておく必要があります。

　その他、介護が必要になった場合の在宅介護・施設介護の選択や、家族との連携体制の取り方、希望する施設や費用などもあわせて家族間で確認しておくのがよいでしょう。

## ■ 家族間で意思の疎通を図る

　高齢者を在宅で介護する場合に気をつけることは、**できることは自分でやってもらうようにすること**です。身体能力の低下を少しでも防ぐためにも、寝たきりにしないことが大切です。

　たとえば、食事の時間はベッドから出てイスに座って食事をする、お手洗いへ1人で歩いていくなど、無理のない範囲でかまいません。

　また、介護は長期に及ぶ場合もありますので、家にいる時間の多い主婦1人が仕事を抱え込むようなことがないように注意しましょう。床ずれを起こさないようにしたり、お風呂に入れたりと力仕事もありますし、1人ですべてこなすには負担が大きいといえます。同居している家族だ

けでなく、親戚を含めて協力しながら介護を進めていくことが大切です。

## 遠距離介護の場合の注意点

遠距離介護とは、親と子が離れた場所で生活しており、互いに現在の居住地を離れないまま親の介護を行うことです。親子ともに住み慣れた環境の中で介護生活を送ることで、精神的不安を解消できるというメリットがあります。

遠距離介護を行う場合に気をつける点としては、まずは金銭面の問題です。距離が離れているので、介護のたびにある程度の交通費がかかります。期間が長くなればなるほど負担が増すため、他の家族に援助を依頼してもらう方法も検討しましょう。

また、最近では航空会社で介護割引を打ち出している所があります。通常時と比較すると3～4割の削減

をすることが可能なため、飛行機の利用が必要となる距離の場合は検討する価値があります。飛行機の場合はマイレージサービスを利用するのも一つの方法です。

列車の場合は、会員登録を行いインターネットで予約を行うことで運賃が割引となるサービスがあります。詳細は各鉄道会社によって異なるため、事前に確認をしておくことが重要です。

## 介護について相談したいと思ったら

各地域の機関や施設では介護相談や介護支援、介護技術の習得支援を行っています。高齢者の生活全般の相談や介護に関する相談は福祉事務所や地域包括支援センターに相談しましょう。

**地域包括支援センター**は、高齢者の生活を地域全体で支えていくための施設で、地域で暮らしている高齢

### 介護をするときの心構え

| 親側の要望確認 | 子側の要望確認 |
|---|---|
| ・自力生活困難時<br>・病気になった場合<br>・要介護時(在宅・施設)<br>・費用の準備　　・遺言 | ・自力生活困難時の居住地<br>・入院時の費用<br>・延命治療<br>・介護体制(在宅・施設)　・遺言 |

**家族での意見疎通（意見のすり合わせ）**

者が日常生活を送る上で抱えている課題の把握や、支援するための具体的な事業を行っています。高齢者虐待の防止や早期発見にも努めています。地域包括支援センターは、日常生活圏域単位ごとに設置されますが、運営は社会福祉法人や医療法人に委託される場合もあります。地域包括支援センターには、保健師や社会福祉士、主任ケアマネジャーといった専門スタッフが配置されています。地域包括支援センターでは、こうした専門スタッフを中心として、高齢者虐待などから高齢者の権利を守る権利擁護事業や、介護予防事業・包括的支援事業を行います。

その他、市区町村の窓口よりも身近な相談場所として、**在宅介護支援**センターがあります。主に特別養護老人ホーム、デイサービスセンター、医療機関などに併設され、日夜問わず、家族の相談に対応しています。

## 予防や要支援・要介護者の自立生活を支援する事業

介護保険の介護給付や予防給付は要介護認定で要介護・要支援の認定を受けないと利用できませんが、市町村は、要介護・要支援状態に該当しなくても利用できる事業（地域支援事業）も行っています。高齢者が要支援・要介護状態にならないよう予防するための事業もあり、親の介護で悩みを抱えている人が利用できる可能性もありますから、地域包括支援センターで相談してみるとよいでしょう。

### 介護相談に応じている機関

| 機　関 | 提供しているサービス |
|---|---|
| 福祉事務所 | 家族で高齢者を介護する場合に、悩みを相談する機関。市区町村に設置される |
| 地域包括支援センター | 家庭での介護方法や利用できる介護サービスについて相談できる機関。病院や特別養護老人ホームなどに併設されている。現在、在宅介護支援センターからの統合が進められている |
| 在宅介護支援センター | 介護方法・介護予防の知識や技術を習得させるための家族介護者教室を実施 |
| ファミリーサポートセンター | 仕事と育児、仕事と介護の両立を支援するためのサービスを提供する機関 |

# 2 親が倒れて入院したらどうする

いざという時に備え、シミュレーションや入院手順を知っておく

## 連絡を受けたらどうする

　親が倒れたとの連絡を受けた場合、第一に考えるべきことは、距離や状況にもよりますが、一刻も早く親の元へ向かうことです。病状が軽い場合でも、直接顔を合わせることは、よりお互いが安心できるという効果があります。

　突然の連絡で、平静ではいられず慌ててしまうことも十分考えられます。親と同居している場合や近隣に住んでいる場合であれば即座の対応が可能ですが、親と離れて暮らしている場合などは、いざという時に備えて自宅や職場から親のいる場所までの経路や交通手段などについてシミュレーションをしておくことが重要です。職場以外にも、行きつけの病院や習いごとなどの定期的に出かける場所があれば、忘れずに調べておきましょう。

## 救急で病院に運ばれた場合

　救急車などで病院へ運ばれ、入院や手術が必要な状況となった場合は、遠方に住んでいる場合であってもまずは病院へ向かいましょう。距離が遠いときや事情などですぐに到着することができない場合は、他の親族にも連絡し、駆けつけるよう頼む方法や、応援を要請する方法も有効です。

　病院へ到着したら、まずは親の容体を伺い、その上で入院の手続きや入院中の看病体制、退院後の動向について検討します。親の今後を左右する判断となるため、病院の担当医などの判断を仰ぎながら、できるだけ冷静に検討していく必要があります。

　両親が健在で、一方の親が入院することになった場合は、元気である方の親に協力をしてもらうことができますが、その親も介護が必要な状態である場合や、そもそも一人暮らしの親であった場合は、子が先導して行うことになります。

　親の入院中は、原因となる病気やケガの治療はしてもらえるものの、着替えや食事などは親族が行う場合があります。もともと親と同居、あるいは近くに住んでいる場合であれ

ばある程度のサポートは可能ですが、自身がフルタイム勤務で思うように休みが取れない場合や、遠方に住んでいる場合はカバーしきれない可能性があります。自身の他にも兄弟（姉妹）がいる場合は話し合いの場を設け、どのような体制で親を支えて行くかを検討しなければなりません。

## 入院準備について

一般的に病院へ入院する場合は、入退院について扱う受付で手続きを行います。その際には、まずは病院の診察券と保険証（健康保険・国民健康保険・後期高齢者医療など）が求められます。

その後、入院申込書に記入を行い、提出します。必要となる項目の中には、連帯の保証人や身元引受人が求められる場合があるため、検討する必要があります。

また、入院が必要になった場合は、外来の窓口よりあらかじめ入院指示書を受け取ることになります。入院指示書には、病状や入院にあたっての注意事項が記載されているため、こちらもあわせて入院申込みの手続きの際に提出します。

## 入院診療計画を活用する方法もある

入院が長期にわたった場合は、親の生活をどのようにサポートするか、仕事はどうするか、なども考えなければなりません。

このような場合に有効となるのが、**入院診療計画書**です。入院診療計画書には、病気やケガの具合や治療の方法やその日程、予想される入院の期間、退院に向けてのリハビリ内容などが細かく記されています。この計画書を見ることで、自分が親のためにどのように動いていけばよいのかをイメージすることができます。

入院診療計画書は、たいていの病院では入院後しばらくして（数日程度で）作成、配布されます。計画書を配布された際に、不明点についてはどんどん質問し、解決していきましょう。

## 院内のソーシャルワーカーへの相談は不可欠

医療ソーシャルワーカーともいい、社会福祉系の大学を卒業した者や、社会福祉士、精神保健福祉士などの資格をもつ者が担当します。社会福祉の専門家としての立場から、入院患者やその親族の不安や問題を取り除く役割を果たします。

医療ソーシャルワーカーは、入院中のさまざまな問題をサポートする他、患者が退院し、社会復帰を果たすための援助活動、病院関係者との連絡係などを受け持ちます。精神的不安を抱える患者や家族の相談役にもなり、漠然とした気持ちを抱える場合などで医師や看護師に相談しづらい場合などでも気軽に話を聞いてもらうことができます。親の退院後に介護施設への入所を検討している場合は、その際の手続き方法なども詳細にわたり教えてもらえるなどのメリットがあります。

## 親が倒れてから入院・退院までの流れ

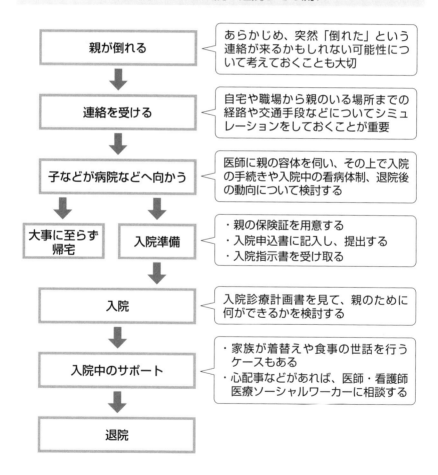

| 親が倒れる | あらかじめ、突然「倒れた」という連絡が来るかもしれない可能性について考えておくことも大切 |

| 連絡を受ける | 自宅や職場から親のいる場所までの経路や交通手段などについてシミュレーションをしておくことが重要 |

| 子などが病院などへ向かう | 医師に親の容体を伺い、その上で入院の手続きや入院中の看病体制、退院後の動向について検討する |

| 大事に至らず帰宅 | 入院準備 | ・親の保険証を用意する<br>・入院申込書に記入し、提出する<br>・入院指示書を受け取る |

| 入院 | 入院診療計画書を見て、親のために何ができるかを検討する |

| 入院中のサポート | ・家族が着替えや食事の世話を行うケースもある<br>・心配事などがあれば、医師・看護師医療ソーシャルワーカーに相談する |

| 退院 |

# 3 在宅介護と施設介護のどちらを選択するか

**ある程度の経済力がないと施設介護への入所は難しい**

## どのタイミングで決断すればよいか

　実際に親が一人で生活することが困難になった場合、**在宅介護と施設介護**、どちらの方法を選択するかは、親にとっても家族にとっても非常に重要な決断となります。目先の事象にとらわれて安易に答えを出すと、誤った選択をしてしまう可能性があるので、検討は慎重に、親や家族の意見を聞きながら行わなければなりません。

　在宅介護と施設介護の決断を行うタイミングには、主に2種類のターニングポイントがあります。一つは、**両親のうち片方が亡くなった場合**などです。これまでは両親が助け合って生活していたとしても、一人になった場合に、高齢化した親が炊事・洗濯などを行い、日用品の買い出しに出かける行為が続けられるかを考えることになるでしょう。親自身の意思もあるため、話し合った上でしばらく様子を見るか、定期的に訪問するか、ヘルパーに依頼するか、そして、同居して在宅介護を行うか、

施設への入所を考えるかなどの選択肢があります。

　もう一つは、**同居して在宅介護を選択した際に不都合が生じた場合**などです。親と子の互いが支え合って生活するはずが、仕事の都合が合わない場合やバリアフリーへの改装が必要になった場合、常時介護を要するため家族の負担が増した場合などに、介護事業者の助けを借りながら在宅介護を続けるか、施設への入所を検討するかを考えることになります。

## 総合的な経済力を把握し、不足した場合の方法を考える

　施設へ入所する場合は一時金や月額費用、そしてオムツなどの日用品のためにある程度の費用を用意しておかなければなりません。

　子自身の給料や貯金から費用負担ができれば問題はないかもしれませんが、現在は親の面倒まで見る余裕のない経済状態の家庭が多くあります。そのような場合に選択肢を狭めないためには、親自身の経済力を把

握しておくことが重要です。

　現時点で親と別居している場合などは、連絡を密に取り、健康状態に加え経済状態も見ておく必要があります。月々の年金額や預貯金、土地や家などはどうなっているのかを把握し、施設介護への入所が可能かを検討していきます。

　自分自身、そして親自身の経済力では施設介護が難しい場合もありますので、兄弟姉妹など相談できる親族がいる場合には費用負担面でも協力し合うことが重要です。また、土地や建物を持っている場合には、抵当権を設定して介護に必要な資金を借り入れる、リバースモーゲージ（自宅を所有しているが、収入が少ないという高齢者が、自宅を担保にして金融機関から老後資金を借り、一括または年金の形で受け取るしくみ）を活用する、といった手段も検討します。

## ■お金がないと施設には入れない

　施設介護を検討する場合、どの介護施設にどの程度の費用がかかるのかを調べておくことが必須となります。施設によっては入所時の一時金がかかる場合とかからない場合があり、月額費用にもかなりの幅があります。費用を低額で抑えることがで

きる施設といえば、何といっても公的な施設である介護施設です。もっとも低額とされるのが特別養護老人ホームですが、希望者が多いため親が重度の要介護者でない場合は入所が困難な可能性があります。

　一方、民間の施設である有料老人ホームやシルバーハウジングは、公的施設よりは高額となるものの比較的お値打ちな価格で利用することができます。親の健康状態に沿った施設をピックアップし、費用もふまえて検討していく必要があります。

## ■親の年齢にもよるが経済的には在宅介護の方がよい

　在宅介護・施設介護のいずれにしても、ある程度の費用がかかることは事実です。しかし、経済的な負担を考えると、比較的安価に抑えることができるのは在宅介護を選択する方法です。

　在宅介護を検討する場合は、介護保険のサービスを利用する方法が不可欠です。まずは親の介護度の認定を受け、その上で認定を受けた要介護度に応じた月々の上限額内で介護保険にまつわるサービスを受けることができます。なお、サービスを利用した場合の自己負担割合は1割です。

たとえば、通常所得の家庭で要介護３の認定を受けた親を介護する場合は、利用限度額が270,480円となるため、自己負担割合はその１割である27,048円です。この利用限度額を超える介護サービスを受けた場合は、その全額を自身で負担しなければなりません。月額費用が30万円かかる介護施設が存在することから考えても、在宅介護を選ぶ方が経済的な負担を抑えることができるといえるでしょう。

## ■ 在宅介護の問題

住み慣れた家で生活することで安心感を得られることから、在宅で親を介護するケースも多くあります。

在宅介護を身内だけで行うことが大変となる場合に備え、介護保険制度を利用し、介護サービスを積極的に活用するのも一つの方法です。さらに、ケアマネジャー（介護支援専門員）のアドバイスを受け、訪問看護師などの専門家から、必要な知識と技術を教えてもらうことは、在宅介護をする上でとても大切なことです。

## ■ どんな体制で在宅介護をすればよいのか

実際に親を在宅介護する場合は、関係者全員で連携を組むことが重要になります。特定の人間に負担がかかりすぎないよう、離れて暮らす家族にも交代での介護を依頼する方法や、経済的な援助を求めるなどのサポートを求めます。

また、在宅介護をスムーズに行うには、介護者の中で中心となる人物をあらかじめ決めておく方法も有効です。この人物は、かかりつけの医療機関や介護機関との連携や家族間での意見収集、介護業務の指示や連携などを行い、在宅介護をとりまとめていきます。さらに、家族以外の協力者を求めることも効果的です。介護職に携わる知人や近所の人、ためこんだ気持ちを吐き出せる友人などの存在は、在宅介護を行うにあたり必ず大きな力となるでしょう。

## ■ 活用できる各種手当

在宅介護を行う際には、できるだけ多くの助成制度や各種手当の制度に関して情報収集をするようにしましょう。活用できる手当としては、たとえば親に精神または身体的に著しい障害があり、日常生活で常時、特別の介護が必要になる場合に、特別障害者手当（月額２万7350円）などがあります。

また、低所得世帯や要介護の高齢

者のいる世帯の場合は、生活福祉資金の貸付を利用することができます。生活再建までの間に必要な生活費用である生活支援費、敷金、礼金などの住宅の賃貸借契約を結ぶために必要な費用である住宅入居費、その他にも就学支援費や就職支度費といったさまざまな資金を借りることができます。

　この他に、各自治体が独自に「在宅高齢者介護手当」「ねたきり高齢者介護手当」などを設定して、経済支援を行っている場合もあります。支給を受けられる条件は自治体によって異なるため、居住する地域の自治体窓口に確認する方法が有効です。

　なお、親を介護しながら働く子の就業条件については、育児・介護休業法で、介護休業や勤務時間の短縮など制度が定められているので、仕事と介護の両立ができるような日程を組んだ上で事業主に相談してみるとよいでしょう。介護休業は、最大93日間まで3回に分けで取得することができます。また、介護休暇（対象家族1人につき年5日）は、1日または半日単位だけでなく、時間単位で取得することが令和3年1月から可能になりました。

## 在宅介護・施設介護の判断のポイント

**決断のタイミング**
　①両親のうち片方が亡くなった場合
　②同居在宅介護を選択した際に不都合が生じた場合
**総合的な経済力の把握**
　①子の経済力（給料・預貯金など）
　②親の経済力（月々の年金額や預貯金、土地や家など）

**施設介護**
・一時金・月額利用料の調査
・低価格の施設は介護の度合いによっては入所が困難
・親の健康状態に沿った施設で検討を行う

**在宅介護**
・比較的安価に抑えられる
・介護保険サービスを利用
（介護認定度合いに応じて自己負担限度額が異なる）

### 財産管理を人に頼みたい場合の手段

自分の財産管理を他人に頼みたいと思った場合に、信託、法定後見、任意後見、財産管理等委任契約、といった複数の方法が考えられるため、どの制度を利用すればよいか迷うかもしれません。この場合、現時点での判断能力の有無によって分けて考えるとよいでしょう。

・現時点で判断能力が十分ある場合

「今のところ判断能力は十分だが、少しずつ物忘れが増えてきているため、今のうちに自分の将来に備えておきたい」と考えているケースでは、現時点では判断能力に問題がないため、法定後見制度を利用することはできません。このような場合、任意後見契約（162ページ）や財産管理等委任契約（201ページ）を結ぶか、信託（34ページ）を利用することが考えられます。

**任意後見契約**は、本人に判断能力があるうちに、将来、認知症などで判断能力が低下した場合に備えて、あらかじめ、信頼できる人（任意後見人）との間で財産管理のあり方や、医療や介護などの手配についての取り決めをする契約です。契約締結には判断能力が必要ですが、判断能力が低下しない限り効力は発生しないため、判断能力がある間の財産管理を依頼することはできません。

しかし、判断能力はあっても、身体機能が低下したり、事故や病気で体が不自由になり外出が困難になった場合、銀行や役所での手続きや日常的な支払いを誰かに手伝ってもらう必要がでてくることもあります。そんなときに、利用できるのが**財産管理等委任契約**です。財産管理等委任契約は、財産の管理をお願いする人（委任者）と財産の管理をお願いされる人（受任者）が、財産管理についての委任契約を結ぶことで、受任者は、委任者の代理人として、財産管理に必要な事務を処理することになります。

財産管理等委任契約を締結するには、本人に判断能力があることが必要です。委任する内容が広範にわ

たって包括的な代理権限を受任者に与えてしまうと、勝手に財産を処分される危険性も否定できませんので、代理権限は限定しておく方がよいとされています。実務上では、任意後見契約といっしょに締結されることが多く、判断能力はあっても体が不自由になった場合や、病気やケガで長期的に入院した場合などに、家賃や水道光熱費などの支払い、日常的な財産管理、病院の入退院や介護施設への入退所等の手続きや支払いなどを代行してもらうために利用されています。

判断能力が低下しても、財産管理等委任契約は当然には終了しませんが、後見制度のように財産管理をゆだねられた者（受任者）をチェックする機関がないため、受任者が勝手に財産を処分したり費消する危険性は十分考えられます。そのため、判断能力低下後は、財産等委任契約は終了することを定め、判断能力低下後の財産管理として任意後見契約といっしょに契約するのがスムーズです。

本人に判断能力がある場合、財産管理等委任契約の他に、**信託契約**を締結することもできます。信託とは、財産の所有者（委託者）が、信頼できる人（受託者）に不動産や現

## 財産管理を人にゆだねる方法

| | 現在<br>（判断能力あり） | 現在<br>（判断能力不十分） | 将来<br>（判断能力不十分） |
|---|---|---|---|
| 法定後見 | 利用不可 | 利用可能 | 利用継続 |
| 任意後見 | 任意後見契約締結可（効力未発生） | 原則契約締結不可 | 任意後見契約締結済みの場合、利用可能 |
| 財産管理委任契約 | 利用可能 | 契約締結能力がない場合には不可 | 契約締結能力がなくなった場合不可（通常、任意後見契約とセットで契約するので、その場合は任意後見に移行） |
| 信託 | 利用可能 | 契約締結能力がない場合には不可 | 判断能力があるときに信託契約を結んでいた場合にはその内容に従って運用される |

金などの財産（信託財産）を移転して、信託財産から利益を受ける人（受益者）のために信託財産を管理・運用する制度です。営利を目的とせず、もっぱら個人の財産管理や資産承継を行う信託を**民事信託**といい、認知症対策などに利用されています。信託を利用すれば、判断能力がある間の財産管理から、判断能力低下後の財産管理、さらには本人の死後の資産承継についても一つの契約で実現させることができます。

この他、近年では、一人暮らしの高齢者が増加したこともあり、死後の葬儀や埋葬などの手続きや、自宅の遺品整理など死後の事務手続きについてあらかじめ契約を締結する人が増えています。この契約を**死後事務委任契約**といい、契約の締結には判断能力が必要になります。

・**現時点で判断能力が不十分な場合**

契約を締結することができませんので、任意後見契約や財産管理等委任契約、信託契約などを利用して財産管理を依頼することはできません。この場合は、法定後見制度の利用を検討することになります。

法定後見には判断能力の程度に応じて後見・保佐・補助という3種類の支援制度があります。後見は、判断能力がほとんどない人を支援する制度です。日常生活に関する行為を除くすべての法律行為について後見人に包括的な代理権が与えられており、本人の財産はすべて後見人が管理することになります。保佐は、判断能力がかなり衰えてきた人を支援する制度です。貸したお金を返してもらったり、家や高価な財産を売ったり貸したりするなど一定の重要な法律行為について保佐人に同意権と取消権が与えられていますが、どのような行為を代理してもらうかについては本人の意思が尊重されます。補助は、判断能力に不安がある人を支援する制度です。一人でできないことだけをサポートする制度なので、どのような行為について補助人に代理権や同意権を与えるかは本人が決めることになります。

## 残された家族の将来に備えるための手段

自分自身の将来の備えは万全であっても、家族の将来を考えると不安になる場合もあります。

自分自身については、任意後見契約や財産管理等委任契約で老後の備えをしていたとしても、精神障害のある配偶者や子どもの保護を考える

場合には、いくつかの方法が考えられ、迷うところです。とくに、自分が生きている間は、任意後見契約や財産管理等委任契約の中で、自己の財産管理に付随させる形で、家族を養うことも可能ですが、自分が死んでしまった場合には、残された遺族の生活をどのように守るのかは、難しい問題だといえます。たとえば、すでに精神障害がある家族について、法定後見制度を利用して自分が成年後見人等となっている場合、自分の死後についての不安も残るでしょう。

このように、長期的な視野に立った場合、信託を利用して自分の生前死後に関わりなく生活を支援していく方が安心だといえます。

信託の利用と同時に、遺言（218ページ）で細かい内容を定め、遺言執行者を定めておくことも大切です。

信託は、金銭や土地などの財産を活用する制度ですので、あらかじめ計画を立てて財産を用意しておくことも必要になります。信託には遺言代用信託（212ページ）、受益者連続型信託（213ページ）など、さまざまな制度があります。また、成年後見制度との関係では後見制度支援信託（214ページ）を活用することもできます。

## 財産侵害を受けている場合の成年後見制度の利用

たとえば、親が認知症で施設に入所していて、兄弟姉妹間で親の財産についてのトラブルが生じているような場合には、法定後見の利用が考えられます。判断能力が不十分な高齢者の所有している財産を、勝手に処分する可能性がある者がいる場合には、それが兄弟姉妹に限らず親戚や第三者であったとしても、法定後見制度を利用して本人（親）の身上面や財産面を守る方法を考えた方が

### 生前・死後の家族の扶養

|  | 現　在 | 判断能力低下時 | 死　後 |
|---|---|---|---|
| 信　託 | 利用可能 | 判断能力があるうちに締結した信託契約に従って運用継続 | 判断能力があるうちに締結した信託契約に従って運用継続 |
| 遺　言 | 効果未発生 | 効果未発生 | 効果発生 |

よいでしょう。

判断能力が十分な人であれば、勝手に処分されないように十分対応できますからそれほど問題はありません。しかし、判断能力が低下している高齢者の場合には、自分の財産を守れない可能性があります。

このような場合には、本人の判断能力の状況に応じて後見・保佐・補助の中から利用する制度を選び、家庭裁判所に成年後見人等の選任を申し立てます。

## 親の財産管理に限界を感じた場合

現状では、信託や成年後見制度、財産管理等委任契約などが活用できるケースであっても、親の財産管理を、子が制度を利用せずに行っていることが多いのが現実です。

たとえば物忘れが激しくなった親の身上の世話から財産管理までその子や配偶者が行っているケースがかなり多く見受けられます。

こうしたケースでは、親の財産管理をしている人のみでは対応しきれなくなって困っていたり、追い詰められていることもあります。

そこで、親の状態によって異なる対応が必要になります。物忘れが激しいとはいえ判断能力が不十分とま

ではいえない状態なのか、判断能力が不十分な状態なのか、によって、利用できる制度が異なるからです。

判断能力の低下が軽い場合には、親自身が、信頼できる第三者との間に財産管理を委任する契約を結ぶこともできます。このときに、判断能力が低下した時に備え、任意後見契約を結んでおくこともできます。判断能力の低下が進んでいる場合には、親自身で契約を結ぶことはできませんから、法定後見の利用を考えることになります。

なお、家庭裁判所の審判がなされると、選任された成年後見人等が親の財産管理の支援にあたることになりますが、親の具体的な介護などは、成年後見人等が行うわけではありません。別途、介護サービスの利用を考えるなどして、子や配偶者の負担を軽減することを考えるようにしましょう。

## それぞれの制度には一長一短がある

認知症などで判断能力が低下した場合、他人に財産管理を頼む方法として、①信託、②任意後見契約、③法定後見制度の３つに大別できます。信託と任意後見契約は事前に契約しておく必要があるため、契約の締結

には判断能力が要求されるのに対し、法定後見制度は判断能力が低下しなければ利用できない事後措置となります。事前措置となる信託、任意後見契約では、本人に判断能力があるため、本人は自分が信頼できる人に財産管理を依頼することができ、なおかつ管理内容についても本人の自由な意思で定めることができるというメリットがあります。

他方、事後措置となる法定後見制度では、家庭裁判所が財産管理をする人（後見人）を選任するため、本人の意思が尊重されない危険性があります。

また、信託や任意後見契約では財産管理人として親族の一人を選任できるのに対し、法定後見制度ではたとえ親族の一人を後見人候補者として申立てをしても選任されずに弁護士や司法書士などの専門職後見人が選任される傾向にあります。そのため、親族であれば無償で財産管理を頼めるところ、法定後見制度では専門職後見人の報酬費用（原則として本人が亡くなるまで、本人の財産から少なくとも月額2万円程度の報酬の支払いが必要）がかかってしまうことも、デメリットだといえます。

ただ、法定後見制度は利用のニーズは高く、その必要性を否定することはできません。今後、さらに使い勝手のよい制度へと改善されていくことを期待します。

## ■ 信託は万能の制度ではない

法定後見制度の使い勝手の悪さを補完するためのツールとして近年注目を集めているのが信託です。

しかし、信託も万能ではありません。受託者には身上監護権はありませんので、後見人のように医療・介護の手続きを代理で行うことはできません。税務関係も複雑で、税の申告に時間と労力を要する可能性があります。さらに、専門知識をもたない人が信託契約書を自力で作成することは難しく、弁護士や司法書士などの専門家に依頼する必要があるため、信託の設定に際し、ある程度の経費はかかります。

結局のところ、どの財産管理制度を利用するのかは、**本人の判断能力の程度、親族の協力の程度、財産状況を総合的に考慮して決定していく**ことになります。

## 5 成年後見制度とはどんな制度なのか

判断能力の衰えた人の保護と尊重を考えた制度である

### 判断能力が不十分な人を助ける制度

　**成年後見制度**とは、精神上の障害が理由で判断能力を欠く人や不十分な人が経済的な不利益を受けることがないように、支援する人（成年後見人等）を選任する制度です。**精神上の障害**とは、知的障害や精神障害、認知症などです。

　成年後見制度を利用するとこのようなメリットがある一方で、デメリットもあります。

　成年後見の開始の申立てをしてから実際に後見が開始するまでの手続きに時間がかかります。急いでいるときにすぐには利用できないという点や資産活用が限定的となる点もデメリットだといえます。

　手続きが迅速性に欠ける点については、任意後見制度を利用してあらかじめ準備をしておいたり、財産管理等委任契約を結ぶといった方法で対応することもできます。

### 成年後見制度を利用できる対象は

　成年後見制度を利用できる人は、精神上の障害によって判断能力がない人や不十分な人です。原則として、判断能力がない人の場合には後見、判断能力が不十分な人の場合には保佐や補助の制度を利用することになります。精神上の障害によることがこの制度を利用する条件となっていますから、身体上の障害だけでは、この制度の対象にはなりません（身体上の障害に加えて精神上の障害もある場合は別です）。

### どのような利用の仕方があるのか

　成年後見制度には、すでに判断能力に問題がある場合に利用される法定後見制度と、将来、判断能力が低下した場合に備える任意後見制度という２種類の制度があります。

　**法定後見制度**は、認知症が進行するなど、すでに判断能力に問題がある場合に、家族などが家庭裁判所へ申し立て、代理人（後見人）を選任してもらう制度です。

一方、**任意後見制度**は、判断能力がしっかりしているうちに、将来判断能力が低下した場合に備えて、あらかじめ、信頼できる人（任意後見人）との間で財産管理のあり方や、医療や介護などの手配についての取り決めをする制度です。本人の意思により支援内容や後見人を決定できる点が、法定後見制度との大きな違いとなります。

また、両制度の違いのひとつとして、法定後見人に与えられた取消権が任意後見人には与えられていないことがあります。そのため、悪質商法など本人が不利な契約を締結した場合、任意後見制度ではその契約を当然には取り消すことができません。本人保護の点では法定後見制度の方が手厚いといえます。

その反面、法定後見制度では居住用不動産（本人が現に住んでいる、施設に入所する直前に住んでいた、近い将来転居する予定の建物と敷地のこと）を売却する場合には裁判所の許可が必要で、許可が得られるまでに時間がかかったり、あるいは許可が得られないこともあります。

任意後見制度では契約内容に記載されていれば、裁判所の許可がなくても居住用不動産を売却することが

できるため、将来的には自宅を売却したお金で施設へ入所することを予定している場合は、任意後見制度を利用した方がスムーズだといえます。

いずれの制度を利用するかは、**本人の判断能力の程度**にもよります。

任意後見制度を利用するには、判断能力があるうちに、信頼できる人との間でどのような支援を希望するかについて、あらかじめ書面（公正証書）で任意後見契約を結ぶ必要があります。すでに判断能力が低下している場合は、任意後見制度は利用できませんので、法定後見制度を利用していくことになります。

任意後見契約は本人の判断能力が低下した後、家庭裁判所で後見監督人が選任されて初めて効力が発生します。そのため、任意後見人となる人に定期的に会ったり連絡を取ってもらって、任意後見をスタートさせる時期を判断してもらう必要があります。こうしたことを依頼する契約を**見守り契約**と呼んでいます。

# 遺贈と相続の違いについて知っておこう

遺言で相続分の指定があればそれに従う

## 相続と遺言の関係

**相続**とは、被相続人の死亡により、その遺産が相続人に移転することです。つまり、「死亡した人の遺産を相続人がもらうこと」です。

被相続人とは、相続される人（死亡した人）のことで、相続人とは、遺産を受ける人のことです。もっとも、この場合の「遺産」とは、土地や株式など金銭的評価ができるものの他にも、被相続人に借金などが残されているときは、これも遺産に含まれるため、相続人に受け継がれることになります。

相続といえば、民法が定める法定相続分の規定が原則と考えている人が多いようです。しかし、それは誤解です。遺言による指定がないときに限って、法定相続分の規定（民法900条）が適用されます。つまり民法では、あくまでも遺言者の意思を尊重するため、遺言による相続を優先させています。相続分の指定だけでなく、遺言で遺産の分割方法を指定したり、相続人としての資格を失わせる（廃除）こともできます。また、遺言によって、子を認知することや未成年後見人を指定することもできます。これらの事柄について書かれた遺言には、「法律上の遺言」として法的効力が認められます。

## 遺贈について

**遺贈**とは、遺言による財産の贈与のことです。遺言の制度は、被相続人の生前における最終の意思を法律的に保護し、その人の死後にその実現を図る制度です。自分の死後について、生前に財産分けを口にするとトラブルになることもありますし、生前には伝えたくないこともあります。そこで、民法は遺言の制度を設けています。

遺言は、民法で定められた一定の様式を備えた**遺言書**を作成しておいた場合にのみ法的な効果が与えられます。

遺言に記載される事項は、一般には財産の処分に関することがほとんどです。財産を与える人（遺言をし

た人）を遺贈者といい、財産をもらう人を受遺者といいます。遺贈は遺贈者から受遺者への財産の贈与ですが、人の死亡を原因として財産を取得するという点では相続と同じですから、受遺者には贈与税ではなく相続税が課税されます。

受遺者は誰でもかまいません。遺贈者が自由に決めればよいのです。妻や子はもちろんのこと、両親・孫・兄弟姉妹でも、血縁関係のない第三者でもかまいません。また、会社など法人に対して遺贈をすることもできます。ただし、遺贈をする際には、遺留分に注意しなければなりません。遺留分を侵害した財産処分は、後日、遺留分侵害額請求が起こされ、かえってトラブルが生ずるおそれがあります。

なお、遺贈と区別すべき用語として、死因贈与があります。死因贈与は、遺言によるのではなく、「私が死んだら300万円を贈与する」というように、贈与する人の死亡という条件がついた贈与契約です。死因贈与も贈与者の死によって有効になる生前契約の贈与です。

## 分割方法の指定がある場合、ない場合

遺言で全遺産について分割方法の指定があれば、相続開始と同時に当然に遺言に基づいて分割され、遺産分割協議は不要です。ただし、相続人や受遺者が全員で同意すれば、遺言と異なる方法で**遺産分割**をすることができます（遺言執行者がいる場合は、その同意も必要）。

遺言で全遺産についての分割方法の指定がない場合は、遺贈の態様によっては遺産分割が必要になること

### 相続・遺言・死因贈与・生前贈与

| | 内容 | 相続人・受遺者 | 課せられる税 |
|---|---|---|---|
| 相続 | 被相続人の死亡によって財産が移転 | 一定の身分関係の人が相続人になる | 相続税 |
| 遺贈 | 遺言書による財産の一方的な贈与 | 遺言者が指定した受遺者 | 相続税 |
| 死因贈与 | 人の死亡を条件とする贈与契約 | 贈与者が指定した受贈者 | 相続税 |
| 生前贈与 | 生前に財産を無償で譲渡する贈与契約 | 贈与者が指定した受贈者 | 贈与税 |

があります。

① 特定遺贈の場合

「不動産はAに、株式はBに」というように遺言者の財産を具体的に特定して行う遺贈をいいます。対象財産は、遺産分割の対象から外れますから、残りの財産について遺産分割協議をすることになります。

② 包括遺贈の場合

遺言者が財産の全部または一部を一定の割合を示して遺贈する方法で、全部包括遺贈と割合的包括遺贈があります。

全部包括遺贈の場合は、遺産分割手続きを経ることなく相続開始と同時に当然にすべての資産と負債が受遺者に移転します。割合的包括遺贈とは、たとえば、「Aに全財産の3分の1を、Bに4分の1を」「全財産の30%を○○に遺贈する」というもので、この場合は、その割合を基準とした遺産分割が必要になります。ただし、極めて例外的に個々の財産のそれぞれについて指定割合に応じた共有持分を取得させる意思が明白な場合は、遺産分割協議をする必要はありません。

## 遺贈の放棄

財産だけでなく借金があった、あるいは遺産がほしくないなどの事情があれば、受遺者は遺贈を放棄できます。遺贈の放棄の方法は、特定遺贈と包括遺贈で異なります。特定遺贈の放棄は、相続人や遺言執行者に対し、放棄の意思表示を行うだけでよく、放棄は遺言者の死亡のときに遡って効力が生じます。特定遺贈によって財産を取得する特定受遺者は、債務についてはとくに指示がない限り負担する義務はありません。包括遺贈の場合は、受遺者は相続人と同一の権利義務を有するため、財産だけでなく借金も受け継ぐことになります。そのため遺贈を放棄するには、相続放棄と同様、受遺者となったことを知ったときから3か月以内に家庭裁判所に申述して行う必要があります。また、遺産を処分したり隠匿した場合には放棄できなくなります。

## 受遺者が死亡した場合

受遺者が被相続人よりも先に死亡していた場合や事故などで被相続人と同時に死亡した場合は、その受遺者への遺贈は無効になり、受遺者の子にも代襲相続（234ページ）の権利は生じません。遺贈される予定だった財産の扱いは、遺産分割協議で決められることになります。

# 7 遺言書の内容について知っておこう

## 日本人には、遺言書に関する誤解が多い

### 家族に迷惑をかけたくなければ必要

「遺言書を書くと、内容によっては家族にトラブルが起こる」「財産など家族のためにも残すつもりはない」といった理由で遺言書を作らない人もいるようです。しかし、むしろ事前に意思を明確にしておけば、残された家族が相続をめぐりトラブルに巻き込まれずにすみます。なぜなら、遺言書がないと、遺産相続の手続きの中で状況によっては最も難しい遺産分割協議をする必要が出てくるからです。

遺産分割協議は、死亡した人の財産や負債をすべて明らかにする必要があり、重労働です。遺産相続に必要な書類を集めるのにも一苦労する場合があります。このように、遺言書がないがために、残された家族が大変な苦労を強いられる場合があるため、生前に遺言書を用意しておく必要があるのです。

なお、遺言書の財産は、死亡時点での財産を指します。遺言書を書いただけでは税金は一切、かかりません。ただ、相続時の遺産の金額や分け方によって、相続税が変わる場合があります。

### 遺言があれば遺産分割協議を省略できる

遺言があれば、相続トラブルの多くは回避できたといわれるほど、遺言には相続争いを未然に防止する効果があります。それというのも遺言があれば、トラブルが多発する相続人全員による遺産分割協議を省略させることができるからです。

ただし、**遺産分割協議を省略させるには、遺言においてすべての財産についての分割方法を定めておく必要があります。**一部でも分割方法が記載されていない財産があれば、遺産分割協議が必要となります。また、「妻に遺産の3/4、長男に遺産の1/4を相続させる」といった相続分の割合しか記載されていない場合も、具体的にどの財産を誰が取得するかを決める必要があるため、遺産分割協議を省略させることはできません。

遺言をするには、遺言能力が必要です。遺言能力とは遺言者が遺言事項を具体的に決定し、その遺言によって自分が死んだ後にどのような結果をもたらすのかを理解できる能力です。民法上は15歳以上の者に遺言能力を認めています。認知症を発症している場合でも、その判断能力の程度によっては有効に遺言を作成できるケースがありますので、専門家に相談してみるとよいでしょう。

## 遺言できる内容は

遺言による相続の指定は、法定相続分による相続よりも優先されますが、その他にも以下の事項を遺言により行うことができます。

① 財産処分

法定相続人がいるとしても、相続人以外の人に遺産をすべて遺贈（寄附）することができます。相続人の遺留分（246ページ）について遺留分侵害額請求権（相続法改正前の遺留分減殺請求権に相当）を行使される可能性はありますが、遺言それ自体は無効になりません。

② 推定相続人の廃除または廃除の取消し

遺言で推定相続人の廃除（被相続人の意思により、家庭裁判所が兄弟姉妹以外の相続人になる予定の人が持つ相続権を奪うこと）やその取消しの請求を行うことができます。ただし、遺言執行者が家庭裁判所に相続廃除やその取消しを請求するので、遺言には遺言執行者を選任することも必要です。

③ 認知

認知とは、非嫡出子との間に法律上の親子関係を創設することです。遺言による認知も可能ですが、認知の届出は遺言執行者が行うので、遺言で遺言執行者を選任することも必要です。

④ 後見人および後見監督人の指定

子が未成年者の場合、最後に親権を行う被相続人は、遺言により被相続人が信頼している人を後見人や後見監督人に指定できます。

⑤ 相続分の指定または指定の委託

民法で定められている法定相続分の割合とは異なる割合で相続分を指定することです。遺留分の規定に反することはできませんが、これに反していても遺言それ自体は無効になりません。相続分の指定を第三者に委託することも可能です。

⑥ 遺産分割方法の指定または指定の委託

あらかじめ遺言で具体的な遺産の

分割方法を指定しておくこともできます。

#### ⑦ 遺産分割の禁止

遺産分割をめぐり相続人間でトラブルになりそうな場合は、遺言により5年以内に限って遺産分割を禁止することができます。

#### ⑧ 相続人相互の担保責任の指定

各相続人は、他の相続人に対して、公平な相続財産の分配を行うために、相続分に応じて担保責任（ある相続人の相続財産に欠陥、数量不足、一部滅失などの問題がある場合に他の相続人が負う責任のこと）を負います。しかし、「担保責任を一切負わない」とするなど、相続人が負う担保責任の内容を遺言によって変更することができます。

#### ⑨ 遺言執行者指定または指定の委託

遺産の登記手続きなど遺言の内容を確実に実行するための遺言執行者を遺言で指定できます。遺言で認知を行うか、廃除やその取消しを行う場合は、遺言執行者を指定することが必要です。

#### ⑩ 遺留分侵害額請求権の行使方法の指定

兄弟姉妹以外の相続人には遺留分が認められます。贈与や遺贈が遺留分を侵害する場合、遺留分権利者は、遺留分侵害額請求権（相続法改正前の遺留分減殺請求権に相当）を行使できますが、特定の贈与や遺贈を自由に選択して行使することまでは認められていません。

つまり、遺留分侵害額請求権は「遺贈→贈与」の順序で行使することになっていますので、遺言でこの順序自体を変更することはできません。ただし、遺贈が複数ある場合に、どの遺贈から先に行使すべきかを遺言で指定することは認められています。

### 遺言できる内容

| | | | |
|---|---|---|---|
| ① | 財産処分 | ⑥ | 遺産分割方法の指定・その委託 |
| ② | 相続人の廃除・廃除の取消し | ⑦ | 遺産分割の禁止 |
| ③ | 認知 | ⑧ | 相続人の担保責任 |
| ④ | 未成年後見人・未成年後見監督人の指定 | ⑨ | 遺言執行者の指定・その委託 |
| ⑤ | 相続分の指定・その委託 | ⑩ | 遺留分侵害額請求方法の指定 |

※特別受益の持戻し免除や、信託の設定、生命保険金の受取人の変更なども可能。

# 8 信託とはどんなものなのか

委託者、受託者、受益者がいる

## どのようなしくみになっているのか

**信託**とは、簡単に言えば、他人を信じて何かを託すということです。信託契約では、何かを他人に依頼する者を委託者、委託される者を受託者、信託契約によって利益を受ける者を受益者といいます。

たとえば、高齢のAさんとAさんの孫でまだ小学校にも行っていないBさんがいっしょに暮らしていたとします。AさんとBさんには他に身寄りはありませんでしたが、Aさんには多額の貯金があり、Bさんを育てることは可能でした。しかし、Aさんは高齢で、いつ死んでしまうかわからないので、貯金をCさんに預けてBさんが成人するまでBさんの世話をCさんに頼むことに決めました。

このとき、AさんとCさんの間で締結される契約が**信託契約**です。CさんはAさんの依頼を受け、Aさんの財産を使ってBさんを養育します。この信託契約では、Aさんが委託者、Cさんが受託者、Bさんが受益者になります。

## 信託のメリットとは

信託のメリットに関して、信託という制度全体のメリットと、信託に関係する当事者ごとのメリットに分けて見ていきましょう。

まず、信託制度全体が持つメリットとしては、主に以下の点を挙げることができます。

・**後見制度や委任契約における不都合を回避できる**

ある人の財産を他人に管理をまかせたいと考える場合に、信託以外にも、後見制度や委任契約を挙げることができます。後見制度は、本人の判断能力が失われていたり不十分である場合に、その人に代わって財産の管理などを行う制度という意味では、信託に類似する制度といえます。

しかし、成年後見制度を例にとると、選任された後見人は、自由に本人の財産管理についての権限を行使できるわけではありません。後見人を監督する機関として、後見監督人が選任される場合もあれば、とくに、本人が居住する建物などを売却する

場合には、家庭裁判所の許可を得なければならないなど、比較的制約の強い制度であり、後見人の負担は小さくありません。一方で、信託では、たとえば不動産を信託財産とした場合は、不動産の名義は受託者に信託を登記原因として移転することになりますので、委託者の居住する建物を売却する行為についても、信託契約の内容に含まれる場合には、受託者の判断で、裁判所の許可などを得ずに行うことが可能です。

同様に、他人に事務処理をまかせる行為として、委任という形式もあります。ただ、委任を受けた人が事務を処理する場合には、原則として委任契約書の他に個別に本人の委任状が必要になることから仮に、本人が判断能力を失っているような場合には、委任状を作成できないため、受任者は円滑に事務を処理することができなくなる可能性があります。これに対して、信託では、個別の事務処理において委任状などは不要ですので、スムーズに事務処理にあたることができます。

・相続に関わる煩雑な手続きを回避できる

信託は、委託者の死亡より信託が終了した場合においても、（清算）受託者が帰属権利者等（信託契約で終了時に財産の承継者として指定された人）のために財産管理を行うことができ、遺産分割が不要となる遺言と共通点があります。

相続財産が銀行預金などである場合には、遺産分割協議が終了するまで、原則としてその口座は凍結され、

## 信託のしくみ

高齢者のA　　孫のB

委託者A　　信託契約　　受託者C

養育

受益者B

自由に金銭を引き出すことはできなくなります。2019年7月施行の相続法改正により、例外的に事前に払戻しを受けることができる場合もありますが、金額に制限があります。これに対して、預金を信託したい場合、委託者の預金口座をそのまま受託者に移すことは難しいため、いったん引き出してから「委託者A　受託者B　信託口口座」といった信託用の口座を開設して、現金を移して管理していくことになります。そのため、委託者が死亡した場合であっても、口座が凍結されることはなく、信託契約の内容に従って、信託終了後の承継者へ受託者は預金の払戻しの手続きをすることが可能です。

このように、相続において煩雑な手続きが必要になる場合に、信託を用いることで、遺言と同様の効果を得ることができます。ただし、信託財産としなかった財産については、別途遺言書を作成するなどの対策が必要です。

## 信託に関わる当事者のメリット

委託者には、①たとえ委託者が破産した場合でも信託契約の対象財産が影響を受けない、②委託者死亡後の財産管理が可能、③登録免許税や不動産取得税などの税負担を軽減できる可能性がある、④財産管理の方法や遺言のように信託終了後の財産の承継先の指定ができるなど、委託者の意思を尊重することが可能、⑤委託者は受益者を自由に指定できる、などのメリットがあります。

受託者には、①登記をすることで信託契約から生じる債務の負担額を限定できる、②受託者が強制執行を受けた場合でも、信託財産は影響を受けない、などのメリットがあります。

受益者には、①自分自身で活動をしなくても収益を確保できる、②受益権を他人に譲渡することが可能、などのメリットがあります。

## どんな財産を信託できるのか

信託の対象になる財産は、非常に幅広く、原則として「金銭的価値があるもの」はすべて信託の対象に含まれます。

たとえば、現金、動産（自動車や機械など）不動産、株式をはじめ有価証券などを典型例として挙げることができます。ただし、上記の物が一律に信託することが可能であるわけではありませんので、実際に信託を検討する場合には、慎重に確認する必要があります。

また、株式の扱いについても注意が必要です。信託を希望する株式が、上場株式（証券取引所で売買などの取引が行われている株式）である場合、通常、上場株式は証券会社を通じて取引を行いますが、証券会社の多くは、上場株式について信託の対象になることを念頭に置いていないため、信託の対象に含める際に必要な手続きに対応していない証券会社もあります。

なお、他人に対する債権も信託することが可能です。例として、不動産（建物）の貸主Aが、借主Bに対して持っている賃料支払請求権（債権）を信託することが挙げられます。動産や不動産などの有体物（形があ

り目に見える物）だけが信託の対象になるわけではありません。無体物である特許権、商標権、著作権をはじめとする知的財産権を信託することも認められています。

その一方で、犬や猫をはじめとするペットについては、生命ではあるものの、法律上の区分は、あくまでも動産の一種ですので、違和感を覚える人も多いところですが、「財産的価値があるもの」として、信託の対象に含まれます。

## 信託できない財産とは

信託することができない財産は、「財産的価値が認められないもの」です。そのため、人の生命・身体・

## 預貯金を信託財産とする場合

信託財産 → 預貯金払戻 → 銀行など

請求権

【預貯金を信託財産とする信託契約】

委託者 ——— 受託者

委託者名義の口座を受託者名義に変更することはできない

① 委託者が銀行などから預貯金の払戻しを受ける
⇒ 現金を信託財産として、受託者の管理にまかせる
② 受託者が「信託口口座」を開設する
⇒ 委託者が払戻しを受けた現金を信託口座に振り込み、受託者が管理する

名誉などは、財産的価値で測ることができない権利・利益であるため、信託の対象にすることはできません。

また、「財産的価値があるもの」は信託の対象になりますが、プラスの財産に限定されることに注意が必要です。たとえば、CがDから100万円を借り受けている場合に、このCがDに負っている貸金債務を信託の対象にすることは認められません。さらに、プラスの財産とはいっても、その人しか主張することができない権利（一身専属権）を信託の対象にすることもできません。たとえば、年金受給権は、受給者にとってプラスの財産（現金）をもたらす権利ですが、その人のみに支給され、その人が亡くなった後は、支給が打ち切られるため、一身専属権のひとつです。

## 信託財産は誰に帰属するのか

信託契約が締結されると、受託者は、委託者の財産について、受益者の利益のために管理などを行う義務を負います。そこで、信託財産は委託者のもとを離れ、完全に受託者に帰属すると考えてよいのかという問題が生じます。

この点について、信託法は、受託者に対して、信託財産に関する分別管理義務を課しています。つまり、信託財産は、たしかに委託者の所有を離れることになりますが、それは、受託者の所有に帰属するわけではないということです。受託者は、あくまでも信託の目的に従って、信託財産の管理などを行う権限を持つのみであって、信託財産を自己の財産に含めて取り扱うことはできません。

## 信託財産は追加できるか

受託者が、信託目的を果たす上で、信託財産が足りなくなる場合が考えられます。そのような場合には、委託者が信託財産を追加することが認められています。たとえば、信託財産が現金で信託口座が開設されている場合には、委託者が信託口座に新たに現金を振り込むことによって、信託財産の追加が行われます。

信託財産の追加には、原則として委託者、受託者、受益者の合意が必要です。そのため、あらかじめ信託契約において、信託財産の追加が可能であることを契約条項の中に定めておくと、スムーズに信託財産の追加を行うことができます。

## 民事信託にはさまざまな機能がある

営利を目的とせず、主に個人の財

産管理や資産承継を行う信託を民事信託といいます。ここでは、民事信託が利用される典型的な例を見ていきましょう。高齢のAさんは夫に先立たれ、一人息子のBさんも離れて暮らしています。Aさんは最近物忘れが激しく、認知症になった場合には自宅を売却し、売却で得たお金で施設に入所し、月々の施設費用の支払いをしたいと考えています。この場合、AさんとAさんが信頼をおいているCさんとの間で信託契約を締結し、Cさんに不動産の売却権限を与えておけば、Aさんが認知症になったときには、Cさんは後見制度を利用せずに、自宅をスムーズに売却でき、売却代金で施設入所費用や施設利用料などを支払ってもらえます。

このように、AさんとCさんの間で締結される信託契約が民事信託です。とくに相続など自己や家族のた

めに行う場合は家族信託とも呼ばれています。この信託契約ではAさんが委託者兼受益者、Cさんが受託者となります。

## 個人信託のメリット

ネットなどで信託を検索してみると個人信託という言葉がよく出てきます。個人信託とは個人が自分の財産を信託するしくみのことで、高齢者の財産管理や、資産承継（相続対策）などを解決する枠組みとして注目されています。これに対して、個人ではない法人の財産を信託する場合は法人信託といいます。

個人信託には、さまざまなメリットがあります。たとえば遺言を利用した場合、本人死亡後の財産の承継の方法について決めることはできますが、本人が認知症になってしまった後の財産管理の方法について決め

## 個人信託（家族信託）とは

本人
（委託者）　　←　信託契約　→　家族信託の場合は委託者の家族
（受託者）

　　　　　　　　信託財産　→

利益

委託者本人や指定を受けた者（受益者）

※営利を目的としない個人信託のうち、
　家族が受託者になる場合を家族信託という

ることはできません。

しかし、個人信託を利用すれば、本人が死亡した場合だけではなく、認知症になって判断力が低下した場合でも、本人の意思を実現することができ、より安心した財産管理を行うことができます。

この他、資産承継（相続対策）に個人信託を利用すれば、遺言のように信託終了後の財産の承継先を決めておくことができ、前述の例のように相続に必要な煩雑な手続きを省略させることもできます。

## なぜ個人信託（家族信託）が必要なのか

個人信託（家族信託）は、主に生前から相続後まで長期間にわたり効果を発揮するといわれています。つまり、生前の財産管理から死後の遺産の承継方法までの意思を明らかにするためには、信託を利用することが考えられます。たとえば、アパートを経営する高齢になるＥさんと妻Ｆさんには、子Ｇさんがいたとしましょう。Ｅさんは最近物忘れが多くなってきて、アパート経営や財産の管理に心配があります。また、自分の死後、財産を妻であるＦさんに遺したいと考える場合、ＥさんがＧ

さんとの間で、受託者Ｇさん、受益者Ｅさん、Ｅさんの死亡により信託が終了することとし、終了後の財産の承継先をＦさんとして、信託契約を結びます。これにより、Ｇさんは、信託契約に基づき、財産を受益者であるＥさんのために管理を行う義務を負います。Ｅさんが認知症になってしまった後も引き続き管理を続け、アパートの収益などからＥさんの日々の生活費や通院費などを支払います。Ｅさんの死後、信託は終了して財産をＦさんとする名義変更などを行います。

このように、Ｅさんの生前の財産管理から死後の承継まで、Ｅさんの意思を実現することができます。

なお、事例のケースで財産は最終的にＧさんに承継させたいが、Ｅさんの死後、残されたＦさんのその後の生活も心配といった場合には、Ｅさんの死亡では信託を終了させず、

Ｅさんの死亡後は受益者をＦさんとして、Ｅさんの死後はＦさんのために財産の管理を続けて、Ｆさんの死後は最終的にＧさんが財産を承継するというように、個人信託（家族信託）においては、受益者連続型信託（213ページ）を利用することによって、受益者の次の人（第二受益

者）に対して、財産管理を継続して遺すことが可能になるというメリットもあります。

なお、「個人信託」や「家族信託」などの名称がネットや書籍などでよく使用されているものの、それぞれの名称には、明確な定義付けがなされてはいないようです。

民事信託や個人信託・家族信託（家族信託は、一般社団法人家族信託普及協会で商標登録されている名称です）といった名称は、法律的には明確に定義されたものではなく、目的や当事者などによって名称が異なります。

結局、信託銀行などが取り扱う商事信託以外の個人信託や家族信託などは大きな違いはないものとイメージしておけばよいでしょう。

## どんな手続きをするのか

個人信託を行う場合には、現状を把握することが必要です。信託財産にはどのようなものがあるのか、信託の目的はどのようにすべきなのか、どのような税金がかかるのかについて分析しなければなりません。また、本人や家族の意思についてもしっかりと整理をすることが必要です。

これらをふまえた上で、個人信託計画案を作成します。計画案の作成の過程で、信託の目的、信託内容、信託財産、信託期間、受益者などを決定します。

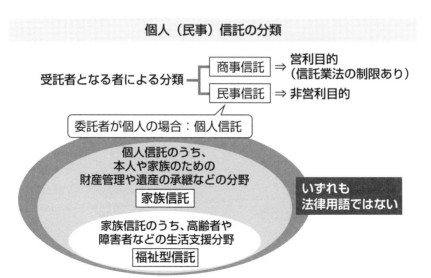

個人（民事）信託の分類

受託者となる者による分類 ─┬─ 商事信託 ⇒ 営利目的（信託業法の制限あり）
　　　　　　　　　　　　　└─ 民事信託 ⇒ 非営利目的

委託者が個人の場合：個人信託

個人信託のうち、本人や家族のための財産管理や遺産の承継などの分野　家族信託

家族信託のうち、高齢者や障害者などの生活支援分野　福祉型信託

いずれも法律用語ではない

# Column

## 介護休業や介護休暇制度を上手に活用する

　仕事を続けながら親を介護することが難しいケースもあります。そんな場合に活用できるのが育児・介護休業法に規定されている介護休業と介護休暇です。

　**介護休業**は、ケガや病気、加齢などの事情で2週間以上、要介護状態にある対象家族を介護する労働者が取得できます。対象家族は、配偶者または事実婚関係者、父母および子、養父母、養子、配偶者の父母、労働者が同居し扶養している祖父母、兄弟姉妹および孫です。事業主には休業期間中の賃金支払義務はありませんが、申し出を受けた場合は原則として拒否や期間の変更ができず、介護休業の取得を理由とした不利益な扱いをすることも禁じられています。介護休業では、対象家族1人につき、要介護状態に至るごとに93日まで3回を限度とする分割取得ができます。同じ対象家族でも異なる傷病等で要介護認定を受けた場合は再取得が可能です。ただし、同じ傷病等で要介護状態が変わったために介護休業を再取得することは認められません。

　一方、**介護休暇**は、1年度につき要介護状態の対象家族が1人であれば5日間、2人以上であれば10日間、1日単位または半日単位で取得できます。介護休業は取得回数が限られており、長期間の介護が必要な場合に限定されがちですが、介護休暇であればヘルパーが急用の場合など、短期間の介護が必要な場合にも休暇を取得できます。介護休暇を取得できるのは、要介護状態にある対象家族を介護もしくは世話する労働者です。「世話」には、通院の付き添いや対象家族が受ける介護サービスに必要な手続きの代行などが含まれます。なお、令和3年1月1日からは、時間単位での介護休暇取得も認められます。労働者から請求があった場合、事業主は時間単位で取得させなければなりません（時間単位で取得が困難と認められる労働者を労使協定で除外することは可能）。

# 医療保険のしくみと活用法

# 親の医療ではどんな公的保険を使うのか

## 75歳の誕生日を迎えるまではさまざまな選択肢がある

### 親世代となる高齢者が加入する公的医療保険とは

　我が国には、さまざまな公的医療保険制度が設けられています。**公的医療保険制度**とは、加入する者やその被扶養者が医療を必要とした場合に、公的な機関がその費用の一定部分を負担する制度です。国民のすべてが何らかの公的医療保険制度に加入していることが定められていることから「国民皆保険」ともいわれています。

　親世代となる高齢者が加入することになる公的医療保険制度には、自営業者や無職者、専業主婦などが加入する国民健康保険、75歳以上の高齢者が加入する後期高齢者医療制度、会社勤めをする者が加入する健康保険などがあります。

### 国民健康保険を使う場合

　**国民健康保険**は、各自治体（都道府県と市区町村）が運営する医療制度です。国民健康保険の加入対象となるのは、社会保険の適用事業所以外の会社（常時雇用される者が5人未満の会社）に勤める者や自営業者とその家族、年金生活者、フリーランス、無職の人、長期在留の外国人などです。親が現役で働いている場合、勤め先で社会保険に加入しているのであれば国民健康保険に加入することはありません。

　また、会社に雇用されていてもパートやアルバイトなどで社会保険の加入対象となる働き方をしていない場合も、75歳の誕生日を迎えるまでは国民健康保険に加入することになります。

　国民健康保険の保険料は、加入者の収入や各自治体の制度によって異なります。これは、運営が国ではなく地方自治体であり、それぞれの規定によって保険料が決まるためです。そのため、同じ収入であっても居住地によって保険料が異なる場合があります。

　また、国民健康保険には扶養制度がありません。加入者一人ひとりが被保険者となるため、家族の数が多

ければ多いほど1世帯の保険料総額は高くなります。

## 後期高齢者医療制度を利用する場合

　**後期高齢者医療制度**は、75歳以上の方が加入する独立した医療制度です。高齢者医療制度は、従来の老人保健制度を見直し、高齢者医療の急激な増加、医療費負担の不均衡など、高齢者と若年世代の負担の明確化を図る目的で、平成20年度より施行されました。加入対象となるのは75歳以上の高齢者で、年齢に上限は設けられていません。たとえ会社勤めや自営業を営んでいる場合でも、75歳を迎えた時点で、それまで加入していた健康保険や国民健康保険から自動的に脱退し、後期高齢者医療制度の加入者となります。健康保険証も変更になり、新たに後期高齢者医療

被保険者証が発行されます。ただし、65歳〜74歳で、国で定められた一定の障害を持つ高齢者の場合は、65歳から加入することが可能です。

　後期高齢者医療制度の保険料は、加入者となる被保険者それぞれが支払います。保険料の金額は居住地ごとに異なりますが、各々に課される均等割額、所得（年金額を含む）に応じて求められる所得割額を合算した額になります。本人の収入に応じて保険料が決定されることから、保険料の支払者は基本的に加入者本人です。

## 子の健康保険の被扶養者とする場合

　親世代の医療制度の選択肢として、健康保険に加入する子の被扶養者となる方法があります。扶養するというと、配偶者や子を養うという

### 医療保険の選択肢

**75歳**

国民健康保険に加入

子の健康保険の被扶養者

後期高齢者医療制度

イメージがありますが、健康保険の場合は「同居する三親等以内の親族」であれば、被扶養者とすることが可能です。

ただし、本人の配偶者（事実上婚姻関係含む）や父母、祖父母、兄弟姉妹、子や孫の場合は、同居をしていなくても一定の仕送りの事実があれば扶養家族とすることができます。具体的な収入要件は、別居の場合、親自身の年間収入が130万円未満（60歳以上の親、障害を持つ親の場合は180万円）で、健康保険の被保険者となる子からの仕送り額よりも少ない場合です。

なお、この収入には、生活保障のために国から支払われる雇用保険の失業給付（失業保険）や傷病手当金なども含まれます。また、親が介護施設に入っている場合の費用の負担を子が行う場合は、その金額も仕送り額に含まれます。

## それぞれにあった医療保険を選択する

超高齢社会を迎えることになった我が国では、親が90代、子が60代というような、いわゆる「老々医療」の実態も増加しつつあります。子自身も高齢となり、自身の健康面にも不安を感じ始める頃に、同時に親の面倒も見る、という場面は、もはやどの家庭においても他人事ではありません。

実際に親の医療保険を検討する場合、子の負担が少ない方法として、保険料自体が免除される「健康保険の被扶養者とするケース」が挙げられます。なぜなら、子自身が社会保険に加入している場合は、親を扶養すれば親の医療保険料が免除されるためです。ただし、親が75歳を迎えた場合は自動的に後期高齢者医療制度の対象になるため、親を扶養することができるのは75歳の誕生日を迎えるまでとなります。

また、国民健康保険や後期高齢者医療制度における保険料の支払いについては、年金額が年間18万円以上の高齢者に対しては、支払われる年金から天引きされますが、親の年金が少額の場合や収入に不安がある場合は、子が代わって保険料を支払うケースもあります。

本書では、以下、公的健康保険制度の内容を見ていきますが、各制度で共通する内容については健康保険の項目で説明します。

## 2 どんな場合に健康保険の保障を受けることができるのか

業務外で病気やケガをした場合、死亡した場合などに保障される

### 健康保険とは

子が会社員などとして働いている場合、親を子の被扶養者とすることが認められる場合があります。この場合、親の医療費について子の健康保険を利用できることになります。

**健康保険**は、社会保険における医療制度のひとつです。国民の生活の安定と福祉の向上を目的に、迫りくる超高齢化社会や少子化などの社会問題に対応するため、幾度かの改正を繰り返しながら現在に至ります。

健康保険では主に業務外の負傷や疾病に対して給付が行われます。これを療養の給付といい、健康保険に加入することで、発行された保険証を病院で提示すれば、負傷や疾病に対する医療費の自己負担割合が軽減されます。

入院時の生活費や訪問看護療養費、または休業中の生活保障（傷病手当金）など、負傷や疾病時のさまざまな出費に対応しています。

被扶養者の負傷疾病にも給付が行われます（64ページ）。ただし、被扶養者の休業中の保障（傷病手当金）は給付されないため注意が必要です。

健康保険の納付内容は、次ページ図の通りです。

業務上の災害や通勤災害については、労災保険が適用されますが、健康保険は、労災保険の業務災害以外の疾病、負傷や死亡などに対し適用されます。

### 健康保険は会社によって保険者が異なる

**健康保険**は、社会保険の適用事業所に就労する者が加入します。勤務する会社の健康保険組合への加入状況により、保険者（健康保険事業の運営主体）が異なります。自分が働く会社が健康保険組合に加入していれば保険者は健康保険組合、それ以外は全国健康保険協会が保険者になります。

健康保険組合が管掌する健康保険を、組合管掌健康保険といいます。健康保険組合の保険給付には、健康保険法で必ず支給しなければならな

いと定められている法定給付と、法定給付に上乗せして健康保険組合が独自に給付する付加給付とがあります。

一方、全国健康保険協会が保険者となっている場合の健康保険を全国健康保険協会管掌健康保険（協会けんぽ）といいます。保険者である協会は、被保険者の保険料を適用事業所ごとに徴収し、被保険者や被扶養者に対して必要な社会保険給付を行います。手続きの中には、全国健康保険協会の都道府県支部ではなく、年金事務所が窓口の場合があります。

地域ごとに担当（管轄）が設けられており、適用事業所を管轄する年金事務所は、所轄年金事務所といいます。なお、協会管掌の健康保険の保険料率は、地域の医療費を反映した上で都道府県ごとに保険料率（3～13％）が設定されており、40歳以上65歳未満の人には、それに上乗せして介護保険料率がかかります。

## 健康保険は本人だけでなく家族も対象になる

健康保険の被保険者が配偶者や子

### 健康保険の給付内容

| 種　　　類 | 内　　　容 |
|---|---|
| 療養の給付 | 病院や診療所などで受診する、診察・手術・入院などの現物給付 |
| 療養費 | 療養の給付が困難な場合などに支給される現金給付 |
| 家族療養費 | 家族などの被扶養者が病気やケガをした場合に被保険者に支給される診察や治療代などの給付 |
| 入院時食事療養費 | 入院時に提供される食事に要した費用の給付 |
| 入院時生活療養費 | 入院する65歳以上の者の生活療養に要した費用の給付 |
| 保険外併用療養費 | 先進医療や特別の療養を受けた場合に支給される給付 |
| 訪問看護療養費 | 在宅で継続して療養を受ける状態にある者に対する給付 |
| 高額療養費 | 自己負担額が一定の基準額を超えた場合の給付 |
| 移送費 | 病気やケガで移動が困難な患者を移動させた場合の費用給付 |
| 傷病手当金 | 業務外の病気やケガで働くことができなくなった場合の生活費 |
| 埋葬料 | 被保険者が業務外の事由で死亡した場合に支払われる給付 |
| 出産育児一時金 | 被保険者およびその被扶養者が出産をしたときに支給される一時金 |
| 出産手当金 | 産休の際、会社から給料が出ないときに支給される給付 |

ども、親などの家族を養っている場合、その家族のことを「養われている者」ということで、被扶養者と呼びます。健康保険では被保険者の被扶養者についても被保険者と同じように

保険の給付を受けることができます。

被扶養者として認定を受けるためには、75歳未満である以外に、被扶養者となる範囲内の親族でかつ収入基準を満たしている必要があります。

## 健康保険の被扶養者の範囲

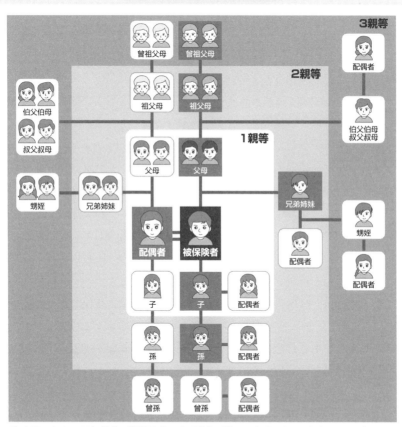

① 上図のうち、灰色部分の被保険者の直系尊族（父母や祖父母）、配偶者、子、孫、兄弟姉妹については、被保険者との間に「生計維持関係」があれば被扶養者として認められる
② 上図のうち、白色部分の被保険者の3親等以内の親族で①に挙げた者以外の者については、被保険者との間に「生計維持関係」と「同一世帯」があれば被扶養者として認められる
（注）配偶者には、いわゆる内縁関係（事実婚関係）にある者も含む

まず、被扶養者の範囲は、被保険者と同居でなくてもよい人と、同居であることが条件の人がいます。①同居でなくてもよい人は、父母、配偶者（事実婚含む）、子、孫、兄弟姉妹などの直系尊属で、主として被保険者に生計を維持されている人です。②同居が条件の人は、①以外の三親等内の親族、または内縁の配偶者の父母・子で、主として被保険者に生計を維持されている人です。

次に収入基準です。被扶養者として認定されるには、被保険者の収入により生計を維持されていることが必要です。生計を維持されているかどうかの判断のおおまかな基準は、被扶養者の年収が130万円未満（60歳以上の者と障害者については180万円未満）で、被保険者の年収の半分未満であるかどうかです。①同居している場合は、被扶養者の年収が130万円未満で、かつ被保険者の年収の半分未満であることが条件です。②同居でない場合は、被扶養者の年収が130万円未満で、かつ被保険者からの仕送り額より少ないことが条件です。会社員などの子どもが親（75歳未満の場合）を被扶養者としていて、被保険者（子）と被扶養者（親）がいっしょに暮らしていない場合は、親の年収が子どもから仕送りしてもらっている額より少ないことが条件になります。

なお、これらに該当しない場合であっても、認定対象者の年間収入が130万円未満であって、かつ、被保険者の年間収入を上回らない場合には、その世帯の生計の状況を果たしていると認められるときは、被扶養者となる場合があります。この130万円には、給与収入以外にも、不動産収入や年金収入、健康保険からの給付金なども含まれます。

年収130万円が基準であるため、たとえば、パートタイマーとして働いている主婦（または主夫）に年収が150万円ほどある場合、勤め先で社会保険に加入していないとしても、夫（または妻）の被扶養者になることができません。

このように、被保険者の被扶養者となることができる親族については、あらかじめ範囲が決まっており、それ以外の者はたとえ現実に扶養されている場合であっても健康保険の被扶養者になることができませんので注意しましょう。

# 3 ケガ・病気の際の給付と自己負担する金額を知っておこう

年齢や所得に応じて定められた一部負担金2〜3割を支払うことで治療可能

## かかった治療費などの一定割合を自己負担する

健康保険の被保険者やその被扶養者が業務外の病気やケガなどで病院や診療所などで受診した際に受けることができる給付を**療養の給付**といいます。保険証を医療機関に提示することにより、診察などの医療行為が現物で支給され、窓口負担分のみで医療を受けることができます。

療養の給付には、診察の他、手術や治療、保険薬局での薬の調剤なども含まれ、給付の範囲は次ページ図のようになっています。一方、療養の給付は医師が治療を必要とする疾病や負傷となっているため、健康診断や予防注射、正常な分娩、美容のための整形手術などは対象とはなりません。

また、療養の給付は医療費全額が給付されるわけではなく、かかった費用のうち一定割合は自己負担する必要があります。この自己負担分のことを一部負担金といいます。

一部負担金の割合は、年齢や所得に応じて異なり、主に次のようになっています。

① 義務教育就学前の者…2割

② 義務教育就学後70歳未満の者…3割

③ 70歳〜74歳…2割（ただし現役並みの所得がある者は3割）

このように、70歳未満の人の場合は利用料の3割が自己負担ですが、70歳〜74歳の人の場合は生年月日により割合が異なるので注意が必要です。具体的には、平成26年3月31日以前に70歳となった場合は1割、4月1日以降に70歳となった場合は2割負担です。

また、現役並みの所得がある高齢者を「現役並み高齢者」といい、この場合の自己負担は3割となります。現役並みの所得とは、会社員などで健康保険に加入している場合は標準報酬月額が28万円以上、自営業などで国民健康保険に加入している場合は住民税課税所得145万円以上が該当します。ただし、年収が、単身世帯の場合383万円未満、2人以

上世帯の場合520万円未満であれば、申請により非該当とすることができます。なお、業務外の病気やケガで入院が必要となった場合は、入院時の生活費用として入院時生活療養費、入院時の食費として入院時食事療養費の給付を受けることができます。

## 療養費はやむを得ない場合の現金給付

健康保険では、病気やケガなどの保険医療に対して療養の給付を行い、診療や調剤という形で現物給付することが原則です。

しかし、療養の給付を行うことが困難であると認められた場合や、被保険者がやむを得ない事情で保険医療を受けることができず、自費で受診したなどの場合は、療養費として現金が給付されます。

療養費の給付を受ける場合は、いったん医療機関の窓口で全額を支払い、後ほど現金の払戻しを受ける、という形をとります。

## 健康保険が効かない薬や治療がある

健康保険は、被保険者やその被扶養者の社会保障や健康の維持のため、さまざまな負傷や疾病に関する保険給付サービスを提供しています。しかし、治療内容や調剤の中には、健康保険制度ではカバーすることができないものがあります。たとえば、

### 療養の給付の範囲

| | 範　囲 | 内　容 |
|---|---|---|
| ① | 診察 | 診断を受けるための各種の行為 |
| ② | 薬剤、治療材料の支給 | 投薬、注射、消耗品的な治療材料など |
| ③ | 処置、手術　その他の治療 | その他の治療とは、理学的療法、マッサージなど |
| ④ | 居宅における療養上の管理とその療養に伴う世話その他の看護 | 寝たきりの状態にある人などに対する訪問診療、訪問看護 |
| ⑤ | 病院または診療所への入院とその療養に伴う世話その他の看護 | 入院のこと。入院中の看護の支給は入院診療に含まれる |

※業務災害・通勤災害による病気やケガの治療、美容整形、一般的な健康診断、正常な妊娠、出産などは療養の給付の対象とはならない

差額ベッド代や先進医療の技術料、新薬の投与などです。差額ベッド代とは、差額室料とも呼ばれるもので、病気やケガで入院する場合に「気を遣いたくない」などの理由から、本人や家族の希望により個室もしくは少人数制の病室を選択した場合にかかる費用のことです。

この差額ベッド代が必要になる病室とは、原則として個室〜4人までの部屋のことで、「特別療養環境室」といいます。このような病室を選択することは、病気やケガの治療行為とは直接の関係がなく、よりよい環境を求めて行う行為であることから保険の適用外とされています。ただし、この「保険の適用が効かない場合」とは、あくまでも「患者（加入者）自身が特別療養環境室を希望した場合」に限られます。そのため、たまたま病室に空きがなかった場合や、病院側の事情で特別療養環境室へ通された場合は、差額ベッド代を支払う必要はありません。

なお、たとえば禁煙治療薬のように、中には一定条件を満たしていなければ保険適用外とされる治療もあるため、注意が必要です。このようなケースに備え、処方を受ける場合は事前に保険の有無を確認することが重要です。

## 入院時食事療養費

病気やケガなどをして入院した場合、診察や治療などの療養の給付の他に、食事の提供を受けることができます。この食事の提供としての保険の給付を入院時食事療養費といいます。

入院時食事療養費の給付を受けた

### 入院時の食事療養についての標準負担額

| | 対象者区分 | 標準負担額（1食あたり） |
|---|---|---|
| 1 | 原則 | 460円 |
| 2 | 市区町村民税の非課税対象者等で減額申請の月以前12か月以内に入院日数90日以下の者 | 210円 |
| 3 | 2の者で減額申請の月以前12か月以内に入院日数90日を超える者 | 160円 |
| 4 | 70歳以上の低所得者 | 100円 |

場合、原則として1食あたり460円の自己負担額を支払う必要があります。これを標準負担額といい、前ページ図のような住民税非課税者などへの減額措置が設けられています。なお、後期高齢者医療給付の入院時食事療養費を受ける者には、健康保険からの支給は行われません。

## 入院時生活療養費

介護保険により要介護認定された人はさまざまな介護サービスを受けることができます。一方で入院患者は、症状が重い間は、医師や看護婦により十分な看護を受けていますが、ある程度症状が安定してくると看護が減少し、療養病床に転院する場合

があります。療養病床とは、継続的な療養を目的としたリハビリなどのサービスを提供する病床です。そこで、介護保険との均衡の観点から、入院する65歳以上の人の生活療養に要した費用について、保険給付として入院時生活療養費が支給されています。

入院時生活療養費の額は、生活療養に要する平均的な費用の額から算定した額をベースに、平均的な家計における食費および光熱水費など、厚生労働大臣が定める生活療養標準負担額を控除した額となっています。

なお、低所得者の生活療養標準負担額については、下図のように軽減されています。

### 入院時の生活療養についての標準負担額

| 区　分 | 食費についての患者の負担額 | 居住費についての患者の負担額 |
|---|---|---|
| ① 一般の被保険者で、栄養管理などの面で厚生労働大臣の定める保健医療機関に入院している者 | 1食につき460円 | 1日につき370円 |
| ② 一般の被保険者で、①以外の保険医療機関に入院している者 | 1食につき420円 | |
| ③ 市区町村民税の非課税対象者 | 1食につき210円 | |
| ④ 70歳以上の低所得者 | 1食につき130円 | |

# 4 保険がきかない医療はどのように取り扱われるのか

**給付対象かどうかの評価が必要な最新医療や特別環境の下で行われる医療**

## ▌評価療養・選定療養とは

評価療養や選択療養は、保険外併用療養費の支給対象となる療養のひとつです。これらは健康保険において負傷・疾病などで療養を受けるにあたり、希望する療養の内容や環境をより幅広い選択肢の中から選ぶことを可能にし、国民の利便性を高めるために定められました。

### ・評価療養

評価療養とは、まだ医学的にどのような価値があるかが具体的に定まった状態ではない新しい高度医療や新薬などを使った療養のことで、将来的に健康保険に導入されるか評価段階にある診療です。

たとえば、医薬品や医薬機器の治験に関わる診療、薬価基準収載前の承認医薬品の投与、保険適用前の承認医療機器の使用、薬価基準に収載されている医薬品の適応外使用などが挙げられます。

また、後述する先進医療（現行の高度先進医療を含む）についても、この評価療養に含まれます。

### ・選定療養

選定療養とは、評価療養とは異なり、今後も保険適用は考えられていない診療のことを指し、療養のために整えられた特別な環境などを患者自身が希望し、選択する療養のことです。

たとえば、快適性や利便性に関わるものでは、特別の療養環境（差額ベッド代）の提供や予約診療、時間外での診療、紹介状なしの大病院受診、前歯部の材料差額、金属床総義歯が該当し、保険で認められている内容以上の医療行為などが挙げられます。ただし、予約診療に関してはルールがあり、予約時間から30分を超える時間を患者に待たせる場合などは、予約診療として認められないとされています。

医療機関の選択に関わるものでは、200床以上の病院の未紹介患者の初診、200床以上の病院の再診が該当します。行為等の選択に関わるものでは、制限回数を超える医療行為、180日を超える入院、小児う触の治

55

療後の継続管理などが該当します。

## 先進医療とは

　少子高齢化社会が加速する我が国では、長寿化の影響から、親がいわゆる「難病」にかかる可能性についても考えなければなりません。このような場合に活用することができる制度のひとつに**先進医療制度**があります。

　先進医療とは、評価療養のうち、非常に高度な医療技術を用いた治療法や技術、その他療養のうち、公的医療保険の対象になっていないもので、安全性や有効性について一定の基準を満たしたものです。これは、厚生労働大臣が認める医療技術であり、それぞれの医療技術ごとに適応症および実施する医療機関が限定されています。評価の結果、公的医療保険の対象になったり、評価の対象から外れる場合があるため、先進医療技術や実施する医療機関の数は日々変動しています。令和2年10月1日時点では、23種類の先進医療A、57種類の先進医療Bが定められています。

　先進医療はすべての病院で実施しているわけではありません。厚生労働大臣により定められた医療機関で、先進医療を行うことができると定め

られた基準を満たしたものが実施できます。令和2年10月1日時点では、全国各地に先進医療Aを対象とする機関が171件、先進医療Bを対象とする機関が576件、定められています。通常、なんらかの治療を受けた場合は公的医療保険が適用されるため患者が負担するのはその費用の一部となりますが、先進医療を受けた時の費用は、患者が全額自己負担することになります。ただし、先進医療にかかった費用のなかでも全額自己負担となるのはいわゆる技術料の部分であり、通常の治療と共通する部分（診察代、投薬代、入院費など）の費用は、公的医療保険が適用されます。先進医療を受けるときの手続きは、一般の保険診療の場合と同じです。医療機関の窓口で被保険者証などを窓口に提出します。

## 保険がきかない医療と健康保険の適用の可否

　健康保険では、原則的に保険が適用されない保険外診療があった場合は保険が適用される診療も含めて医療費の全額が自己負担になります。これを「混合診療禁止の原則」といい、保険診療と保険外診療を併用することは認められていません。

ただし、評価療養と選定療養については、保険診療との併用が認められています。この場合、通常の治療と共通する部分（診察・検査・投薬・入院料など）の費用は健康保険における一般の保険診療と同様に扱われ、自己負担分については一部負担金を支払います。そして、残りの額は保険外併用療養費として健康保険から支給されます。

また、被扶養者の保険外併用療養費にかかる給付は、家族療養費として支給されます。

なお、介護保険法で指定されている指定介護療養サービスを行う療養病床などに入院している患者は、介護保険から別の給付を受け取ることができます。この場合は給付の二重取りを防ぐため、保険外併用療養費の支給は行われません。

## 保険外併用療養費の自己負担額はどのように計算するのか

たとえば、総医療費が120万円、このうち先進医療についての費用が30万円の場合、先進医療についての費用30万円は、全額を患者が負担し、残りの90万円のうち、通常の治療と共通する部分（診察、検査、投薬、入院料など）については7割である63万円分が保険給付として支給される部分になり、残りの27万円が一部負担金となります。したがって、30万円と27万円を合わせた57万円が、患者の自己負担分です（下図参照）。

## 保険外併用療養費が支給される範囲

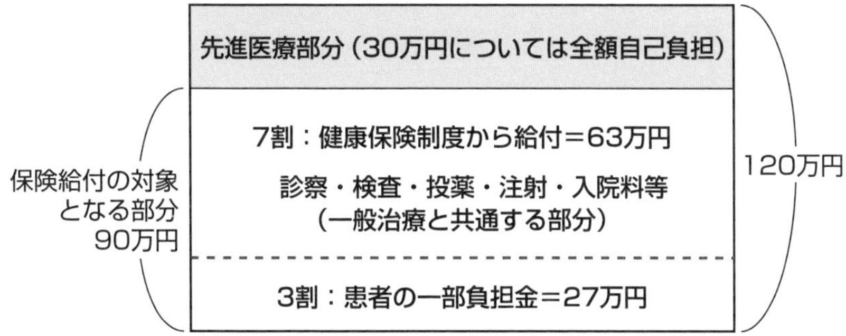

先進医療部分（30万円については全額自己負担）

保険給付の対象となる部分 90万円
- 7割：健康保険制度から給付＝63万円
  診察・検査・投薬・注射・入院料等
  （一般治療と共通する部分）
- 3割：患者の一部負担金＝27万円

120万円

※保険給付の対象となる部分については後述の高額療養費制度が適用されます。

# 5 高額療養費について知っておこう

## 高額療養費制度とは

　日本では国民皆保険制度の下、すべての人が何らかの公的医療保険に加入しています。そのため、病気などで医療機関を受診してもその医療費のすべてを自己負担する必要はなく、公的医療保険によってカバーされるため、すべての人が一定水準の医療を受けることができます。

　健康保険においても、病院や診療所で治療を受けた場合、本人は医療費の一部のみを負担しますが、長期入院や手術を受けた際の自己負担額が高額になる場合があります。このように、高額な医療費がかかったときでも1か月（1日〜末日）の自己負担額を一定以下に抑えるのが**高額療養費制度**です。年齢や収入に応じて支払う医療費の上限が定められており、一定の金額（自己負担限度額）を超えた部分が後で払戻しされるしくみです。なお、払戻しにはある程度の時間を要するため、医療費の支払い資金として事前に貸し付けを受けることができる制度もありま

す（高額療養費貸付制度）。

## 高額療養費における合算対象の要件

　高額療養費算定基準額は、図（次ページ）のように所得に比例して自己負担額が増加するよう設定されています。70歳未満の者の所得区分は5区分で設定されています。なお、図中の総医療費とは、療養に要した費用のことで、暦月1か月内（1日〜末日）に通院した同じ診療科で支払った医療費の総額です。したがって、たとえ実日数が30日以内でも、2か月にまたがっている場合は合算できません。また、同月に同病院へ通院した場合でも、診療科が異なっている場合は対象外です。

　そして、同じ診療科の場合は、入院・通院別に支給の対象になるかを計算します。この場合、差額ベッド代や食事療養費、光熱費などは高額療養費の対象にはならないため注意が必要です。高額療養費に該当するかの判断は、領収書に記載されている一部負担額が保険内のものか保険

外のものかで行われます。

## 高額療養費の「世帯合算」「多数該当」とは

個人では高額療養費の限度額に達しない場合に世帯で合算して申請できる制度です。

高額療養費には、被保険者の家庭の医療負担を軽減することを目的とした**世帯合算**という制度があります。

### 医療費の自己負担限度額

● 1か月あたりの医療費の自己負担限度額（70歳未満の場合）

| 所得区分 | 自己負担限度額 | 多数該当 |
|---|---|---|
| 標準報酬月額<br>83万円以上の方 | 252,600円＋<br>(総医療費−842,000円)×1% | 140,100円 |
| 標準報酬月額<br>53万円〜79万円の方 | 167,400円＋<br>(総医療費−558,000円)×1% | 93,000円 |
| 標準報酬月額<br>28万円〜50万円の方 | 80,100円＋<br>(総医療費−267,000円)×1% | 44,400円 |
| 標準報酬月額<br>26万円以下の方 | 57,600円 | 44,400円 |
| 低所得者<br>(被保険者が市町村民税<br>の非課税者等) | 35,400円 | 24,600円 |

● 1か月あたりの医療費の自己負担限度額（70〜74歳の場合）

| 被保険者の区分 | | 医療費の負担限度額 | |
|---|---|---|---|
| | | 外来(個人) | 外来・入院(世帯) |
| ①現役並み所得者（負担割合3割の方） | 現役並みⅢ<br>(標準報酬月額<br>83万円以上) | 252,600円＋(総医療費-842,000円)×1%<br>(多数該当：140,100円) | |
| | 現役並みⅡ<br>(標準報酬月額<br>53万〜79万円) | 167,400円＋(総医療費-558,000円)×1%<br>(多数該当：93,000円) | |
| | 現役並みⅠ<br>(標準報酬月額<br>28万〜50万円) | 80,100円＋(総医療費-267,000円)×1%<br>(多数該当：44,400円) | |
| ②一般所得者<br>（①および③以外の方） | | 18,000円<br>(年間上限14.4万円) | 57,600円<br>(多数該当：44,400円) |
| ③低所得者 | 市区町村民税の<br>非課税者等 | 8,000円 | 24,600円 |
| | 被保険者とその扶養<br>家族すべての方の<br>所得がない場合 | | 15,000円 |

具体的には、同一世帯で歴月1か月内（1日〜末日）に21000円以上の自己負担額（70歳未満の場合）を支払った者が2人以上いる場合、それぞれの金額を合算し、自己負担額を超えた分が高額療養費として払い戻される制度です。

たとえば、40代の夫の医療費が1か月に合計20万円、妻の医療費が1か月に10万円かかったとします。この夫妻の自己負担分は、それぞれ3割分の6万円、3万円で、個々では高額療養費の自己負担額8万100円に届かないものの、ともに21000円を超えているため世帯合算が可能です。自己負担限度額は、8万100円＋（医療費30万円－26万7000円）×1％＝8万430円です。世帯合算の申請を行えば、支払い済みの医療費30万円から自己負担限度額が控除された9570円が戻ってきます。

世帯合算を行う場合、対象となる個人は「同一の医療機関」で医療費を支払っていることが要件になります。同じ医療機関であっても、医科と歯科など別の医療を受診している場合は合算できません。また、先進医療は健康保険が適用されないため対象外です。

また、高額療養費には**多数該当**と

いう自己負担限度額を軽減させる制度があります。同一世帯において1年間（直近12か月間）に3回以上の高額療養費の支給を受けている場合、4回目以降の自己負担限度額がさらに引き下がる制度です。ただし、多数該当は同一保険者での療養に適用されますので、国民健康保険から協会けんぽなどへ加入した場合など、保険者（健康保険事業の運営主体）が変わった場合には支給回数は通算されません。

## 高額療養費の現物給付化

高額療養費が支給され、最終的な負担額が軽減されることが決定した場合でも、手順としては、いったん医療機関の窓口で支払いをした上で、自己負担限度額を超過した額の請求を行い、支払いを受ける必要があります。したがって、金銭的な余裕がない場合、そもそも医療を受けることを断念せざるを得ないことがあります。

そのような場合の対策として、**高額療養費の現物給付化**の制度が設けられています。この制度を利用すれば、高額となる現金の用意を行う必要がなく、医療機関の窓口で支払う金額を、自己負担限度額内にとどめ

ることができます。

　現物給付化を利用する場合は、事前に申請を行う必要があります。方法としては、国民健康保険の加入者の場合は市区町村の窓口、協会けんぽの場合は各都道府県支部、それ以外の社会保険を使用の場合は勤め先の健康保険組合に、それぞれ申請書（限度額適用認定申請書）を提出して行います。親がすでに75歳以上の場合には後期高齢者医療制度に基づく申請書を提出することになります。

　受理された場合「限度額適用認定

証」が発行されます。限度額適用認定証の発行日は、申請書の受付日の月の初日です。これを医療機関に提示することで、現物給付化の制度を利用することができます。

　なお、低所得者に該当する場合は「限度額適用・標準負担額減額認定証」が発行されます。限度額適用認定証は、被保険者資格を喪失した際や認定証の有効期限に達した場合、後期高齢者医療制度の対象となった場合などは返却しなければなりません。


## 高額療養費計算例

**Aさん**（52歳、所得：一般）
自己負担額
　○○病院（外来）
　　　　　10,000円
　△△病院（入院）
　　　　　450,000円

**Bさん**（72歳、所得：一般）
自己負担額

　○○病院（外来）
　　　　　50,000円

**Cさん**（74歳、所得：一般）
自己負担額
　○○病院（外来）
　　　　　70,000円
　△△病院（入院）
　　　　　100,000円

① **70〜74歳の個人ごとの外来療養の高額療養費を計算**
　　Bさん　50,000－18,000（59ページ下図）＝32,000円
　　　　　　⇒18,000円は自己負担
　　Cさん　70,000－18,000（59ページ下図）＝52,000円
　　　　　　⇒18,000円は自己負担
② **70〜74歳の世帯ごとの外来・入院療養の高額療養費を計算**
　　18,000＋18,000＋100,000－57,600（59ページ下図）＝78,400円
　　⇒57,600円は自己負担
③ **70歳未満も含めた世帯ごとの外来・入院療養の高額療養費を計算**
　　57,600＋450,000－57,600（59ページ上図）＝450,000円
　高額療養費　32,000＋52,000＋78,400＋450,000＝612,400円
　※Aさんの外来療養は21,000円以下なので対象外となる

# 6 高額医療・高額介護合算療養費制度について知っておこう

医療費・介護サービス費の高額負担者の負担額を軽減するための制度

## 高額医療・高額介護合算療養費とは

医療の場合は高額療養費、介護の場合は高額介護サービス費の制度が用意されています。高額介護サービス費とは、介護サービスを利用した場合の費用が高額になった場合に、負担上限額を超えた金額が後から払い戻される制度です。

介護保険を利用する場合、介護サービス費の1割を負担すればサービスを受けることが可能です。しかし、介護サービス費の高額負担者は同時に医療費の高額負担者であることも多く、それぞれの制度の自己負担上限額を負担する場合、その合計額はさらに大きな負担になるケースがあります。そのため、毎年8月から1年間にかかった医療保険と介護保険の自己負担額の合計が、一定の基準額（75歳以上の世帯で所得が一般の場合は56万円）を超える人に対してはその超える分が支給される**高額医療・高額介護合算療養費**という制度があります。

対象は、介護保険の受給者がいる健康保険、国民健康保険、後期高齢者医療制度の医療保険各制度の世帯です。自己負担限度額は年額56万円を基本ベースとし、加入している医療保険の各制度や、世帯ごとの所得、年収によって細かく設定されています。

健康保険の高額療養費や、介護保険での高額介護サービス費で還付を受けても、合算すると負担額が限度額を超える場合には、超過分が戻ってくる場合があるため、医療と介護両方での出費がある場合は確認してみるとよいでしょう。

一方、内容によっては制度の適用外になる費用もありますので注意が必要です。たとえば、介護保険の場合は、支給限度を超えて利用したサービス費の他、食費や宿泊費、住宅の改修費、福祉用具購入費などは対象外となります。複雑な要件が設けられている制度ですが、ケースによっては合算の対象となる可能性もありますので、詳細は各市区町村の窓口へ確認してみましょう。

なお、70歳未満の高額医療・高額介護合算療養費の自己負担限度額については下図の基準額が適用されます。一般的な所得（標準報酬月額26万円以下）を基準に自己負担額（年額）は60万円に設定されています。実際に支払った医療費や介護サービス費に、高額療養費、高額介護サービス費を適用した後に、60万円以上の自己負担額が発生していた場合に適用されます。

また、70歳以上の場合、一般的な所得区分では56万円が基準額となります。

### 合算を利用するときの手続き

医療保険が後期高齢者医療制度ま

たは国民健康保険の場合は、医療保険も介護保険もともに所管が市区町村であるため、役所の後期高齢者医療または国民健康保険の窓口で支給申請を行います。

一方、健康保険の場合、これまでは医療保険と介護保険の所管が異なるため、まず介護保険（市区町村）の窓口で介護保険の自己負担額証明書の交付を受ける必要がありました。しかし、現在ではマイナンバーを利用して健康保険の保険者へ申請することで、介護保険の自己負担額証明書の交付を省略して申請することが可能になっています。

## 高額介護療養費の自己負担限度額

### 70歳未満の場合

| 所得区分 | 自己負担限度額(年額) |
|---|---|
| 標準報酬月額　83万円以上の方 | 212万円 |
| 標準報酬月額　53万円～79万円の方 | 141万円 |
| 標準報酬月額　28万円～50万円の方 | 67万円 |
| 標準報酬月額　26万円以下の方 | 60万円 |
| 低所得者<br>（被保険者が市町村民税の非課税者等） | 34万円 |

※なお、70～74歳の場合、上表と異なり、①現役並み所得者(標準報酬月額28万円以上で高齢受給者証の負担割合が3割の方)67～212万円、②一般所得者（①および③以外の方）56万円、③低所得者で被保険者が市町村民税の非課税者等である場合31万円、被保険者とその扶養家族すべての方の所得がない場合19万円となります。

# 7

# 健康保険の家族に対する給付について知っておこう

**扶養する加入者と同様の給付を受けることができる**

## 親を健康保険の被扶養者扱いとする場合

親自身の年間収入額が一定額に満たない場合で、かつ主として被保険者である子の収入によって生計を維持されている場合は、**子が加入する健康保険の被扶養者**にすることができます。この場合、親が被扶養者として病気やケガのために医療機関にかかった場合は、家族療養費が支給されます。給付の範囲・受診方法・受給期間や保険医療機関に支払う自己負担額の割合は、基本的に被保険者である子と同様に原則３割となりますが、被扶養者の年齢および所得に応じて変わります。この自己負担額が一定以上の高額になった場合に、その超えた部分の払戻しが行われる高額療養費制度には、同一月内における同一世帯の自己負担額を合算した上で、合算額が一定以上の場合に申請することが可能な世帯合算という特例が設けられています（59ページ）。

## 家族療養費とはどんなものか

被扶養者が病気やケガで保険医療機関から療養を受けたときは家族療養費が給付されます。**家族療養費**は被保険者が受ける療養の給付、療養費（51〜52ページ）、保険外併用療養費（57ページ）、入院時食事療養費・入院時生活療養費（53〜54ページ）を一括した給付で、治療行為など現物での給付（現物給付）と現金での給付（現金給付）があります。

給付内容は、被保険者が受ける療養の給付などの保険給付と全く同じ内容です。たとえば療養の給付であれば保険医療機関の窓口で被扶養者自身が健康保険被保険者証（保険証）を提出し、自己負担額を支払って診察、薬剤・治療材料の支給を受けます。そして、このような現物給付を受けられない場合は、現金給付を受けることができます。ただし、被保険者に対する療養費と同様に、①保険診療を受けることが困難であるとき、②やむを得ない事情により保険医療機関ではない病院などで診療・

手当などを受けたとき、という要件を満たすことが必要です。それぞれの具体例として、たとえば保険証の交付を待っている間に保険医療機関を受診した場合が①に、外出中の急病で近隣に保険医療機関が無かった場合が②に該当します。

## 自己負担額割合と家族療養費が支給されないケース

被扶養者の自己負担額（被保険者が負担する部分）も被保険者と同じように、義務教育就学後70歳未満の者については3割、義務教育就学前の者は2割、70歳以上74歳までの者は2割（ただし現役並みの所得者は3割）です。

現役並みの所得者に該当する被扶養者とは、70歳に達する日の属する月の翌月以後にある被保険者で、療養を受ける月の標準報酬月額が28万円以上である者の被扶養者です（ただし、標準報酬月額が28万円以上の者であっても、被保険者と被扶養者年収の合計額が一定額以下の場合、申請をすれば現役並みの所得者とは扱われません）。また、後期高齢者医療制度に加入する満75歳以上の高齢者に対しては、家族療養費の支給は行われません。

## 被扶養者に対する給付

被扶養者に対する給付

- **家族療養費**
  被保険者が受け取る療養の給付、療養費、保険外併用療養費、入院時食事療養費・生活療養費を一括した給付

- **高額療養費・高額介護合算療養費**
  被保険者の場合と同様

- **家族埋葬料**
  5万円

- **家族出産育児一時金**
  被保険者の場合と同様

# 8

# 訪問看護療養費・移送費とはどんな給付なのか

訪問看護サービスの提供を受けた場合の費用と医師の指示で移送された場合の費用

## 訪問看護療養費

　在宅で継続して療養を受ける状態にある者は、健康保険における**訪問看護療養費**の給付対象です。訪問看護療養費は、かかりつけの医師の指示に基づき、指定訪問看護事業者(訪問看護ステーションに従事する者)の看護師等による訪問看護サービスの提供を受けた場合に、その費用を訪問看護療養費とする現物給付が行われます。

　訪問看護療養費は、①病状が安定していることまたはこれに準ずる状態にあり、②在宅療養において、主治医が看護師などに療養上の世話・診療の補助行為の必要性を認めて指示していることに該当し、保険者が必要と認めた場合に限り支給されます。たとえば、末期ガンや脳性まひなどの重度障害、難病、脳卒中などの場合の在宅療養が対象です。実際に訪問看護サービスを受けた場合、被保険者は厚生労働大臣の定めた料金の100分の30の基本利用料を負担し、あわせて訪問看護療養費の給付対象に含まれないその他の利用料(サービスの利用時間が一定を超えた場合、休日や時間外の利用料の一部など)も負担します。この基本利用料は、高額療養費の対象となるため、指定訪問看護事業者は、基本利用料とその他の料金を区別して記載した領収書を発行します。

　なお、この訪問看護療養費は、扶養する家族のために活用することができます。これを**家族訪問看護療養費制度**といい、子が親を扶養している場合などに利用することが可能です。内容は基本的には訪問看護療養と同じで、家族が指定訪問看護事業者によって行われる訪問看護や介護サービスを受けた場合、かかった費用の100分の70の給付を受けることができます。

## 移送費

　現在かかっている医療機関の施設や設備では患者が十分な診察や治療が受けられないような場合、病気やケガで自力歩行が困難な場合など一

定の条件に該当する場合に必要になるタクシー代などの移動費については、健康保険から**移送費**という給付を受けることができます。単なる通院など、一時的・緊急的と認められないものは対象となりません。

支給は現金給付で行われ、自己負担額はありません。いったん移送費を自分で支払った上で、後ほど支給申請書および添付資料を提出し、申請が認められれば移送費に相当する額を受け取ります。申請の際の添付資料として、保険証や移送にかかった費用の領収証、医師などの意見書が必要です。

移送費として受けることができる額は、最も経済的とされる経路および方法によって移送された場合の運賃です。医師が医学的に必要だと認める場合は、医師や看護師などの付添人（原則として1人分）にかかった交通費も移送費として支給されます。

なお、家族訪問看護療養費の場合と同じく、移送費にも家族移送費という給付が存在します。扶養する家族が、移送費同様の条件に該当し、かつ家族療養費に相当する療養のためにタクシーなどで医療機関へ移動する場合は、家族移送費が支給されます。

## 訪問看護療養費とは

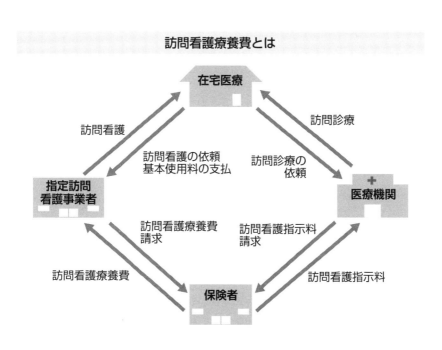

# 9

# 国民健康保険について知っておこう

## 加入対象者と保険料の決定方法が健康保険とは異なる

### 国民健康保険の特徴

親が会社員や公務員ではなく自営業者で75歳未満の場合、親自身が国民健康保険に加入することになり、医療が必要になった場合には各種の給付を受けることができます。

**国民健康保険**とは、社会保障や国民の保健を向上させるために設けられた医療保険の制度で、略して「国保」とも呼ばれています。

加入者である被保険者の負傷、疾病、死亡などに関して、国民健康保険法に基づいた給付が行われます。

国民健康保険と、公的保険制度である健康保険のもっとも大きな違いは、加入対象者と保険料の決定法です。国民健康保険の加入対象は、農業者や自営業者とその家族、企業を退職した人、無職の人、年金生活者などです。つまり、健康保険や共済組合、船員保険、後期高齢医療制度の対象でないすべての人が国民健康保険に加入することになります。

国民健康保険の手続きの期限は、原則として事由が発生した日から14日以内です。会社を退職し家族の扶養に入る、すぐに次の会社に就職する場合以外は、速やかに国民健康保険の加入手続きを行いましょう。国保への加入日は、届出日ではなく、実際に加入要件に該当した日です。たとえば、離職した日の翌日などです。加入の手続きが遅れた場合、加入要件に該当した日に遡って保険料を納める必要があります。また、遅れた期間の医療費については全額自己負担しなければならない可能性もあります。

国民健康保険の運営主体は都道府県と市区町村であるため、各自治体により保険料の料率が異なります。また、国民健康保険は、健康保険とは異なり誰かを扶養するという考えはそもそも存在せず、世帯単位で保険料が算出されます。したがって、保険料の支払いを行うのも世帯主です。

一方で、国民健康保険の給付は基本的には会社員の加入する健康保険とほぼ同じです。具体的な給付内容は下図の通りです。

ただし、国民健康保険はもともと自営業者を対象とした医療制度であるため、休業時の補償を行うという概念がありません。したがって、一部の給付が行われない場合があります。たとえば、疾病により休業した場合の補償として給付される「傷病手当金」などの制度は、国民健康保険制度では給付の有無は任意で、義務付けられてはいません。

なお、下図の「特別療養費」とは、保険料を滞納したため被保険者証を返還することになった場合の保険給付です。被保険者証の返還後に診療を受けた場合は全額を自身で支払う必要があり、申請を行う事で後日特別療養費として給付額の払戻しを受けることができます。

## 国民健康保険の給付内容

| 種　類 | 内　容 |
|---|---|
| 療養の給付 | 病院や診療所などで受診する、診察・手術・入院などの現物給付 |
| 入院時食事療養費 | 入院時に行われる食事の提供 |
| 入院時生活療養費 | 入院する65歳以上の者の生活療養に要した費用の給付 |
| 保険外併用療養費 | 先進医療や特別の療養を受けた場合に支給される給付 |
| 療養費 | 療養の給付が困難な場合などに支給される現金給付 |
| 訪問看護療養費 | 在宅で継続して療養を受ける状態にある者に対する給付 |
| 移送費 | 病気やケガで移動が困難な患者を医師の指示で移動させた場合の費用 |
| 高額療養費 | 自己負担額が一定の基準額を超えた場合の給付 |
| 高額医療・高額介護合算療養費 | 医療費と介護サービス費の自己負担額の合計が著しく高額となる場合に支給される給付 |
| 特別療養費 | 被保険者資格証明書で受診した場合に、申請により、一部負担金を除いた費用が現金で支給される |
| 出産育児一時金 | 被保険者が出産をしたときに支給される一時金 |
| 葬祭費・葬祭の給付 | 被保険者が死亡した場合に支払われる給付 |
| 傷病手当金（任意給付） | 業務外の病気やケガで働くことができなくなった場合の生活費 |
| 出産手当金（任意給付） | 産休の際、会社から給料が出ないときに支給される給付 |

## 給付は3種類に分類される

健康保険の場合、要件に応じて支給される給付の内容は、すべて保険者である全国健康保険協会または健康保険組合が必ず給付を行わなければならないものです。しかし、国民健康保険制度の場合は給付が義務付けられているものと、場合によっては給付を行わなくてもよいものがあります。法律で義務付けられたものを「法定給付」、保険者（自治体）が条例などにより給付を行うものを「任意給付」と呼び以下の①～③の3種類に分類されています。

① 絶対的必要給付（法定給付）

健康保険の給付と同じく、法律によって給付が義務付けられているものです。どの国民健康保険に加入していても必ず給付されます。

具体的には、療養の給付、入院時食事療養費、入院時生活療養費、保険外併用療養費、療養費、訪問看護療養費、特別療養費、移送費、高額療養費、高額介護合算療養費が該当します。

特別療養費とは、被保険者証を持たない加入者が受けることのできる給付のことです。国民健康保険制度の加入者が、保険料を1年を超えて滞納した場合、被保険者証の返還が求められますが、その際、返還された被保険者証の代用として「被保険者資格証明書」が発行されます。被保険者資格証明書を持つ加入者が医療機関にかかった場合、療養の給付等の提供を「現物支給」として受けることはできません。ただし、いったん医療費を全額払いした後に「償還払い」を受けることができます。なお、滞納状態が1年6か月を超えた場合は、保険給付の支払いが差し止められ、より厳しい措置がとられることになります。

② 相対的必要給付（法定給付）

条例または規約によって行う給付のことで、特別な理由がある場合は給付の全部または一部を支給しないことが許されている給付です。具体的には、出産育児一時金、葬祭費、葬祭の給付の3種類です。

③ 任意給付

給付の実施が義務付けられておらず、各自治体の条例や規約を定めることにより実施することができる給付です。具体的には、傷病手当金と出産手当金の2種類です。

# 10 65歳以上の人が加入する医療保険制度について知っておこう

74歳までが対象の医療制度と75歳以上が対象の医療制度に区分されている

## 64歳以前の人とは取扱いが変わる

　65歳以上の人の公的医療保険については、平成20年4月から施行されている高齢者の医療の確保に関する法律（高齢者医療確保法）により、64歳以前の人とは異なる医療保険制度が適用されています。

　具体的には、65歳から74歳までの人を対象とした前期高齢者医療制度と、75歳以上（言語機能の著しい障害など一定の障害状態にある場合には65歳以上）の人を対象とした**後期高齢者医療制度（長寿医療制度）**が導入されています。

## 前期高齢者医療制度とは

　**前期高齢者医療制度**とは、65歳〜74歳の人を対象とした医療保険制度です。前期高齢者医療制度は後期高齢者医療制度のように独立した制度ではなく、健康保険組合などの被用者保険と国民健康保険の制度間の医療費負担の不均衡を調整するための制度です。

　したがって、被保険者が65歳になっ

たとしても、従来と異なる公的医療保険に加入するわけではなく、引き続き今まで加入していた健康保険や共済組合、国民健康保険から療養の給付などを受けることができます。

　ただし、医療費の自己負担割合については、69歳まではそれまでと同様に3割ですが、70歳の誕生月の翌月からは原則として2割となり、1割引き下げられます。ただし、70〜74歳の者であっても、現役並みの所得者（国保加入者は課税所得145万円以上の者）の場合には自己負担割合は3割です。

## 後期高齢者医療制度とは

　**後期高齢者医療制度**とは、75歳以上の人に対する独立した医療制度です。国民健康保険や職場の健康保険制度に加入している場合でも、75歳になると、それまで加入していた健康保険制度を脱退し、後期高齢者医療制度に加入します。75歳以上の人の医療費は、医療費総額のうち約3割を占めるほど高い割合になってい

第2章　医療保険のしくみと活用法

71

ます。そのため、75歳以上の方を対象として独立した制度を設け、その財源の一部である保険料を負担してもらうことで、医療費負担の公平化を保つことが目的です。

　後期高齢者医療制度に加入する高齢者は、原則として、若い世代よりも軽い1割負担で病院での医療を受けることができます。自己負担額が高額になった場合、申請により一定の限度額（月額）を超える額が高額療養費として支給されます。医療保険と介護保険の自己負担額が著しく高く、その金額が算定基準額（年額）を超える場合には、申請によりその超えた額が高額介護合算療養費として支給されます。

　後期高齢者医療制度については、制度開始直後はその内容をめぐって批判が噴出し、制度そのものの廃止が真剣に議論されるほどでした。しかし、当面は、拠出金の負担方法を見直すなど、制度のあり方を検討しつつ、現行制度の手直しをしながら継続されるものと見られています。

### ▌後期高齢者医療制度への加入

　75歳を超えている高齢者は、自身で国民健康保険に加入してもらうことも、健康保険の被扶養者扱いとす

ることもできません。この場合は、後期高齢者医療制度の給付を活用することになります。健康保険とは異なり扶養という概念がないため、一人ひとりが加入の対象です。したがって、被保険者が75歳の誕生日を迎えた当日に後期高齢者医療制度に加入することになりますが、それまでその被扶養者となっていた方は別途国民健康保険などに対して加入手続きを行う必要があります。

　国民健康保険の場合は、各市区町村が保険者となっていましたが、後期高齢者医療制度の保険者は、各都道府県に設置された後期高齢者医療広域連合です。そのため、保険料は各県の財力や医療の水準に応じて決定されます。また、所得額に応じて保険料の差異があります。

　「国民皆保険」を掲げる我が国では、75歳を迎えた後期高齢者世代に対し、これまでの保険制度と同様に生活できるよう、医療にまつわるサービス（現物給付）や費用負担（現金給付）を提供することになります。

### ▌後期高齢者医療制度における給付とは

　後期高齢者医療制度の給付には、療養の給付、入院時食事療養費、入

院時生活療養費、保険外併用療養費、療養費、訪問看護療養費、特別療養費、移送費、高額療養費、高額介護合算療養費、特定疾病、葬祭費などが挙げられます。そのうち、入院時食事・生活療養費、保険外併用療養費、訪問看護療養費、高額療養費、高額介護合算療養費、移送費、葬祭費などは、健康保険や国民健康保険の給付と同様です。

一方、医療機関にかかった際に受けることのできる療養の給付や療養費の自己負担額については、75歳以上の高齢者の場合は1割（現役並みの所得者は3割）負担となります。医療機関にかかる際には、後期高齢者医療制度に加入した際に交付される後期高齢者医療被保険者証を提示します。

また、特定疾病とは、長期にわた

り高額な医療費がかかるものとして厚生労働大臣により指定された疾病を指し、先天性血液凝固因子障害（血友病）、慢性腎不全（人工透析を実施しているもの）、HIV感染症（血液凝固因子製剤の投与に関するもの）にかかっている高齢者が医療機関へ「特定疾病療養受領証」を提示することにより受けることができる給付です。健康保険の場合は、所得や病状に応じて自己負担の限度額が定められていましたが、後期高齢者医療制度の自己負担限度額は、1つの医療機関ごとに月額1万円です。高齢者の場合、健康面に不安がある人が多いため、知っておいた方がよい制度です。特定疾病療養受領証の申請方法については、住んでいる市区町村の担当窓口に確認しましょう。

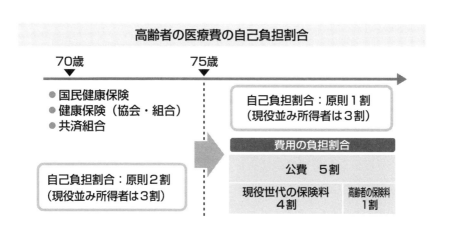

**高齢者の医療費の自己負担割合**

70歳　75歳

- 国民健康保険
- 健康保険（協会・組合）
- 共済組合

自己負担割合：原則2割
（現役並み所得者は3割）

自己負担割合：原則1割
（現役並み所得者は3割）

費用の負担割合

公費　5割

現役世代の保険料　4割　　高齢者の保険料　1割

# 医療費が軽減される各種制度について知っておこう

医療費が多くかかった年に、医療費の一部を所得から控除する制度

## 特殊な病気の医療費公費負担

医療技術の進歩もあり長寿大国となった我が国ですが、難病や慢性の病気を患う高齢者が増加しています。家族が難病や慢性疾患にかかった場合、本人またはその家族には高額の医療費が発生し、負担が増加する可能性があります。

このようなケースに備え、医療費の自己負担を軽減するために国や自治体が費用負担を行って医療を提供するしくみが公費医療です。公費医療は法律に基づいて実施され、国や自治体が実施の主体となるため、その窓口となります。

公費負担には公費優先（医療費の全額が公費負担となる）と保険優先（医療保険の給付が優先され、自己負担額に対して公費負担が行われる）があります。公費負担の対象となる者は、窓口に申請を行って受給者証などの交付を受けます。

公費負担となる指定難病はベーチェット病、重症筋無力症、モヤモヤ病、全身性エリテマトーデスなど

さまざまな種類があり、主に公衆衛生確保の観点から徐々に拡大されています。

## 医療費控除とは

本人または生計を一にする配偶者や特定の親族が医療機関にかかっている場合などに医療費を支払った場合において、その支払額の1月1日から12月31日までの間の合計が一定額を超えるときは、確定申告の際に一定の金額を所得から控除することができます。これを**医療費控除**といいます。

医療費控除の対象となる医療費は、納税者が、自分自身または自分と生計を一にする家族のために支払ったものでなければなりません。また、その年の1月1日から12月31日までに実際に支払った医療費であることが条件です。

対象となる医療費は、以下の通りです。

① 医師、歯科医師に支払った診療代

② 治療、療養のために薬局で買っ

た医薬品代

③ 病院等に支払った入院費

④ 治療のためのあんま、はり、きゅう、整体などの施術費　など

通院や入院時の交通費も医療費控除の対象になるため、親がタクシーを利用した場合などは領収書の発行を依頼し、保管しておきましょう。ただし、健康増進のための医薬品の購入代や人間ドックの費用、マイカーでの通院にまつわるガソリン代などの費用は対象とならないため、

注意が必要です。

年間に支払った医療費の総額から、生命保険などにより支給される入院給付金または健康保険などにより支給される高額療養費などの金額を控除し、さらにそこから10万円（その年の総所得金額等が200万円未満の人は総所得金額等の5％）を差し引いた金額が医療費控除額になります（ただし、医療費控除額の上限は200万円です）。

たとえば、総所得金額等が100万

## 医療費控除の対象となる支払、ならない支払

### 対象となるもの（例示）

① 医師・歯科医師による診療または治療（健康診断の費用は含まない）

② 治療・療養に必要な医薬品の購入代金

③ 病院・診療所・指定介護老人福祉施設・助産所へ収容されるための人的役務の提供の対価

④ あんま、マッサージ指圧師、はり師、きゅう師、柔道整復師等に関する法律に規定する施術者の施術の対価

⑤ 保健師・看護師・準看護師による療養上の世話の対価

⑥ 助産師による分べん（出産）の介助の対価　など

### 対象とならないもの（例示）

① 美容整形などの費用

② 健康ドリンクや病気予防のための薬などの購入費用

③ 人間ドックなどの健康診断の費用（ただし、その結果病気が発見され、引き続き治療を受けるときのこの費用は医療費の対象となる）

④ 治療に直接必要としない眼鏡、コンタクトレンズ、補聴器などの購入費用　など

円の年に8万円の医療費を支払った場合には、8万円から5万円（100万円×5％）を差し引いた3万円が医療費控除の金額となります。

## 医療費控除を受けるための手続き

医療費控除を受ける場合は、医療費の領収書を大切に保管するようにしましょう。それらを基にして「医療費控除の明細書」を作成し、確定申告書に添付しなければならないためです。医療保険者から交付を受けた「医療費通知」がある場合は、医療費通知を添付することによって医療費控除の明細書の記載を簡略化することができます。医療費通知とは、①被保険者等の氏名、②療養を受けた年月、③療養を受けた者、④保険者の名称、⑤療養を受けた病院等の名称、⑥支払金額の記載があるものをいいます。

なお、医療費控除の明細書の記載を確認するため、確定申告の期限から5年を経過する日までの間、医療費の領収書の提示または提出を求められる場合がありますので、明細書を作成した根拠となる医療費の領収書は大事に保管しておく必要があります。

また、本人（居住者であることが必要です）または生計を一にする配偶者や特定の親族のために、特定一般用医薬品などの購入費を支払った場合において、本人がその年中に疾病予防のための取り組みとして一定の健康診断や予防接種を行ったときは、その年中の特定一般用医薬品などの購入費の合計額の一部を医療費控除額とするセルフメディケーション税制の適用を受けることができます。

特定一般用医薬品については、風邪薬や鼻炎薬、湿布などさまざまなものがあります。厚生労働省のホームページで対象商品を確認することができますし、医薬品のパッケージにも対象である旨のマークの記載があります。

なお、この税制は医療費控除の特例であり、その対象となる特定一般用医薬品には、購入時の領収書に対象商品であることが表示されています。通常の医療費控除とどちらかを選択適用することになり、この特例に基づく医療費控除額は、実際に支払った特定一般用医薬品などの購入費合計額から1万2000円を差し引いた額（最高8万8000円）です。

## 12 扶養控除・社会保険料控除をうまく活用する

### 親の生活費や保険料を肩代わりしている場合は適用対象になる

### ■扶養控除とは

　親が経済的な事情で生活が苦しい場合などに子が医療保険料を負担する場合や、離れて暮らす親に子が仕送りを行うような場合は、扶養控除制度を受けることができる場合があります。**扶養控除**とは、納税者に控除対象扶養親族がいる場合に一定の金額の所得控除を受けることができる制度です。

　「控除対象扶養親族」には一定の要件があり、その年の12月31日時点の年齢が16歳以上で、次の要件すべてを満たしている必要があります。①納税者と生計を一にしていること②配偶者以外の親族（6親等内の血族および3親等内の姻族）や養育を委託された児童（里子）、養護を委託された老人であること、③年間の所得金額の合計が48万円以下であること（給与のみの場合は年間の所得金額の合計が103万円以下であること）、④青色申告者の事業専従者（個人事業主の事業を手伝っている家族）として、その年1年を通じ給与支払いを受けていない、または白色申告者の事業専従者でないことです。

　「生計を一にする」とは、必ずしも同居を要件とするものではありません。たとえば、勤務、修学、療養等の都合上で別居している場合であっても、余暇には起居をともにすることを常例としている場合（休暇の時にはいっしょに生活している場合など）や、常に生活費や療養費等を送金している場合には、「生計を一にする」ものとして取り扱われます。そのため、地方に住む親や、介護施設に入所している親でも要件に該当すれば扶養控除の対象となります。

　なお、扶養控除の金額は、扶養親族（被扶養者）の年齢、同居事情や障害の程度によって異なります。具体的には、次ページ図の通りです。

### ■社会保険料控除

　個人的事情や社会政策上の要請などをふまえた上で合計所得金額から所定の金額を控除することを**所得控除**といいます。

所得控除にはさまざまな種類がありますが、そのうちの一つに**社会保険料控除**があります。自分の社会保険料（健康保険、厚生年金保険、国民年金保険など）を支払ったときに受けられる所得控除で、生計を一にする配偶者や親族の社会保険料を負担している場合などにも、所得控除を受けることができます。

社会保険料控除は、国民の加入が義務付けられている健康保険料、厚生年金保険料、介護保険料などを所得税の課税対象にしないという社会政策上の目的に沿って設けられています。社会保険料を支払った場合や給与から天引きされた場合に適用され、年末調整の際に「給与所得者の保険料控除申請書」で申告することで控除を受けることができます。

ここでいう社会保険料とは、健康保険・船員保険・後期高齢者医療保険・介護保険の保険料、国民健康保険（税）、国民年金・厚生年金の保険料、国民年金基金・厚生年金基金の掛金、雇用保険料などのことです。

控除できる金額は、社会保険料のうち、その年中に実際に支払った金額または給与や公的年金等から直接差し引かれた金額の全額です。そのため、たとえば親の後期高齢者医療制度の保険料を社会保険料控除対象に含める場合は、保険料の引き落とし口座を子自身のものにする必要があります。また、過年度の社会保険料でも、支払った年の社会保険料の控除の対象になり、控除額に限度がないことがメリットです。

### 扶養控除の額

| 区　　分 (注1) | | 控除額 |
|---|---|---|
| 扶　養　控　除 | 16歳以上19歳未満 | 38万円 |
| | 19歳以上23歳未満（特定扶養親族） | 63万円 |
| | 23歳以上70歳未満 | 38万円 |
| | 70歳以上　　　　　（老人扶養親族） | 48万円 |
| | 同居老人扶養親族（注2）　の加算 | 58万円 |

(注)　1　区分の欄に記載している年齢はその年の12月31日現在によります。
　　　2　同居老人扶養親族とは、老人扶養親族のうち納税者またはその配偶者の直系尊属で納税者またはその配偶者と常に同居している同居親族をいいます。

# 13 民間の医療保険を活用しよう

## 保険でカバーできる部分と適切な制度内容を理解しておく

### 公的保険をカバーする

公的健康保険は病気やケガで治療を受ける際の強い味方となりますが、すべての治療が保険の対象とはなりません。特別な医療機器を使用する場合や、国内で承認されていない薬を使う治療を受ける場合などは健康保険の適用対象外となることがあり、その場合は医療費が全額自己負担となることがあります。

親の介護費用や、親が病気になって生じる高額の医療費が全額自己負担となり、急遽予期せぬ出費が生じるというケースはできるだけ避けたいものです。医療保険の加入を検討する際には、これらのポイントを考慮して選ぶ必要があるでしょう。

通常、生命保険に加入する場合、生命保険のみ単独で契約することになりますが、「自分が入っているのは生命保険だけど、医療保険と同じような保障を受けられるようになっている」という人も多いようです。これは生命保険の死亡保障などの主契約に、医療保障の特約をつけ、病気やケガに備えているケースです。主契約のみの契約は可能ですが、特約のみでの契約はできません。

医療保険の場合、それ自体独立した契約であるため、保険期間なども加入前にそれぞれ確認して希望どおり決めることができます。一方、医療保障特約の場合、主契約はあくまで生命保険であるため、生命保険料の払込期間が終わると、たとえ生命保険の保障が終身であっても医療保障特約は継続されず、保障が受けられなくなる場合があります。特約を継続したい場合、特約保険料を一括して前納するなど、一定の条件が課されていることも多いため、医療保険でも医療保障特約でも結果として同様の保障が行われることはありますが、改めて自分の加入している保険内容を保険証書や約款で確認しておく必要があるでしょう。

### 給付についての注意

医療保険の給付は、「入院」と「手術」の2つに大別されます。入院給

付金は、親が入院した場合に、入院１日につきいくらという形で給付金を受け取ることができます。一方、手術給付金は、親が手術を受けた場合に、１回○○円という形で給付金を受け取ることができます。

医療保険においても、保険金が支払われるための要件と支払われない場合の要件があります。これらは、約款に書いてありますが、ここでは、従来から用いられている基本的な考え方について説明していきます。

① 入院給付金の免責

入院給付金の免責とは、「何日か以上、入院しないと入院給付金の支払対象になりません」という要件です。「免責４日」という要件の場合は、「５日以上入院した場合に５日目から入院給付金を支払う」という意味です。この場合、入院しても４日以内であれば、給付金は１円も出せま

ん。近年の医療保険では入院１日目から給付の対象とする契約が増加していますが、免責期間の有無については確認しておきましょう。

「入院保障のある医療保険に入っていればどんな理由で入院しても大丈夫だ」と思っている人は多いかもしれませんが、入院の中には約款によって保険金支払いの対象外となっているものもあるので、注意する必要があります。たとえば医師の指示による検査入院は入院給付金の対象となるケースがほとんどですが、同じ人間ドックであっても病気やケガの治療・診断を目的としない場合に関しては保険金支払いの対象から除外されているケースが多くあります。

また、病気やケガによる入院の場合でも、保険金支払いの対象外となる事由があります。これを免責事由といい、たとえば保険適用の開始日

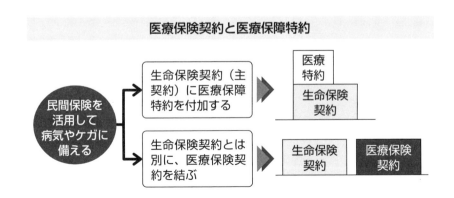

医療保険契約と医療保障特約

民間保険を活用して病気やケガに備える

→ 生命保険契約（主契約）に医療保障特約を付加する

医療特約
生命保険契約

→ 生命保険契約とは別に、医療保険契約を結ぶ

生命保険契約　医療保険契約

前に生じた病気やケガを原因とする入院・手術に該当する場合などを免責事由として設けられていることがあります。その他、契約時に現在の健康状態や過去の傷病歴などについて事実を告げなかったり、虚偽の告知をしたなど、告知義務違反があった場合に支払対象外となり、契約や特約が解除されて保険金や給付金が受け取れないことがあります。免責事由についてもあらかじめ確認しておくとよいでしょう。

② 入院給付金の支払限度日数

これは、入院給付金の支払対象となる日数の上限を定めた要件です。1回入院当たりの日数の限度と、通算した入院日数の限度の2つがあります。この2つの日数の計算方法について、親が同じ病気で短期間に再入院したケースであれば、たとえ複数回に分けての入院であったとしても「1回の入院」とみなされます。

具体例として、免責事由がなく、1回入院当たりの保険金支払限度日数が60日、入院期間を通算した場合の保険金支払限度日数が730日、同じ病気により退院から180日以内に再入院したときは同一の入院とみなすと約款で定められている医療保険のケースを挙げてみます。最初に30日間入院し、1か月間自宅療養した後に同じ病気でさらに40日間再入院した場合は、入院給付金は70日ではなく60日分しか払われません。これ以後も、退院から180日を超えずに入退院を繰り返す場合は同様の扱いとなります。

③ 手術給付金

手術の種類に応じて入院給付金の日額の10〜40倍など、保険会社によって異なる給付金が支払われます。また、公的医療保険の対象となる手

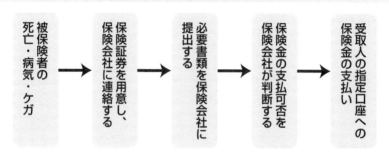

**保険金請求の一般的な流れ**

被保険者の死亡・病気・ケガ → 保険証券を用意し、保険会社に連絡する → 必要書類を保険会社に提出する → 保険金の支払可否を保険会社が判断する → 受取人の指定口座への保険金の支払い

術であっても、給付内容をさらに拡充するための手術給付金もあります。

　注意が必要なのは、給付対象となる手術の種類が決まっており、対象外の手術では給付されないことです。一方、多くの医療保険で、入院を伴わない手術でも支給対象とされるケースがありますので、請求を忘れないようにしましょう。

## 本人の代わりに請求の手続をする人を指定できる

　医療保険の請求は、通常は加入者本人が行うことになっています。

　ガン保険の場合も同様ですが、本人が請求する場合、ガンであることを本人に告知する必要があります。しかし、中には「本人の精神的負担を考慮して、告知をしたくない」という場合もあるでしょう。また、疾病によって保険金を請求する意思表示が難しい場合も考えられます。このような場合に備えて**指定代理請求制度**が設けられています。この制度は、保険金の受取人と被保険者が同一人としている契約で、前述のような特別の事情がある場合に、本人の代わりに請求手続きをする人を事前に指定しておくもので、給付金の受け取りも指定代理人が行います。指

定代理請求できる保険金・給付金の種類は生命保険によって異なるため、あらかじめ確認しましょう。

## 保険金を請求する場合の手続き

　被保険者や受取人、指定代理請求人などが保険金の請求をする時に必要となる書類には、保険金の請求書（保険会社所定の書式がある）、保険証券、受取人の本人確認書類、戸籍謄本、受取人の印鑑証明、死亡保険金の場合は死亡診断書か死体検案書など、保険会社によってさまざまな定めがあります。加入している保険会社に事前に連絡を行い、必要書類を把握しておきましょう。

　病気やケガで入院するなどして、医療保険や医療特約の給付金を請求する場合、所定の請求書の他に医師の診断書の提出を求められるのが一般的です。

　必要書類を保険会社へ送った場合、どのくらいの期間で保険金・給付金が支払われるかは保険会社によって異なります。たとえば郵送した場合は到着日の翌日から、オンライン申請した場合は保険会社が受信した日の翌営業日から5営業日以内に支払われるなど、各社で原則的な日数の定めがあります。

# 第 3 章

# 介護保険のしくみと
# 活用法

# 1 介護保険サービスの対象について知っておこう

40歳以上の一定の病気の人と65歳以上の人が対象になる

## 介護保険とは

**介護保険**とは、加齢により介護を要する状態になった人に、安心して日常生活を送れるよう介護費用の一部を給付する保険です。

介護保険制度の保険者は市区町村で、国や都道府県、協会けんぽなどの医療保険制度により包括的に支えられながら運営を行っています。具体的に、市区町村はサービスの提供を行う基準となる要介護の認定の他、保険料の徴収、介護サービスを決定し、給付するなど、介護保険制度の運営上でメインとなる役割を担っています。どこの地域に住んでいても40歳以上の人は介護保険への加入が義務付けられており、介護保険料を納めます。そして、一定の要件に該当した場合に介護保険のサービスを利用できることになります。

## 第1号被保険者とは

介護保険の被保険者は、**第1号被保険者**と**第2号被保険者**に区分されています。年齢で分けられており、65歳以上の人は、第1号被保険者となります。第1号被保険者は、自分の住んでいる市区町村が定めている保険料を納めます。一定以上の年金を受給している人はその年金から保険料が天引きされますが（特別徴収）、一定額以下の年金受給者は、直接市区町村に保険料を納めることになります（普通徴収）。

第1号被保険者のうち介護保険の給付を受けることができるのは、要介護や要支援の認定を受けた人です。

また、40～64歳の間に生活保護を受給していた場合も、65歳になると介護保険制度の第1号被保険者となります。保険料は生活保護の生活扶助から支払われ、実際に介護サービスを受ける場合には、介護保険制度の給付を受けることになります。

## 第2号被保険者とは

40歳～64歳で医療保険に加入している人とその被扶養者を第2号被保険者といいます。自分の加入する医療保険料の徴収時に介護保険料の

分を上乗せして徴収されます。会社に勤めている場合の介護保険料の負担部分は、雇用者側との折半です。ただし、被扶養者の場合には、介護保険料の負担はありません。第2号被保険者で介護保険の給付を受けることができるのは、特定疾病によって介護や支援が必要となった場合に限られます。

なお、介護保険の被保険者には被保険者証が発行されます。第1号被保険者の場合はすべての被保険者が対象となり、市区町村から郵送で交付されます。第2号被保険者の場合は、要介護・要支援の認定を受けた人と、被保険者証の交付申請をした人にのみ、保険証が交付されます。

## 介護保険が適用されない人もいる

40歳〜64歳までの医療保険に加入している人及び65歳以上の人で、介護保険制度の適用外となる場合があります。海外居住者や在留期間が3か月以下の外国人、また、身体障害者施設などの「適用除外施設」に入所している場合です。障害者総合支援法に規定されている指定障害者支援施設に入所している場合、それぞれの施設では生活援助など必要なサービスを提供していることが多いため、介護保険の適用を受けない適用除外という扱いになっています。

なお、適用除外施設を退所または退院した場合は、介護保険の被保険者として扱われることになります。

### 第1号被保険者と第2号被保険者の特色

|  | 第1号被保険者 | 第2号被保険者 |
|---|---|---|
| 対象者 | 65歳以上の人 | 40〜64歳の医療保険加入者とその被扶養者 |
| 介護サービスを利用できる人 | 要介護・要支援認定を受けた人 | 特定疾病によって要介護・要支援状態になった人 |
| 保険料を徴収する機関 | 市町村 | 医療保険者 |
| 保険料の納付方法 | 年金額が<br>18万円以上：特別徴収<br>18万円未満：普通徴収 | 介護保険料を上乗せされた状態で医療保険に納付 |
| 保険料の金額の定め方 | 所得段階で分けられた定額保険料<br>（市町村が設定） | 〈各医療保険〉<br>　標準報酬 × 介護保険料率<br>〈国民健康保険〉<br>　所得割・均等割など前年の<br>　所得に応じて算出 |

# 2 1次判定・2次判定について知っておこう

## 要介護認定の判定基準と想定時間をおさえておく

### 要支援・要介護とは

　**要支援状態**とは、日常生活の基本動作はほとんど自分で行うことができ、介護状況の軽減や悪化防止のために支援を必要とする状態を指します。具体的には、掃除が一人で行えない、入浴時に浴槽を跨げないなど、基本動作をとるときに見守りや手助けを必要とする状態です。要支援者は、要支援状態の度合いによって、要支援1と要支援2に分類されます。

　一方、**要介護状態**とは、日常生活を送る上で必要となる基本的な動作を自分だけで行うことができず、部分的または全般的に介護を必要とする状態です。要介護者は、介護状態の度合いによって要介護1〜5に分類されます。

### 要介護認定の判定基準

　要介護認定には、**1次判定と2次判定**のステップがあります。1次判定では、市区町村の担当者が聞き取りした調査票などを基に、コンピュータが介護レベルを判定します。

　2次判定では、1次判定の結果に基づいて介護認定審査会が審査を行い、要介護度を決定します。

　1次判定の調査票では主に5つの項目を確認します。①身体機能・起居動作（日常の基本動作がどの程度できるか、体の麻痺がないか、視力や聴力の状態など）、②生活機能（食事摂取や排せつが自分でできるかなど）、③認知機能（意思の伝達、短期記憶ができるかなど）、④精神・行動障害（直近の生活で不適当な行動があったかなど）、⑤社会生活への適応（買い物や薬の内服など、生活を行う能力の有無や集団適応できるかどうか）などです。

### 要介護認定等基準時間とは

　1次判定では前述した調査票などをもとに、コンピュータが介護にかかる想定時間である**要介護認定等基準時間**を算出し介護レベルを判定します。要介護認定等基準時間として計算される内容には、①直接生活介助、②間接生活介助、③問題行動関連介

助、④機能訓練関連行為、⑤医療関連行為の５つがあります。直接生活介助とは、入浴や排せつ、食事の介護などで、身体に直接ふれて行うものです。間接生活介助とは、衣服の洗濯や日用品の整理を行うといった日常生活を送る上で必要とされる世話のことです。

問題行動関連介助とは、徘徊や不潔行動といった行為への対応です。

機能訓練関連行為とは、身体機能の訓練やその補助で、たとえば嚥下訓練（飲み込む訓練）の実施や歩行訓練の補助が挙げられます。医療関連行為とは、呼吸管理や褥瘡処置（床ずれへの処置）の実施といった診療の補助を行うことです。

１次判定で要介護状態にあると判定されなかった場合でも、１日の中で要介護認定基準時間が25 〜 32分未満の申請者や、間接生活介助と機能訓練関連行為のための手助けを１日のうち合計10分以上必要となる申請者は、１次判定で要支援状態にあると判定されます。

## ２次判定とは

コンピュータによる判定（１次判定）や調査票に記載されている特記事項、主治医の意見書などを基に、介護認定審査会で要介護度や有効期間などを判定します。この介護認定審査会での判定を２次判定といいます。１次判定のコンピュータによる判定では、実際の介護の手間や特別に加味すべき事項について反映されていないため、２次判定で必要があれば修正が加えられます。

## 非該当・要介護・要支援の内容

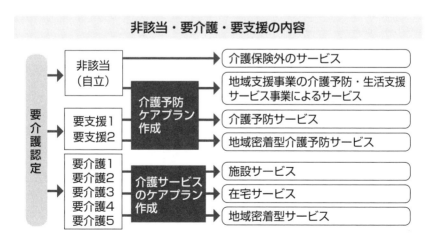

# 要支援・要介護の具体的内容について知っておこう

**介護が必要な程度に応じて分類される**

## ■要支援1と要支援2について

要支援1の具体的な状態は、立ち上がる時などに一部手助けは必要であるものの、食事などの基本動作はおおむね自分で行うことができる状態です。

要支援2は、入浴や排せつ時に部分的な介助が必要であるなど、要支援1と比較して支援がより必要になった状態を指します。

要支援2は1次判定では「要介護1相当」と判定されています。要支援2と要介護1の基本的な状態に大きな違いはなく、認知機能の低下と、状態の安定性によっていずれかに判定されます。理解力が低下し認知症が疑われたり、病気などにより状態が不安定な場合は、要介護1に判定されます。具体的には要介護1相当の状態のうち、次の状態に該当しない場合は要支援2の認定を受けます。

・病気やケガによって心身の状態が安定していない状態

・十分な説明を行っても、認知機能の障害や、思考や感情等の障害によっ

て予防給付の利用が困難な状態

・その他の事柄によって予防給付を利用することが困難な状態

前述した状態にある申請者の場合は、要支援2ではなく、要介護1の認定を受けることになります。

## ■要介護1～5について

要介護は1～5の区分に分かれています。日常生活の能力で見てみると、要支援2と同様、**要介護1**では、立ち上がりなどの基本動作に衰えが見られ部分的な介助が必要である状態です。

**要介護2**では、一人での歩行や洗身が難しくなったり、認知症の場合は金銭管理や服薬管理を行うことが困難な状態も出てきます。

**要介護3**は、起き上がったり寝返りを打つことが難しい、認知症の場合には、大声を出したり物忘れが頻繁になるといった問題行動も見られます。

**要介護4**は、日常生活を送る能力がかなり低下している状態で、座位

を維持することが難しく寝たきりの場合も含まれます。認知症の場合には、理解力の低下によって意思の疎通が困難となる場合が多い他、目的もなく歩き回ったり、夜眠らずにいるといった問題行動も増えている状態です。

要介護5は、日常生活を送る上で必要な能力が全般的に著しく低下していて、生活全般において全面的な介助を必要とする状態です。認知症の場合には、意思の伝達が全くできない程度まで理解力が全般的に低下していて、問題行動が多くなります。

## 要支援・要介護状態

| | 要介護認定等基準時間・目安となる介護状態 |
|---|---|
| 要支援1 | 25〜32分未満の状態<br>立ち上がり時などに一部支援が必要な状態 |
| 要支援2 | 32〜50分未満の状態<br>入浴や排せつ時などに部分的な介助が必要な状態 |
| 要介護1 | 32〜50分未満の状態<br>歩行が不安定になったり、食事や排せつなどの日常生活において部分的な介助が必要な状態 |
| 要介護2 | 50〜70分未満の状態<br>自力での立ち上がり、歩行や洗身が難しく部分的な介助が必要な状態。認知症の場合は金銭管理が難しい状態 |
| 要介護3 | 70〜90分未満の状態<br>自力での寝返りや衣服の着用が難しく、日常生活において全面的に介助が必要な状態。認知症の場合はもの忘れが頻発する |
| 要介護4 | 90〜110分未満の状態<br>自力での座位保持や立位が難しく、介護が無いと日常生活ができない。認知症の場合は徘徊や暴言などの症状があり、意思疎通が難しい状態 |
| 要介護5 | 110分以上ある状態<br>寝たきりの状態で、日常生活すべてにおいて完全介護が必要。話しかけても応答がないなど、意思疎通ができない状態 |

※要介護認定等基準時間は、1日あたりに提供される介護サービス時間の合計がモデルとなっています。基準時間は1分間タイムスタディと呼ばれる方法で算出された時間をベースとしています。1分間タイムスタディとは、実際の介護福祉施設の職員と要介護者を48時間にわたって調査し、サービスの内容と提供にかかった時間を1分刻みに記録したデータを推計したものです。

# 予防給付と介護給付について知っておこう

## それぞれで利用できるサービスの種類をおさえる

### 要支援者と介護予防サービス

介護保険の適用により、利用者は介護費用にかかる負担を抑えてサービスを利用することができ、要介護度が上がるにつれ、より手厚いサービスが受けられるようになります。介護保険の認定は、介護を必要とするレベルによって7段階に分けられ、このレベルに応じ利用できるサービス内容も変わります。要支援者に提供されるのが**介護予防サービス**、要介護者に提供されるのが**介護サービス**となります。

「介護予防サービス」は、要介護状態の未然防止や、状態がこれ以上悪化しないように維持・改善することを目的としています。また、要支援者に給付される介護保険を**予防給付**といいます。

予防給付は、あらかじめ計画を立ててから提供されますが、この計画を**介護予防ケアプラン**と呼び、地域包括支援センターの職員またはその委託を受けたケアマネジャーが作成します。

介護保険のサービスには、「在宅サービス」「地域密着型サービス」「施設サービス」の種類があります。このうち予防給付で利用できるのは、在宅サービスと地域密着型サービスの一部で、施設サービスは利用できません。

在宅サービスには、訪問・通所介護、訪問入浴介護、訪問看護、といったものがあります。これらのメニューの内容は、要介護の人が受けるサービスとほぼ同じですが、予防給付のサービスでは通所サービス（利用者が日帰りで介護施設などに通い提供を受けるサービス）が中心になります。ただし、通所サービスを利用することが難しい場合には、訪問サービスが認められます。

なお、要支援の人の状況が悪化して要介護の認定を受けた場合には、提供されるサービスは介護給付に変更されます。

### 要介護者と介護サービス

要介護に認定された場合は「介護

サービス」が提供されます。要介護の状態になると、自宅でのケアや家族だけでの介護も難しくなってくるため、さまざまな介護サービスが利用できるようになっています。

要介護認定を受けた人に給付される介護保険を**介護給付**といいます。予防給付では一部利用できないサー

## 予防給付と介護給付の種類

| 在宅サービス | 訪問介護　※介護予防訪問介護は地域支援事業へ移行<br>（介護予防）訪問入浴介護<br>（介護予防）訪問看護<br>（介護予防）訪問リハビリテーション<br>（介護予防）居宅療養管理指導<br>通所介護　　※介護予防通所介護は地域支援事業へ移行<br>（介護予防）通所リハビリテーション<br>（介護予防）短期入所生活介護<br>（介護予防）短期入所療養介護<br>（介護予防）特定施設入居者生活介護<br>（介護予防）福祉用具貸与 |
|---|---|
| 地域密着型サービス | 定期巡回・随時対応型訪問介護看護<br>夜間対応型訪問介護<br>地域密着型通所介護<br>（介護予防）認知症対応型通所介護<br>（介護予防）小規模多機能型居宅介護<br>（介護予防）認知症対応型共同生活介護<br>地域密着型特定施設入居者生活介護<br>地域密着型介護老人福祉施設入所者生活介護<br>看護小規模多機能型居宅介護 |
| 施設サービス | 介護老人福祉施設<br>介護老人保健施設<br>介護療養型医療施設　　※2023年度末で廃止<br>介護医療院　※2018年4月に創設 |
| ケアプラン | 居宅介護支援、介護予防支援　　※ケアプランの作成 |

**（地域支援事業）**

| 居宅サービス | 訪問型サービス<br>通所型サービス<br>生活支援サービス（配食、見守りなど） |
|---|---|

ビスがあるのに対し、介護給付では、「在宅サービス」「地域密着型サービス」「施設サービス」すべての介護サービスが利用できます。予防給付と介護給付で提供されるサービスは図（前ページ）の通りです。

　要介護者のケアプランは、ケアマネジャーが作成します。介護給付にかかる費用のうち9割は介護保険でまかなわれますが、ホテルコスト（110ページ）については原則として自己負担とされています。これは在宅サービスでも施設サービスでも同じです。施設を利用する場合には、従来のケアマネジャーから施設のケアマネジャーに代わり、施設のケアマネジャーが施設サービス計画の作成を行います。

## 住み慣れた地域で生活できるようにするためのサービスがある

　**地域密着型サービス**とは、地域に住む要介護者・要支援者に向けて、市町村の指定を受けた事業者が提供するサービスです。地域密着型サービスの目的は、認知症の高齢者・一人暮らしの高齢者・支援を必要とする高齢者が住み慣れた地域で生活を続けられるようにする点にあります。

　地域の事情に応じたサービスを提供するために、事業の監督などは市区町村が行います。また、利用者のニーズに応じさまざまなサービスを組み合わせ利用できるようになっているのが特徴です。地域密着型サービスには、以下の9種類があります。

① 定期巡回・随時対応型訪問介護看護（98ページ）

② 夜間対応型訪問介護（98ページ）

③ 地域密着型通所介護（99ページ）

④ 認知症対応型通所介護（デイサービス）（100ページ）

⑤ 小規模多機能型居宅介護（104ページ）

⑥ 認知症対応型共同生活介護（グループホーム）（149ページ）

⑦ 地域密着型特定施設入居者生活介護（小規模の介護専用型有料老人ホームなど）（140ページ）

⑧ 地域密着型介護老人福祉施設入所者生活介護（小規模の特別養護老人ホーム）（132ページ）

⑨ 看護小規模多機能型居宅介護（105ページ）

　このうち、要支援者は、小規模多機能型居宅介護、認知症対応型通所介護、認知症対応型共同生活介護（要支援2のみ）のサービスが利用できます。

# 5 ケアプランを作成するサービスについて知っておこう

## ケアマネジャーに作成を依頼することができる

## ケアプランとは何か

　ケアプランとは、要支援者や要介護者の心身の状況や生活環境、その家族の希望などを基に、利用者への支援方針、介護サービスの目標と内容をまとめた計画のことです。

　ケアプランは、設定した目標を達成するために、たとえば「月曜日に訪問介護サービス、翌日はデイサービスを受ける」など、1週間単位でスケジュールが組まれます。サービスの種類と提供を受ける日時については1週間単位となりますが、実際に要介護者や要支援者の行動予定を考える際は、1日単位で具体的に考えます。

## ケアプランの種類

　要支援認定を受けた人が、今後介護が必要な状態にならないようサービスを受けるためのプランを、介護予防ケアプランといいます。要支援者への介護予防のケアマネジメントを担当するのは地域包括支援センターで、プラン作成を担当するのは、支援センターの保健師などです。

　また、要介護認定を受けた人向けのプランには、居宅サービス計画と施設サービス計画があります。居宅サービス計画は、在宅でのサービスを中心に受ける場合のプランです。施設に入所してサービスの提供を受ける場合のプランを施設サービス計画といいます。

　なお、要介護者向けのケアプランは、利用者の状況・ニーズによってサービスの内容が異なります。主なモデルとして、①通所型、②訪問型、③医療型などがあります。

## 居宅介護支援はケアプランを作成するサービス

　居宅介護支援とは、介護サービスの利用にあたり、利用者、家族、行政、医療機関などから情報を収集し、要介護認定を受けた利用者の「ケアプラン」を作成し、それに従って介護サービスを実施する制度です。

　この制度は、主に介護保険制度への理解が不十分な人や事業者との連

93

絡調整および自分でケアプランを作ることが難しい人などの利用が想定されています。

このサービスの担い手はケアマネジャーで、介護支援専門員とも呼ばれます。ケアマネジャーの主な業務は、利用者のためのケアプランを作成し、公平中立の立場で利用者と事業者との間の連絡調整を行うことです。

さらに、ケアプラン実行後は、その実施状況をチェックするために利用者宅を訪問します。中には、ベテランスタッフを配置して高齢者虐待などが絡んだ複雑な案件を積極的に引き受けたり、24時間の電話対応を実施することを特徴にしているところもあります。

なお、保険料の滞納などがない限り、居宅介護支援を受けた場合の利用料は、介護保険から全額支払われます。

## 介護予防支援は介護予防ケアプラン作成を行うサービス

**介護予防支援**とは、要支援者を対象に、利用者と事業者間の連絡調整や介護予防ケアプラン作成を行うサービスです。

居宅介護支援を要支援者向けにしたものというイメージですが、介護予防支援の場合は、主にケアプランを作成するのは地域包括支援センターです。

ただし、介護予防ケアプランの作成業務の一部がケアマネジャーに委託されることもあります。

## 居宅介護支援のしくみ

ケアプラン作成
（心身の状況、置かれている環境、本人・家族の希望等考慮）

利用者

・契約
・ケアプランに沿った介護サービスの提供

ケアマネジャー
（居宅介護支援事業所）

・連絡調整
・担当者会議などで情報共有

介護サービス
提供事業所

# 6 自宅で受けることができるサービスについて知っておこう

**訪問介護員による介護や入浴、リハビリ、療養管理指導などがある**

## ■訪問介護とは

　**訪問介護(ホームヘルプサービス)** とは、支援を必要とする高齢者の自宅に訪問介護員（ホームヘルパー）が訪問し、必要なサービスを提供することで、身体介護と生活援助の2種類があります。

　**身体介護** とは、食事の介助や排せつの介助、入浴、清拭、衣服の着脱、移動介助、車いす介助など、身体に関わるサービスです。一方、**生活援助** とは、掃除や洗濯、買い物、食事の準備など、日常生活に必要なサービスのことです。

　訪問介護における介護サービスは、介護を必要とする高齢者が在宅で生活をするにあたりできない部分を補うために提供されます。したがって、たとえば高齢者本人の食事は作っても、遊びに来た家族の食事は作らないなど、ケアマネジャーが決めた計画内容から外れるサービスの提供は行われません。

　なお、訪問型のサービスには「訪問入浴介護」などもあります。これは、数人の介護者、看護師などが浴槽を持ち込んで行う、入浴サービスの提供のことです。看護の資格を持つ職員が帯同しており、入浴前に健康状態を確認してもらうことができるため、在宅で重度介護者の介護を行う家族も安心してサービスを受けることができます。

## ■要支援者向けの訪問介護とは

　かつての要支援者を対象とする介護予防訪問介護サービスは、平成27年度より地域支援事業に移行されました。要介護あるいは要支援状態になる予防を中心とする、市町村が主体になって行う地域支援事業として、介護予防・生活支援サービス事業が提供されています。

　なお、要支援者を対象とした入浴サービスである介護予防訪問入浴介護もあります。訪問入浴介護との違いは、利用できる場合が制限されていることです。具体的には、自宅に浴槽がない場合と、感染症のおそれがあって施設の浴槽が使えない場合

のみ利用できます。訪問入浴介護は、寝たきりなどの理由で、一般家庭の浴槽では入浴が困難な人を想定したサービスです。そのため、要介護度4、5の人がサービス利用者の大半を占めており、要支援者が訪問入浴介護を利用するケースは多くはないようです。

## ■ 訪問看護とは

日常生活や移動の支援などについては、訪問介護員のサービスを受けることである程度不足を補うことができますが、心身に病気やケガをしている人の場合、訪問介護員のサービスだけで在宅生活を維持するのが難しいことがあります。訪問介護員には、注射や傷の手当といった医学的なケアをすることができないためです。

そこで、重要になるのが**訪問看護サービス**の存在です。訪問看護は、医師の指示を受けた看護師や保健師などの医療従事者が行うサービスのことで、主な業務内容には、血圧測定や体温測定などによる状態観察、食事、排せつ、入浴などの日常生活のケア、服薬管理、褥瘡処置などの医療処置などが挙げられます。その他、利用者の家族への介護支援や相談対応、ガン末期や終末期における

ターミナルケアなども行っています。

訪問看護サービスを行う事業所は、訪問看護ステーションと病院・診療所の2種類があります。どちらの場合にもサービスを利用する際には、主治医の訪問指示書が必要です。

一方、要支援者を対象とした訪問看護のことを介護予防訪問看護といいます。要支援者の自宅に看護師などが出向いて療養上の世話を行ったり診療を補助するサービスです。サービス内容は、訪問看護と同じです。

## ■ 訪問リハビリテーションとは

骨折や脳血管性疾患などにより身体機能が低下した場合に、その機能の維持・回復を図るためにはリハビリテーションが有効です。しかし、リハビリのためにたびたび通院・通所することができず、自宅で家族などがリハビリをするのも難しいという場合もあります。

このような場合には、**訪問リハビリテーション**を活用することが有効です。医師の指示に基づいて理学療法士や作業療法士、言語聴覚士が利用者の自宅を訪問し、理学療法や作業療法、言語聴覚の訓練を受けることができます。また、要支援者が受けられるサービスに介護予防訪問リ

ハビリテーションがあります。受けられるサービス内容は訪問リハビリテーションと同じです。

　リハビリテーションは、急性期リハビリテーション、回復期リハビリテーション、維持期リハビリテーションに分けられ、このうち維持期リハビリテーションが介護保険の対象になります。具体的には、歩けない人のリハビリは寝たきりを防ぐために、寝返り、起き上がり、立ち上がりなどの関節可動域訓練や筋力増強訓練などを行います。また、車いすの

ための自宅の環境整備も同時に行います。歩ける人に対するリハビリは、介助を受ければ歩ける人、屋内では介助なしで歩ける人など、対象に応じた方法で主に歩行訓練を行います。

### 居宅療養管理指導とは

　さまざまな事情で思うように通院できない状況にあるような在宅で生活する要介護者は居宅療養管理指導を受けることができます。本人はもちろん、介護する家族の負担や不安も大きいため、介護保険を使い、医

## 要介護者が利用できる訪問サービス

| 訪問介護 | 別名ホームヘルプサービス<br>ホームヘルパーが要介護者の自宅に出向く<br>要介護者の身体介護・生活援助・相談・助言 |
|---|---|
| 訪問入浴介護 | 入浴車で要介護者の自宅に出向く<br>入浴車にて入浴の介護を行う |
| 訪問看護 | 病状は安定しているものの日常生活を送るには支障がある人が対象<br>要介護者の自宅に看護師などが出向く<br>看護師などが主治医の判断に基づいて医療的な看護を提供する |
| 訪問リハビリテーション | 理学療法士・作業療法士が要介護者の自宅に出向く<br>要介護者の心身機能の維持回復、自立の手助けが目的<br>理学療法・作業療法などによるリハビリテーションを行う |
| 居宅療養管理指導 | 退院した要介護者の自宅に医療や栄養学の専門家が出向く<br>専門家は医師・歯科医師・薬剤師・管理栄養士・歯科衛生士など<br>サービス内容は療養上の管理・指導・助言 |

師や歯科医師、薬剤師、管理栄養士、歯科衛生士、保健師、看護師などの専門職が療養に関する管理、指導などを提供します。

居宅管理指導が認められる利用者には、糖尿病や心臓病など継続して治療や栄養管理などを受けることが必要な人、酸素吸入や呼吸器の管理を必要とする人、口腔内に虫歯や歯槽膿漏などの問題を抱えている人などが挙げられます。

一方、要支援者を対象とした居宅療養管理指導のことを介護予防居宅療養管理指導といいます。介護予防居宅療養管理指導は、要支援者の自宅に医師や歯科医などの専門家が訪問し、介護サービスを受ける上での注意や管理についての指導を行うものです。サービス内容は、居宅療養管理指導と同じです。

## ▌夜間対応型訪問介護とは

**夜間対応型訪問介護**とは、自宅生活の要介護者を対象に、夜間の巡回訪問サービスや入浴、排せつ、食事などのサービスを提供することです。具体的には、オムツ交換や体位変換、またはオペレーションセンターが夜間の連絡に対する適切なサービス提供を行います。利用料については、月額の基本料と、提供されたサービスに応じた金額を支払う必要があり、オペレーションセンターの有無により区分されます。

## ▌定期巡回・随時対応型訪問介護看護

**定期巡回・随時対応型訪問介護看護**とは、訪問介護と訪問看護のサービスを一体的に24時間体制で提供する制度です。1つの事業所で訪問介護と訪問看護を一体的に提供するタイプ（介護・看護一体型）と、同じ地域の訪問介護を行う事業所と訪問看護事業所が連携してサービスを提供するタイプ（介護・看護連携型）があります。

身体介護サービスを中心に一日複数回のサービスを行うことを想定した制度で、要介護者を対象としています。利用者からの通報により、電話などによる応対・訪問などの随時対応が行われます。通報があってから、30分以内に訪問できるような体制を確保することを目標としています。利用者の通報に対応するオペレーターは、看護師、介護福祉士、医師、保健師、准看護師、社会福祉士または介護支援専門員の資格者であることが求められています。

# 7 通所で利用するサービスについて知っておこう

高齢者の社交性を高め、介護者のリフレッシュ効果もある

## 通所介護とは

通所介護は一般的にデイサービスと呼ばれ、利用者が日帰りで介護施設に通い、可能な限り自宅での生活を続けていけるように、機能訓練などを受けることができるサービスです。レクリエーション等も実施され、他者との交流を通じ社会的孤立の解消なども図る目的があります。サービスの内容は地域や施設によって異なりますが、おおむね自宅から施設までの送迎、食事や入浴、排せつなどの介助、レクリエーションや看護師による健康管理といった内容が提供されています。

通所介護は、要介護1〜5の人が対象で、施設で作成された介護計画に基づいてサービスが提供されます。利用者の栄養管理や清潔維持につながる他、閉じこもりがちな高齢者が社会とつながり、社交性を高めるなどの効果が期待できます。さらに、利用者が通所介護に出かける間、介護者は心身リフレッシュのための休養を取ることもできます。

通所介護は、利用者の居住地に関係なく利用できるのに対し、原則として市区町村の住民を限定としたサービスもあります。これを地域密着型通所介護と呼び、介護の程度が重くなっても、住み慣れた地域で生活を行うために創設されたサービスです。地域密着型通所介護は利用者が18人以下の小規模なデイサービスです。

かつての介護予防通所介護については、平成27年度から地域支援事業に移行しています。地域支援事業で行われる通所介護は、比較的軽度の人に適したサービスが提供されます。通所介護で提供される食事、入浴、排せつなどの日常生活支援に加え、運動機能の向上、栄養改善、口腔機能の向上など、要介護状態に陥らないようにするための支援を受けることができます。

介護認定で要支援1、2と判定された人やそれ以外の一定の人が利用でき、通所介護の介護職員以外にも地域住民やボランティアが中心となっ

て運営されている事業所もあります。

## 通所リハビリテーション・介護予防通所リハビリテーションとは

　通所リハビリテーション（デイケアサービス）は、病気やケガなどで身体機能が低下した高齢者に継続的にリハビリテーションを施す、機能回復・維持を目的とした施設です。理学療法士や作業療法士といった専門家が配置され、医師の指示の下で個々の利用者に合ったリハビリメニューが組まれます。通所介護と同様、日帰りで利用でき、送迎から食事、入浴、排せつ介助といったサービスを提供しています。また、短時間でリハビリテーションの施術のみを行う事業所もあります。

　**介護予防通所リハビリテーション**とは、日常生活の基本動作がほぼ自立し、状態維持や改善の可能性が高い要支援者を対象とした通所リハビリテーションです。**デイケア**と呼ばれることがあります。すべての人に共通するリハビリテーション（日常生活の動作に必要な訓練）に加え、それぞれの希望や状態に合わせた選択的サービスを提供します。選択的サービスには、運動器機能向上、栄養改善、口腔機能改善があり、予防

通所介護を敬遠しがちな人でも利用しやすいように配慮されています。

## 認知症対応型通所介護・介護予防認知症対応型通所介護

　**認知症対応型通所介護**は認知症デイサービスとも呼ばれ、自宅で生活している認知症の人を対象としたデイサービスです。利用者に施設などに通ってもらい、入浴、排せつ、食事などの介護や機能訓練を実施します。通常のデイサービスと異なる点は、認知症を専門とした従業員がケアを行うことです。施設を利用することにより、利用者の社会的孤立を解消する目的もあります。また、利用者の家族の負担を減らすこともできます。施設形態には、単独型、併設型、共有スペース活用型などの区分があります。

　**介護予防認知症対応型通所介護**では、認知症対応型通所介護と同様に、単独型、併設型、共有スペース活用型などによって、通所介護サービスが提供されます。利用できるのは、居宅の要支援1〜2の認定者に限られます。認知症対応型通所介護との違いは、日常生活上の世話ではなく支援を通して、利用者の生活機能の維持または向上をめざす点です。

# 8 短期間だけ入所するサービスについて知っておこう

**一時的に施設に受け入れ、日常生活の支援を行うサービス**

## 短期入所生活介護、短期入所療養介護とは

　短期入所生活介護及び短期入所療養介護は、ショートステイと呼ばれるサービスです。介護が必要な高齢者を一時的に施設（特別養護老人ホームなどの介護保険施設、病院など）に受け入れ、短期入所生活介護の場合は食事や入浴、排せつ、就寝といった日常生活支援や身体介護を、短期入所療養介護の場合は医療的なケアを含めた日常生活の支援を行います。また、要支援者を対象とした短期入所生活介護のことを介護予防短期入所生活介護、要支援者を対象とした短期入所療養介護のことを介護予防短期入所療養介護といいます。サービス内容は、要介護者を対象とした短期入所生活介護、短期入所療養介護と同様です。

　短期入所サービスについての共通事項としては、適切な技術をもって介護を行うこと、職員以外の者による介護を利用者の負担によって受けさせてはならないこと、本人や他の利用者の生命・身体の保護など、緊急でやむを得ない場合を除いては身体の拘束などの行為を行わないことが挙げられます。

　ショートステイは、高齢者が自立した生活を送れるようにすることを目的としています。さらに、身体の自由がきかずに自宅に引きこもりがちの高齢者に社会と接する重要な機会を提供し、孤立感を軽減させることができます。また、短期入所サービスは、介護者の入院や出張、冠婚葬祭などのやむを得ない事情の他、単に「疲れたので一時的に介護から離れてリフレッシュしたい」「旅行に行きたい」といった内容でも、施設に不都合がなければサービスの利用が可能であるため、介護する側の心身のリフレッシュという効果もあります。

## 短期間利用して施設の生活を知ることも大切

　有料老人ホームというと、「終身利用権」を取得し、長期にわたって

入居するのが一般的な利用の仕方です。しかし、最近はこれ以外にもさまざまな利用希望者のニーズに応じるために、短期利用を受け付ける有料老人ホームも増えてきています。有料老人ホームに入居させるということは、高齢者の命を施設に預けることを意味し、簡単には決められないものです。そこで、事前に施設を短期利用し、入居希望者と施設が相互に情報交換や内情把握をしておけば、ミスマッチを防ぎ、入居後のトラブルを回避する可能性が高まります。短期利用は、その入居期間によって、ショートステイ、ミドルステイ、

年単位入居に分類できます。

## ショートステイ

数日から30日程度の短い期間入居することをいいます。短期入所生活介護や短期入所療養介護のことだけを指して「ショートステイ」という場合もありますが、ここでは、介護保険が適用されない短期利用も含めて「ショートステイ」に分類しています。

気軽に利用されることが多いだけに、大型連休、お盆や年末年始などは非常に予約が取りにくい状況になりやすい特徴があります。長期入居

### 短期入所生活介護と短期入所療養介護のしくみ

目的：介護者のリフレッシュを行う（レスパイトケア）

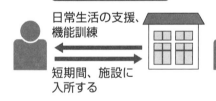

**短期入所生活介護**

日常生活の支援、機能訓練

短期間、施設に入所する

**施設種類：**
介護老人福祉施設併設型、空床型、単独型

**部屋種類：**
従来型個室、多床室、ユニット型個室、ユニット型準個室

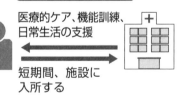

**短期入所療養介護**

医療的ケア、機能訓練、日常生活の支援

短期間、施設に入所する

**施設種類：**
介護老人保健施設、病院・診療所、介護医療院

**部屋種類：**
従来型個室、多床室、ユニット型個室、ユニット型個室的多床室

を予定する高齢者の中には、施設で生活すること自体に心理的な抵抗を感じる人もいますが、このような機会を活用し、ショートステイから始めてみると、施設での生活に対する自分のイメージと現実が一致し、無理なくなじむことが期待できます。

なお、特別養護老人ホームなどであれば介護保険サービスの短期入所生活介護や短期入所療養介護を利用することができますが、有料老人ホームの場合は介護保険が適用されないことも多いので、その場合の料金は割高になります。一泊約1～2万円程度が一般的です。

## ミドルステイ

1か月、2か月と月単位で入居することをいいます。介護者が急に数か月入院することになった場合などに活用するとよいでしょう。また、

ショートステイ以上に施設の使い勝手や職員の雰囲気を体感することができますので、本入居を決める前の体験入居として、ミドルステイを活用してみるという方法もあります。

料金は1か月単位で設定しているところと、利用した日数で算出するところがあります。

## 年単位入居

1年ごとに利用契約を更新する方法です。介護者が転勤するが数年後に帰ってくるという場合や、特別養護老人ホームの空き待ちの期間利用するといったことが考えられます。

また、入居者が非常に高齢（90歳以上）である場合や、末期ガンを患っている場合など、今後の利用期間が長期間に及ぶ可能性が低い場合に、トータルの費用を抑える手段として有効な場合があります。

### 短期利用の種類と活用方法

| 種類 | 入居期間 | 活用方法 |
| --- | --- | --- |
| ショートステイ | 数日～30日程度 | 介護者のリフレッシュ、旅行、短期出張、冠婚葬祭など |
| ミドルステイ | 月単位 | 介護者の急な疾病・入院、本入居前の体験入居など |
| 年単位入居 | 1年ごと | 介護者の転勤、特養の空き待ち期間など |

# 9 訪問・通い・宿泊を組み合わせたサービスがある

### 各種サービスを組み合わせて利用することができる

## ■ 小規模多機能型居宅介護とは

小規模多機能型居宅介護とは、自宅で生活する要支援者・要介護者に対し、1つの事業所でデイサービスを中心としたサービスを提供し、希望者に対して随時訪問介護、ショートステイ（短期間宿泊）サービスを組み合わせて提供することです。従来の介護サービスは、利用者や家族の状況にあわせ、必要なサービスを選択して契約する形でしたが、小規模多機能型居宅介護であれば状況の変化があってもサービス選択の自由度が高いため、利用者およびその家族の負担が大きく軽減されるという特徴を持ちます。

一般の通所介護に比べ柔軟性があり、利用者やその家族のニーズに柔軟に対応できるよう、人員配置や設備等の基準が設定されています。希望すれば24時間、365日いつでもサービスを受けることができるという特徴があるため、利用料は月単位で決まり、利用回数や組み合わせにかかわらず料金は同じです。サービスを受けたい場合は、一般の訪問介護や通所介護と異なり、1か所の事業所とのみ契約します。小規模多機能型居宅介護の事業所に登録しながら、別のデイサービス事業所に通うことはできないためです。利用定員は、1つの事業所あたり29人以下の登録制です。1日に利用できる定員は、通所の場合、登録定員25人以下で最大15人、登録定員26人以上で、最大18人、宿泊で最大9人です。サービスを提供する事業者数は増加を続け、利用者数は少しずつ増加しています。

小規模多機能型居宅介護は今後の地域包括ケアシステム（介護サービスにとどまらず、関連したサービスを利用者に一体的に提供する制度）の中核的な拠点のひとつとして期待されており、国は事業所のさらなる参入を促す予定です。一方で、介護報酬が低く、収益の確保が難しい、月単位の定額制で利用者の希望とおり柔軟な対応ができないなど、事業所の参入が少ないといわれています。

また、本体事業所以外にもサテラ

イト事業所を設けることができるように柔軟な運営も認められています。

## 看護小規模多機能型居宅介護

看護小規模多機能型居宅介護とは、1つの事業所が複数の在宅サービスを組み合わせて提供するサービスのことです。中重度の要介護者が、できるだけ長く在宅での生活を維持できるよう、平成24年度に創設されました。中重度の要介護者は、医療的ニーズが高まることから、現在は「通い」「訪問」「泊まり」のサービスを一体的に提供する小規模多機能型居宅介護と、訪問看護を組み合わせる形の事業所が認められています。訪問看護が組み込まれることで、ガン末期患者や退院直後で病状が安定しない人でも、在宅生活を選択できる可能性が高くなります。

サービス対象は要介護者です。利用に際しては、まず利用者は担当のケアマネジャーに相談し、条件にあう事業所が見つかれば登録することになります。登録の定員は25名以下と定められており、職員として保健師や看護師、介護支援専門員などが従事します。看護小規模多機能型居宅介護を行う事業者は、原則として、事業所ごとに専らその職務に従事する常勤の管理者を置かなければなりません。

小規模多機能型居宅介護の場合、サービス提供の対象者は登録者だけですが、看護小規模多機能型居宅介護事業所の場合、訪問看護については、「指定訪問看護事業所」の指定を持っていれば、登録者以外の利用者にもサービスを提供できます。

## 小規模多機能型居宅介護サービスのしくみ

小規模多機能型居宅介護事業所　通いサービス　利用者宅
訪問サービス
泊まりサービス

通いサービスを中心に、利用者や家族の状況に応じて訪問サービス、泊まりサービスを提供する

# 10 福祉用具のレンタルや購入補助について知っておこう

**要件に該当する要介護・要支援者がレンタル対象である**

## 福祉用具を借りることができる

要介護・要支援の認定を受けている人のうち一定の条件にあてはまる人は、介護保険を利用して、日常生活をしやすくしたり、機能訓練を行って日常生活の自立をめざす上での補助として、福祉用具を借りることができます。

要介護者や要支援者が借りることのできる福祉用具は、車椅子、車椅子付属品、特殊寝台、特殊寝台付属品、褥瘡予防用具、体位変換器、手すり、スロープ、歩行器、歩行補助つえ、徘徊感知器、移動用リフトなどです。

ただ、要介護1と要支援1・2の人が用具を借りる場合、表中①〜⑥、⑪〜⑬の用具の貸出しについては、介護の程度が厚生労働大臣の定める一定の状態にあること、または医師の意見に基づき福祉用具の利用対象にあたると判断され、市区町村がとくに必要と認めた場合などに利用可能です。

## 福祉用具の購入補助

介護保険でレンタルできるものと購入できるものは区別されています。

対象となる福祉用具を特定福祉用具と定めて、用具を貸し出す代わりに、その用具の購入金額を補助しています。福祉用具は一般的に高価なものが多いため、介護保険を上手に活用して購入の可否を検討しましょう。購入の補助は、要介護者・要支援者が先に福祉用具を自分で購入し、後からその金額を支給する方法がとられています。介護保険を活用する上での注意点として、市区町村の指定を受けた事業者から購入する必要があり、指定外の事業者から購入しても対象とはなりません。

補助が受けられる特定福祉用具は、腰掛便座、特殊尿器、入浴補助用具、簡易浴槽、移動用リフトのつり具の部分です。特定福祉用具の購入費の支給上限は、要介護認定にかかわらず年間10万円（毎年4月から翌年3月まで）までとなっています。

## 福祉用具と特定福祉用具

### 福祉用具

**①車椅子**
自走用標準型車椅子・普通型電動車椅子・介助用標準型車椅子など

**②車椅子付属品**
クッション・電動補助装置など

**③特殊寝台**
介護用のベッドのことで、サイドレールが取りつけられているか取りつけ可能なもの

**④特殊寝台付属品**
手すり・テーブル・スライディングボード・スライディングマットなど

**⑤床ずれ防止用具**
送風装置・空気圧調整装置を備えた空気マットなど

**⑥体位変換器**
空気パッドなどを体の下に差し入れて体位変換をしやすくできる機能を持っているもの。体位を保持する目的しかないものは不可

**⑦手すり**
工事をせずに取りつけられるもの

**⑧スロープ**
段差解消目的のもので工事をせずに取りつけられるもの

**⑨歩行器**
二輪・三輪・四輪→体の前と左右を囲む取っ手などがついているもの。
四脚 → 腕で持ち続けて移動できるもの

**⑩歩行補助杖**
松葉杖・カナディアンクラッチ・ロフストランドクラッチ・多点杖など

**⑪徘徊感知器**
認知症用の徘徊センサーなどのことで、認知症の人が屋外に出ようとした時などに家族などに知らせる機器

**⑫移動用リフト**
段差解消器・風呂用のリフトなどのことで、つり具の部分は含まない。つり具は特定福祉用具となる

**⑬自動排泄処理装置**
排便などを自動的に吸収し、排便などの経路となる部分を分割することができるもの（交換可能部品を除く）

### 特定福祉用具

**■ 腰掛便座**
和式便器→上に置いて腰掛式にできるもの
洋式便器→上に置いて高さを調節するもの
便座から立ち上がるときに補助できる機能を持つもので電動式・スプリング式のもの
便座やバケツなど、移動できる便器など

**■ 自動排泄処理装置の交換可能部分**
排便などの経路となるもので簡単に交換できるもの

**■入浴補助用具**
シャワー椅子・入浴用の椅子・浴槽用の手すり・浴槽内で使う椅子・浴槽の縁にかけて使う入浴台・浴室内のスノコ・浴槽内のスノコなど

**■ 簡易浴槽**
取水や排水のための工事を必要としない簡易的な浴槽のことで、空気式や折りたたみ式など、簡単に移動できるもの

**■ 移動用リフトのつり具の部分**
風呂用のリフトのつり具も含まれる・移動用リフト自体は福祉用具として貸与の対象となる

# 介護のためのバリアフリーについて知っておこう

**手すりの設置、段差の解消などのリフォーム費用に補助がある**

## 住宅改修工事ができる

介護保険制度では、介護の必要性に基づき住宅を改修した場合に、費用の補助が受けられることがあります。費用の補助は、要支援でも要介護でも受けることができます。住宅改修の補助を受けるには、市区町村に対して事前に申請書を提出し、市区町村の審査を経て工事が着工されます。回収費用はいったん全額自己負担しなければなりません。

対象となる工事費用のうち自己負担は、介護保険の自己負担割合と同様、所得に応じて1〜3割です。改修費用は要支援・要介護にかかわらず20万円となっています。

具体的な改修例として、階段などへの手すり取り付け工事や、段差や傾斜の解消工事、滑り防止のための床材の取り換え、洋式便器などへの取り換えなどがあります。このうち、手すりの設置と段差を解消する工事は、実際に行われている工事の大部分を占めています。新築や増築工事は支給対象とはならないことに注意が必要です。

住宅改修は下図のような流れで行われます。

### 住宅改修サービスの流れ

ケアマネジャーが利用者から住宅改修についての相談を受ける
→ ケアマネジャー・利用者・施工業者で工事内容について打ち合わせをする
→ ケアマネジャーが、住宅改修が必要な理由書を作成する
→ 申請する市町村に書類を提出する（ケアマネジャーによる代行申請も可）
→ 市町村の審査と結果の通知
→ 住宅改修工事の着工・完成
→ 市町村への住宅改修費用の請求

# 12 介護サービスを利用した時の利用料について知っておこう

## 介護保険サービスには支給限度額が設けられている

### 在宅サービスについては支給限度額が定められている

　介護給付を受けるために要介護認定を受けた利用者は、その認定の度合いによって受けられる給付額の上限が異なります。介護保険で利用できるサービスの費用の1か月あたりの上限を、区分（要介護度）ごとに定めたものを**区分支給限度基準額**といいます。区分支給限度基準額内で在宅サービスを利用した場合には、その費用の一部を利用者本人が負担します。

　区分支給限度基準額は、要介護度が高くなるほど必要となる介護も多くなっていくと考えられているため、要介護度に応じて限度基準額も高くなります。一方、要介護度が低く介護の必要性が低い人が過剰なサービスを受けられないように制限をかける意味合いもあります。

　支給限度基準額を超えて利用した場合には、その超えた金額は全額自己負担になります。

　一方、施設サービスについては、在宅サービスのような支給限度額は設定されていません。ただし、サービスの利用者は費用の一部を負担することから、介護報酬をもとにして施設サービスを利用したときにかかる費用の目安を割り出すことができます。

　なお、生活保護者や年間収入が低額の者、または資産がない者、家族に扶養されていない者などの場合は、市区町村に申請し、軽減確認証の交付を受けることで、利用者負担を軽減して社会福祉法人のサービスを利用することが可能になります。ただし、介護保険料の滞納がないなどの一定要件を満たすことが必要です。

### 一定所得以上の者は自己負担割合が2割になる

　介護保険は、区分支給限度基準額以内であれば、自己負担する割合は原則1割です。つまり、2万円の介護サービスを利用した場合は、1割にあたる2000円を自己負担することになります。

　しかし、2025年には団塊の世代が75歳以上になる一方、高齢者を支え

る世代である64歳以下の人口が減り始めることが見込まれています。このような背景から介護保険制度を継続していくためには、利用者負担を増やす必要性が高まっています。

　現在では、相対的に負担能力のある、所得が一定以上の人の自己負担割合が、1割から2割に上がっています。さらに、現役並み所得のある高齢者に対しては3割負担となる場合もあります。

　2割負担の対象者は、原則として本人の合計所得金額が160万円以上の人で、2人以上世帯の場合、65歳以上の世帯合計所得（年金収入とその他の合計所得）が346万円、単身世帯で280万円以上に該当する場合です。また、3割負担の対象者は、原則として年間所得が220万円以上の人で、2人以上世帯の場合、世帯

合計所得（年金収入とその他の合計所得）が463万円以上、単身世帯で340万円以上に該当する場合です。

　自己負担額が高額になった場合は、高額介護サービス費（次ページ）を受けることができます。

## 施設サービスを利用したときの食費や居住費用の扱い

　施設サービスの利用者は、介護サービス費以外に、食費や居住費のホテルコストを負担する必要があります。これは、在宅での介護では光熱費、家賃や日用品費用など自己負担がかかるためで、在宅と施設での不公平をなくすため、自己負担が原則となっています。**ホテルコスト**とは、施設を利用する際に生じる食費や部屋代、光熱費などのことです。

　施設サービス利用者のホテルコス

### 在宅サービスの利用料の自己負担額・目安

| 要支援度・要介護度の区分 | 在宅サービスの支給限度額（月額） | 支給限度額まで利用した場合の自己負担額（月額） | 一定以上の所得者の自己負担額（月額） |
|---|---|---|---|
| 要支援1 | 50,320円 | 5,032円 | 10,064円 |
| 要支援2 | 105,310円 | 10,531円 | 21,062円 |
| 要介護1 | 167,650円 | 16,765円 | 33,530円 |
| 要介護2 | 197,050円 | 19,705円 | 39,410円 |
| 要介護3 | 270,480円 | 27,048円 | 54,096円 |
| 要介護4 | 309,380円 | 30,938円 | 61,876円 |
| 要介護5 | 362,170円 | 36,217円 | 72,434円 |

※支給限度額・自己負担額の数値は2019年10月以降の金額

トは、施設側が利用者に対して請求することになりますが、施設間で大きな差が生じないように工夫されています。たとえば食費については、その平均的な金額を計算した基準額が設定されています。

部屋代については、個室であるかどうかといった基準によって段階的に設定されています。

ホテルコストの自己負担は低所得者にとって負担となるため、それを軽減するための**特定入所者介護サービス費（補足給付）**という制度があります。これは、入居者が市町村民税非課税世帯である場合に、申請により介護保険負担限度額認定証の交付を受け、ホテルコストの負担額を軽減する制度です。補足給付の額は、段階ごとに定められた自己負担額の上限を上回った場合、その超過分が給付されます（食費・居住費の自己

負担限度額については次ページ表参照）。年金を受給できない人、年金額が少ない人は、この制度を利用しないと経済的な負担により適切な介護サービスを受給できない可能性があるため、要件に該当する場合は利用を検討しましょう。次の場合は補足給付の対象外となります。

・一定額超の預貯金などがある場合（単身で1000万円超、夫婦世帯で2000万円超程度）
・住民票上は別世帯であっても、配偶者が課税されている場合
・遺族年金や障害年金等の非課税年金により、住民税の課税対象になる場合

## 高額介護サービス費とは

在宅サービスや施設サービスの利用料の自己負担額が高額になった場合には、申請により負担上限額を超

### 施設サービスの利用料の自己負担額・目安

| | 要介護1 | 要介護2 | 要介護3 | 要介護4 | 要介護5 |
|---|---|---|---|---|---|
| 介護老人福祉施設（従来型個室） | 559円 | 627円 | 697円 | 765円 | 832円 |
| 介護老人保健施設（Ⅰ）（従来型個室） | 701円 | 746円 | 808円 | 860円 | 911円 |
| 介護療養型医療施設（Ⅰ）（従来型個室） | 645円 | 748円 | 973円 | 1,068円 | 1,154円 |

※ 厚生労働省「介護報酬の算定構造」（2019年10月介護報酬改定）を基にして掲載
表中の金額は該当施設を1日利用した場合の利用者の自己負担額の目安
施設サービスの種類により、かかる費用は異なってくる

えた金額が**高額介護サービス費**として、市区町村から支給される制度です。高額介護サービス費制度における自己負担額の上限（月額）は、以下のように、利用者の世帯の所得状況によって5段階に設定されています。

**第1段階**　（生活保護受給者、世帯全員が住民税非課税でかつ老齢福祉年金受給者）：1万5000円（個人の場合）

**第2段階**　（世帯全員が住民税非課税でかつ課税年金収入額と合計所得金額の合計が80万円以下）：1万5000円（個人の場合）

**第3段階**　（世帯全員が住民税非課税で利用者負担第2段階に該当し

ない場合）：世帯で2万4600円

**第4段階**　（世帯内のどなたかが住民税課税対象の場合）：世帯で4万4400円

**第5段階**　（現役並み所得に相当する者がいる世帯）：世帯で4万4400円

なお、同一世帯に複数の利用者がいる場合には、その複数の利用者の自己負担額を合計した金額が上限額として計算されます。

高額介護サービス費の対象となる場合には、市区町村から申請書が送られます。初回のみ、必要事項を記入して申請を行う必要があります。

## 特定入所者介護サービス費が支給されるための自己負担の上限

| 利用者負担段階区分 | 対象者 | 1日あたりの居住費（滞在費） | | | | 1日あたりの食費 |
|---|---|---|---|---|---|---|
| | | ユニット型個室 | ユニット型準個室 | 従来型個室 ＊ | 多床室 ＊ | |
| 第1段階 | 住民税世帯非課税の老齢福祉年金受給者 生活保護受給者 | 820円 | 490円 | 490円（320円） | 0円 | 300円 |
| 第2段階 | 住民税世帯非課税で合計所得金額及び課税年金収入額の合計が年間80万円以下の方 | 820円 | 490円 | 490円（420円） | 370円 | 390円 |
| 第3段階 | 住民税世帯非課税で第1・第2段階に該当しない方 | 1,310円 | 1,310円 | 1,310円（820円） | 370円 | 650円 |
| 第4段階（基準費用額） | 非該当（食費・居住費は軽減されません） | 2,006円 | 1,668円 | 1,668円（1,171円） | 377円（855円） | 1,392円 |

※2019年10月以降の金額。＊については、老健や療養病床の場合は上段、特養の場合はカッコ内の金額になる
※配偶者が市民税課税、もしくは一定の預貯金がある場合は対象外

# 13 介護認定のしくみについて知っておこう

**本人または家族が申請し、結果に対する不服申立てもできる**

## 介護認定審査会と介護保険審査会はどんな組織なのか

　**介護認定審査会**は、市区町村が設置する保健・医療・福祉の専門家による機関で、３、４人の委員で構成されています。介護認定審査会の主な業務は、要介護度認定の審査や判定を行うことです。審査・判定は、１次判定（86ページ）と申請者の主治医が作成した意見書を基に行います。審査では、個人情報が伏せられ、客観的で公平な審査・判定が行われるよう工夫されています。

　一方、**介護保険審査会**は、都道府県が設置するもので、被保険者代表、市区町村代表、公益代表の委員がそれぞれ３人以上集まって構成されています。介護保険審査会の業務は、市区町村が行った介護保険における保険給付や要介護度の判定などについてなされる不服申立ての内容の審理・裁決を行うことです。

## 介護保険の利用と申請手続き

　介護保険を利用する場合には、要介護認定の申請を行い、要介護認定を受けなければなりません。申請時に提出する申請書類には、申請者の主治医が記入する項目があります。この主治医は、被保険者の心身の状況について記載した意見書を提出することになります。

　要介護認定の申請を行うときには、第１号被保険者は介護保険被保険者証を添えて申請書を提出する必要があります。第２号被保険者は介護保険被保険者証がありませんから、申請書に医療保険証を添えて提出します。申請は、本人や家族の他、近くの居宅介護支援事業者（ケアプラン作成事業者）や、地域包括支援センター、成年後見人、介護保険施設などにも依頼できます。

　必要事項を書いた申請書を提出してから30日以内に、介護認定調査の最終的な結果が郵送で通知されます。

## 誰が申請できるのか

　要介護認定の申請は、市区町村などの介護保険制度を担当する窓口に

対して行いますが、原則として本人が行わなければなりません。

本人が申請できない状態の場合には、家族が申請することができます。申請を行うことができる人は、本人と家族以外にもいます。たとえば、民生委員（福祉サービスを支援する者）や成年後見人が本人の代わりに行うこともできます。また、地域包括支援センターも本人に変わって申請することができます。サービスを提供する事業者では、指定居宅介護支援事業者や介護保険施設も代行可能です。

## 申請から認定までにかかる期間

要介護認定の申請をしてから認定されるまでの期間は30日以内とされています。認定結果には有効期限があり、新規認定は6か月、更新認定は12か月（一定の条件を満たすときは3年）更新の場合には、有効期間が切れる60日前から更新申請をすることができます。更新の時期が来ると、市区町村から更新申請の用紙が送付されるので、この用紙を更新時に提出します。

なお、介護保険の給付サービスを受けることができるのは、申請した日からです。ただ、要介護の認定が予想より軽い場合、その差に対応するサービスの利用部分については介護保険が適用されないため、その支払は自己負担になるので注意が必要です。非該当の場合はそもそも介護保険の対象外ですから、全額を負担しなければなりません。

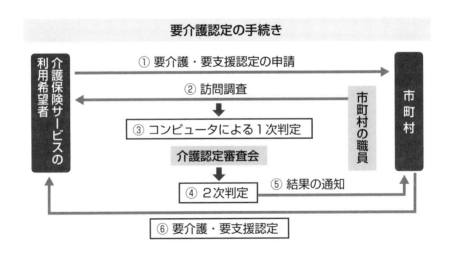

要介護認定の手続き

① 要介護・要支援認定の申請

介護保険サービスの利用希望者　→　市町村

② 訪問調査　市町村の職員

③ コンピュータによる１次判定

介護認定審査会

④ ２次判定　⑤ 結果の通知

⑥ 要介護・要支援認定

# 14 ケアマネジメント・ケアプランについて知っておこう

## 課題を分析してケアプランを作成する

### ケアプランの作成

ケアプラン作成サービスの担い手は**ケアマネジャー**です。ケアプランの作成には、専門的な知識が必要です。このため、ケアマネジャーは専門家としてケアプランに対するアドバイスを行います。ケアプランの作成を担う事業者を指定居宅介護支援事業者といい、事業者リストは市区町村の窓口に設置されています。

なお、自身でケアプランを作成する場合は居住地の市区町村の窓口で必要な資料を入手して作成し、手続きを終えれば介護保険サービスを受けることができます。ただ、相当な負担がかかるため、自身でケアプランを作成する人は非常に少ない状況です。

要支援・要介護認定を受けた人の手続きは、①アセスメント（本人や家族から各種状況・希望などをヒアリングし、課題を分析）、②ケアプラン作成、③プランに沿ったサービス利用、④再アセスメント、といった流れになります。

要介護認定を受けた場合に受ける通所型のケアプランは、主に要介護者自身が施設に出向き、サービス提供を受ける流れで作成します。また、訪問型の場合は、主に要介護者の自宅に事業者が出向いてサービスを提供する流れ、医療型の場合は、医療サービスを受ける必要性の高い人が利用する流れで作成します。

また、施設に入所する場合には、入所先の施設がケアプランを作成します。これは**施設サービス計画**とも呼ばれ、自分で作成することはできず、施設に所属するケアマネジャーが作成します。施設サービスの目的は、原則として要介護者の自宅への復帰であるため、各要介護者に適したケアプランを作成の上、施設のスタッフがチームを組んで目標達成に向けてサービスの提供を行います。

### サービス担当者会議とは

**サービス担当者会議**とは、介護保険の利用者、家族、介護支援専門員（ケアマネジャー）、サービス提供事

業者や主治医などの関係者が参加して行う、ケアプランの原案の協議や精査をする会議です。

介護サービスの提供は複数の事業者によって提供されることもありますし、利用者本人や家族の意向を確認しなければ提供できないサービスもあります。そのため、ケアプランの作成にあたって関係者が集まり、情報の共有や必要なサービスの確認、今後の方針などに対する合意形成を行います。

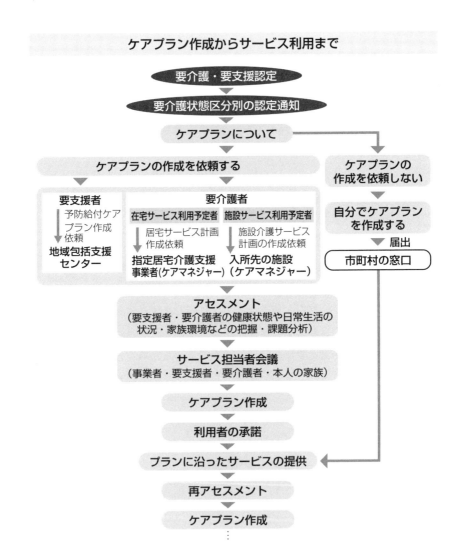

ケアプラン作成からサービス利用まで

要介護・要支援認定

要介護状態区分別の認定通知

ケアプランについて

ケアプランの作成を依頼する

ケアプランの作成を依頼しない

要支援者
予防給付ケアプラン作成依頼
地域包括支援センター

要介護者

在宅サービス利用予定者
居宅サービス計画作成依頼
指定居宅介護支援事業者(ケアマネジャー)

施設サービス利用予定者
施設介護サービス計画の作成依頼
入所先の施設(ケアマネジャー)

自分でケアプランを作成する
届出
市町村の窓口

アセスメント
(要支援者・要介護者の健康状態や日常生活の状況・家族環境などの把握・課題分析)

サービス担当者会議
(事業者・要支援者・要介護者・本人の家族)

ケアプラン作成

利用者の承諾

プランに沿ったサービスの提供

再アセスメント

ケアプラン作成

# 15 契約締結上の注意点をおさえておこう

## サービスの内容や料金などについて確認する

### 重要事項説明書の内容を確認する

　介護サービスを利用するには、要支援者や要介護者とサービスを提供する事業者との間で契約を結ぶ必要があります。事業者側は重要事項について規程を定める必要があり、契約に先立って**重要事項説明書**を利用申込者に渡した上で説明することが義務付けられています。

　重要事項説明書とは、契約内容の中でも重要な事項を記載した書類です。たとえば、事業の目的や運営方針、スタッフの職種・職務内容・配置人数、サービス内容、利用料金や費用、営業日と営業時間、サービスを提供する地域、緊急時や事故発生時の対応方法などが該当します。

　とくにサービス内容に関する事柄と料金や費用については、しっかりと確認するようにしましょう。利用者負担金について、金額と内容が明らかにされているかどうか、利用料金や費用の金額、支払方法、キャンセル料についても確認します。また、解約や更新についてもチェックが必要です。

　サービスが契約と異なる内容の場合には、まずその事業所が設置している窓口に対して苦情を申し入れるようにします。事業者には、利用者からの苦情に迅速かつ適切に対応するために必要な措置をとること、また苦情の内容と事故などが発生した場合にはその状況と対応策を記録することが求められています。苦情を申し入れる際には、具体的にどのような点が契約と異なっているのかを明らかにし、改善を求めるようにしましょう。

### 介護サービス情報の公表制度

　**介護サービス情報の公表制度**とは、利用者やその家族が、介護サービスや事業所・施設を比較・検討し、各個人に適したサービスを選ぶことができるよう、都道府県が一定の情報を提供する制度です。

　インターネット等を使用し、いつでも誰でも閲覧することができ、日本全国の介護サービス事業所の情報

を確認することができます。公表されている主な内容は、事業所名や所在地、従業者に関する情報、提供サービスの内容や利用料金などです。また、検索機能や画面表示についての工夫、公表情報の充実など、事業者の負担を軽減し、利用者にとってわかりやすい公表システムにするための見直しも適宜行われています。

ただし、公表されている情報を調べてみたとしても、実際にどのサービスを選択するのが適切であるのか、判断に悩むことも多いでしょう。そのような場合には、まずは担当のケアマネジャーに相談してみるのがよい方法だといえます。ケアマネジャーは各サービス事業所の特徴をよく把握していますので、どうすれば利用者や家族の要望を実現できるのか、アドバイスを求めてみるとよいでしょう。

## 苦情を申し立てる場合にはどうすればよいのか

介護サービスの利用者は、事業者に対して苦情を言いにくい立場であることも事実です。しかし、サービスを利用する立場としては、常に一定水準のサービスの質が維持されていることは重要な要素です。事業者やスタッフの対応への不満、契約内

容と異なる事実があった場合などは、苦情を申し立てることで事業者のサービスの質の確保、向上にも繋がります。

実際に苦情を申し立てる場合、まずは、不満点や契約と異なる内容などについての現状を把握し、事業者に求める内容を明確にしておく必要があります。その上で、サービスを提供する事業者に対して苦情を申し立てます。苦情を受けた事業者の改善策が功を奏した場合には、この段階で解決する場合があります。改善が見られないときは、市区町村、都道府県、地域の社会福祉協議会の窓口に申し出ます。

申し出を受けた市区町村等は、該当する事業者に対して、指導したり助言を与えるといった対応をとります。さらに、市区町村域を超える問題の場合は、国民健康保険団体連合（国保連）に申し出ることも可能です。相談方法は、直接来所する他、電話や文書（苦情申立書）による相談が可能です。

国保連は、介護サービスの審査支払業務や苦情処理業務を行う行政機関であり、苦情内容を調査し、改善が必要な場合は、指導や助言を行います。

## 16 民間の介護保険の活用も検討する

### 介護は思った以上にお金がかかる

### ■介護費用保険とは

**介護費用保険**は、被保険者に介護が必要になったときに、その費用を補てんするための民間の保険です。公的介護保険のサービスの対象は、65歳以上の要支援・要介護状態の人、及び40歳以上で脳卒中など特定疾病により要支援・要介護状態になった人に限られています。したがって40歳〜64歳までの方が交通事故等の特定疾病以外の事由により介護が必要になった場合、40歳未満の方が介護を必要とする状態になった場合は公的介護保険から給付を受けることができません。

ヘルパーが来られない時間帯は別居している家族が介護するという場合、その移動には交通費がかかりますし、その家族が仕事を休む場合は仕事の調整や有給休暇の取得など、勤務先に与える影響も大きくなります。公的介護保険の対象となる介護サービスでは不十分だったり、満足できないときは、全額自己負担で介護保険の対象外となる介護サービスを受けなければなりません。寝たきりや認知症など、症状が重くなればオムツなどの介護用品の使用量も増え、介護のための引っ越しや住宅改修などが必要になることもあります。これらのうち、公的介護保険でカバーできるものもありますが、一つひとつの自己負担額は小さくても、すべて合算すると負担が大きくなってしまうこともあります。介護費用保険に加入すると、公的介護保険では賄えない費用を補てんすることができ、年間収入や預貯金のみでは介護費用の負担が重くなる人にとって有効な負担軽減策のひとつとなり得ます。

### ■保険会社によって商品もさまざま

介護費用保険は、販売する保険会社によって内容が違います。代表的なものとして、次のような保険金支給の形態があります。

① **年金型**

要介護状態になったと認定された場合に、月々いくらという形で保険金を受け取ります。受取期間は保険

商品ごとに異なっており、事前に確認が必要です。

② 一時金型

要介護状態になったと認定された場合や、要介護状態から回復した場合など、所定の状態になると一時金を受け取ることができます。

③ 併用型

保険金総額のうち一部を一時金として受け取り、残りを年金として受け取ります。

いずれの形態で受け取るかは、保険契約時に選択することがほとんどであるため、要介護状態になったときにどのような資金需要が生じるかを考えておく必要があります。

なお、介護費用保険の場合、「要介護状態」の認定基準が保険会社によって異なります。基準が公的介護保険に連動するもの、認知症と診断され一定の症状が生じたときとするもの、日常生活で必要な動作に対して介護が必要になったときとするものなど、さまざま定められています。保険の給付が始まるのは、180日程度要介護状態が続いた後とされていることが一般的です。

多種多様な保険商品がある中、介護費用保険の保険金額を決定する際には、公的介護保険で給付される内容を把握することが重要です。その上で、家族構成、介護に関わる人の仕事・生活状況などをふまえ、どのように民間の保険でカバーすれば最も安心できるのか、よく検討・確認した上で契約しましょう。

## 民間の介護保険への加入

### 公的介護保険

① サービスの対象は、
・65歳以上の要支援・要介護状態の人
・40歳以上で脳卒中などにより要支援・要介護状態になった人に限られる
② 公的介護保険では、金銭を受給できるわけではない

十分な保障を受けることができないため、民間の医療保険に加入

生命保険の介護保障保険や損害保険の介護費用保険の活用

# 第4章

施設への入所を検討する

# 1 どんな施設や住まいがあるのか

要介護者のみが利用できる3種類の介護保険施設がある

## 高齢者の住まいにもさまざまな種類がある

高齢になってくると、「わずかな段差でつまずく」「重いものが持てない」「掃除や料理などの日常的な作業が辛くておっくうになる」などとの状態に陥ることがあります。また、高齢者をねらう悪質な業者もおり、住みなれた場所で安全な日常生活を送ることが困難になるケースも少なくありません。高齢者人口の増加に伴い、さまざまな種類の高齢者向けの施設・住宅が数多く建てられています。

ただ、「高齢者向け」といっても、どこも同じ内容ではありません。親に介護施設や高齢者向け住居に入ってもらうことを検討する必要が生じた際には、まずその種類や特徴、入居条件などを知っておくことが非常に大切です。

## 老人ホームの分類

老人ホームとは、身体・精神上の障害がある場合や、家庭環境・経済上の理由で居宅での生活が困難な場合などに高齢者を入所させ、世話をする施設の総称です。

老人ホームには、公的な施設と民間で運営する施設に分類されます。公的な施設には、介護施設や養護施設があります。国の医療介護制度である介護保険や老人福祉制度によって運営がなされているため、比較的少ない自己負担で利用することができます。

民間で運営する施設には有料老人ホームが挙げられますが、運営の主体はそれぞれ民間の団体となるため、施設によって提供するサービス内容が異なります。また、費用も公的な施設に比べて割高なケースが多く見られます。

## 介護保険施設とは

介護保険施設とは、在宅で介護を受けることができない状態(常時介護を要する場合・機能訓練などを受ける必要がある場合)の人がサービスを受けることができる施設です。

サービスを利用する場合、利用者の状況や環境を考慮した上で、適切な施設を選ぶ必要があります。ただし、利用可能となるのは要介護者のみで、要支援者は利用できません。

介護保険施設には、特別養護老人ホームや介護老人保健施設、介護医療院、グループホームなどが挙げられます。

特別養護老人ホームは「とくよう」ともいい、主に重度の介護を要する高齢者が入所します。

介護老人保健施設は「ろうけん」とも呼ばれ、要介護状態で在宅での居住をめざしたリハビリを中心に行う施設です。

また、介護医療院は、医療サービスを受けながら長期滞在が可能な施設です。さらに、グループホームは、認知症を診断された高齢者が共同で生活する施設で、認知症を専門としたスタッフが充実しているという特徴があります。

## 施設サービスの種類とサービスの内容

| | 介護老人福祉施設<br>(特別養護老人ホーム) | 介護老人保健施設 | 介護医療院 |
|---|---|---|---|
| 役割 | 生活施設 | 在宅復帰をめざす施設 | 長期療養と生活施設 |
| 対象者 | ・原則、要介護3以上（例外的に、要介護1、2でも入所可能）<br>・在宅での生活が難しい方 | ・要介護1以上<br>・入院療養までは必要ないが、在宅復帰に向けたリハビリや介護・看護が必要な方 | ・要介護1以上<br>・症状が安定しているが、長期療養が必要な方 |
| サービス内容 | ・日常生活上の介護<br>・機能訓練<br>・健康管理<br>・相談援助<br>・レクリエーションなど | ・リハビリテーション<br>・医療的ケア、看護<br>・日常生活上の介護<br>・相談援助<br>・レクリエーションなど | ・療養上の管理、看護<br>・日常生活上の介護<br>・機能訓練<br>・ターミナルケア |
| 特徴 | ・常時介護を受けることに重点を置いている<br>・医師は非常勤（嘱託医） | ・医療的な管理下での介護サービスの提供に重点を置いている<br>・医師は常勤（昼間） | ・長期療養やターミナルケアも行う<br>・医師は常勤（昼間・夜間）<br>・看護師配置も手厚い |

## 養護施設とは

養護施設とは、生活に不安を抱えている高齢者が入所する施設で、軽費老人ホーム、養護老人ホームがあります。軽費老人ホームには、食事付であるＡ型、食事なしのＢ型、さらにケアハウスとも呼ばれるＣ型があります。

ケアハウスは個室に対応しており、車いすを使う高齢者も入所することができる施設です。軽費老人ホームは、所得に応じて無料や低額で食事や日常生活上の援助を受けることができます。また、養護老人ホームは自宅での生活が難しい高齢者を養護（たとえば、虐待を受けている等の理由で保護が必要となること）する施設です。

## 有料老人ホームとは

有料老人ホームには、健康型、住宅型、介護型などの種類があります。

健康型とは主に介護の必要のない高齢者が入所する施設で、介護を要することになった場合は退去しなければならないケースがあります。住宅型とは必要に応じた介護サービスを選ぶことができる入居施設のことです。住宅型によっては、介護支援を併設している場合や外部へ介護サービスを委託する場合など、提供の方法はさまざまです。

一方、介護型は介護保険の対象となる介護サービスを受けることができる「特定施設入居者生活介護」の指定を受けた施設のことです。

## 高齢者向けの住宅にはどんなものがあるのか

特別養護老人ホームなどの介護施設や有料老人ホーム以外にも、高齢者の入居を想定したさまざまな住宅があります。サービス付き高齢者向け住宅、シルバーハウジング、グループリビング（グループハウス）などがその例です。

サービス付き高齢者向け住宅とは、状況把握や生活相談を通じて高齢者を支援するサービスの提供が行われる住宅で、比較的程度の軽い介護者や自立することができる高齢者の受入れを行っています。

また、シルバーハウジングとは、高齢者向けにバリアフリー設備を設けている公営の住宅のことで、ライフサポートアドバイザーによる生活相談を受けることができるという特徴があります。

そして、グループリビング（グループハウス）とは、高齢者が自発的に

仲間を作って、同じ家でお互いに助け合って生活する暮らし方をいいます。介護が必要となる認知症の高齢者を対象としていない点が、似たような名称であるグループホームとは異なります。グループリビングには、食事の用意や掃除などを分担し、共同による合理的な生活様式を採用して、高齢者の自立を支援する目的があります。

## 高齢者の住居問題

　高齢な親の住居にまつわる問題には、親が今まで住んでいた住居から退居しなければならなくなったとき、民間の賃貸住宅を探しても貸主に敬遠され、次の居住地が見つからないという問題も挙げられます。

　貸主が高齢者に貸し渋る背景には、家賃の未払い問題や介護が必要となった場合の対応などの懸念があることが予想されます。また親自身が高額となる家賃や設備面の不安から家を決められない場合もあります。このような問題に直面した場合、まずは親の生活能力や体力、経済力から総合的に今後の方向性を判断していくことになります。親が自立して生活することに不安を感じる場合は、老人ホームや高齢者向けの住宅などへの入居を検討していきます。

　また、経済的な問題が強い場合は、シルバーハウジングなどの高齢者向け公営住宅なども選択肢に入れるとよいでしょう。

　一方、介護が必要となる場合は、状況に応じた介護サービスを受けることができる施設への入所を考えていくことになります。

## 高齢者向けの住宅・施設の種類

| 住宅 |
| --- |
| 有料老人ホーム、高齢者ケア対応型マンション、サービス付き高齢者向け住宅、グループリビング、シニア住宅、シルバーハウジング、ケア付き高齢者向け住宅 |

| 福祉施設（日常生活の場） | 福祉施設（医療が充実） |
| --- | --- |
| 軽費老人ホーム（A型、B型、ケアハウス）、特別養護老人ホーム、養護老人ホーム、グループホーム | 介護老人保健施設、介護医療院 |

# 入所・入居するとどのぐらいの費用がかかるのか

## 施設の形態やサービス内容に応じて異なる

### 施設や高齢者住居の種類の違いによってかかる費用も異なる

親の介護施設への入所を検討する場合、注視する内容のひとつに、金銭面があります。もちろんお値打ちな施設の方がよいに越したことはありませんが、安いからといってサービス内容が不十分な施設を選択してしまうと、何らかの不都合が生じます。親の年金で賄えるのか、自身が負担するのか、という点においても、費用の面が非常に重要だといえるでしょう。

実際に施設へ入所もしくは入居した場合の費用には、種類に応じて差があることが現状です。一般的には、やはり公的な施設の方が民間の施設に比べて安価です。介護を必要とする親を施設に預ける場合は、介護の費用負担が軽いとされる特別養護老人ホームや介護老人保健施設などを選択する方法が効果的です。これらは介護保険を活用することができるため費用負担を抑えることができますが、介護老人保健施設は在宅生活を目標とするための施設であるため、入所の期間が定められていることに注意しなければなりません。

また、認知症を患っている場合は、認知症の高齢者を対象とするグループホームも安価とされていますが、身体状況によっては入所できなくなるケースも生じます。

一方、民間が運営する有料老人ホームの場合は、公共の施設に比べて月額費用が高額となる場合が多いです。有料老人ホームの種類によって、金額に幅があることが特徴です。そのうち、介護型の場合は、介護サービス費用は要介護度別に一律で設定されているため、介護の必要量が多い場合は比較的費用を抑えることが可能な施設だといえます。住宅型を選択すると介護サービスを外部に委託しなければならないため、介護の必要量が多い場合には高額になることがあります。

また、介護の必要がない場合は公営のシルバーハウジングなどを選択すると費用を抑えることができます

が、所得制限が設けられている場合があるため注意が必要です。一方、民間が運営するシニア対象のマンションは、シルバーハウジングと比較すると高額です。

## どんな費用がかかるのか

介護施設を利用する場合にかかる費用は、その施設のタイプに応じてさまざまです。たとえば、公的な施設である介護保険施設やグループホーム、民間施設である介護型有料老人ホームなどは、介護サービスが充実した施設となっています。これらの施設の場合、常駐するスタッフによる介護支援を受けることができるため、利用料は定額で定められている場合が多くあります。介護支援の他、食事や健康管理、生活に関する相談など、介護を必要とする高齢者が必要とする介助を定額で受けることができます。

ただし、そもそも介護保険が適用されない支援を受けた場合は、定額部分とは別に負担料がかかるため、注意が必要です。

また、自立した高齢者が入居するケースが多いとされる住宅型の有料老人ホームや特定施設を除いたサービス付きの高齢者向け住宅やケアハウス、シルバーハウジングなどは、利用する高齢者が必要とするサービスを個々で契約することになります。サービスは主に外部の介護保険事業者から受けることになるため、内容に応じて費用が異なります。

どの介護施設においてもいえることは、質の高いサービスにはそれなりの利用料が生じるということです。また、要介護認定が重くなることに比例して、介護サービスにかかる費用も増加します。介護施設を選択する場合、受けることのできるサービス内容と費用をあわせて検討することが非常に重要となります。

## 経済的な負担の少ないのは介護保険施設

介護保険施設は、介護保険が適用される公的な施設であるため、他の施設に比べて安価で利用することができます。そのため、どの介護施設も人気が高く、希望すればすぐに入所できるという状況ではないことが現状です。

原則としては、いずれの介護施設についても介護認定を受けていれば（要介護１以上）入所の申込みを行うことが可能ですが、とくに申込者が多い特別養護老人ホームなどは、

自宅で面倒を見ることが困難な者が入所する施設であることから、要介護3に満たない高齢者が入所することはできません。

一方、介護老人保健施設の場合は自宅での生活を目標とした施設で、機能訓練に特化したスタッフが常駐していることから、特別養護老人ホームに比べて費用が高額となります。入所期間にも定めがあるため、終身で入所し続けることはできません。

また、介護医療院は長期療養に特化した施設であることから、特別養護老人ホームと比較すると医療費の割合が高くなることが多くあります。

いずれの保険施設においても、生活するにあたり必要な最低ラインとなる家賃や食費、光熱費、日常生活費、管理費などを月々の利用料として支払う方法をとります。利用料は、利用者である親自身や子などが扶養している場合は扶養者の経済力、親の介護度合いなどの生活能力、希望する部屋などに応じて異なります。また、施設のスタッフの内容によっても差が生じます。

## 有料老人ホームや高齢者住宅ではどのぐらい費用がかかるのか

民間の施設である有料老人ホームの場合、入居の際には一時金が必要な場合があります。この一時金は、対象とする有料老人ホームへ入居するための権利を取得するようなもので、年数に応じて償却していくシステムを取っています。そのため、施設の中には中途での退所や利用者の死亡時に返却が行われる場合もあります。

一時金については、有料老人ホームごとにそれぞれ償却の仕方が定められています。中には家賃を前払いとして受け取るタイプの一時金も見られるため、入所を検討する際には入念に調べておきましょう。

また、サービス付高齢者向け住宅の場合は、通常の住宅への入居時と同様に、敷金・礼金を支払い、その後は月額費用を負担するシステムをとります。一般のサービス付高齢者向け住宅の場合は、介護支援サービスを利用した際には、その都度利用者の介護度合いに応じて費用を負担します。介護型のサービス付高齢者向け住宅の場合は、介護にかかる費用は月額費用として一定額を支払います。

## 施設費用が高額になる場合、払戻しの可能性もある

介護保険が適用される場合は、介護にかかる費用の自己負担割合は原則1割です。いくら1割負担といっても、重度の介護認定を受けている場合や、さまざまな介護サービスを要する高齢者の場合は、それでも自己負担割合が高額となるケースがあります。

このような場合に有効となるのが、111ページで述べた高額介護サービス費の制度です。この制度を活用すれば、自己負担額の月額費用が定められた額を超えた場合に、超過分が払い戻されます。この制度は申請式であるため、利用者が申請することで適用がなされます。ただし、申請を行いさえすれば、申請後は自動的に払戻しが行われるため、介護が必要な親がいる場合は検討する価値があるでしょう。

なお、低所得者の場合は特定入所者介護サービス費の制度が適用されるケースもあります。特定入所者介護サービス費は、所得などに応じて食費、居住費の負担が軽減される制度です。

### 施設の種類ごとの費用の特徴と目安

| 種類 | 施設名 | 入居一時金(※) | 月額費用 |
|---|---|---|---|
| 介護施設等 | 特別養護老人ホーム(特養) | ー | 5〜15万円 |
| | 介護老人保健施設(老健) | ー | 8〜16万円 |
| | 介護医療院 | ー | 8〜17万円 |
| | グループホーム | 数千万以下 | 13〜20万円 |
| | 軽費老人ホームA型・B型 | ー | 3〜15万円 |
| | ケアハウス | 数百万以下 | 7〜15万円 |
| 有料老人ホーム | 健康型 | 数億円以下 | 12〜30万円 |
| | 住宅型 | 数千万以下 | 12〜30万円 |
| | 介護型 | 数千万以下 | 12〜30万円 |
| 高齢者向け住宅 | サービス付高齢者向け住宅 | 数十万以下 | 12〜30万円 |
| | シルバーハウジング | ー | 10万前後 |
| | グループリビング | 50万程度 | 30万前後 |

※入居一時金は必要な場合がある。ある場合は入居時に確認し、トラブルを避ける。

# 3 施設選びのポイントについて知っておこう

親の希望や状態に合わせた施設を冷静に検討する

## 施設を選ぶときに考えること

　実際に施設を選ぶときに考える点は、実に多岐にわたります。入所する親も預ける子も満足することができるよう、事前にさまざまな点から検討しておくことが重要です。

　大切なことは、かけることができる費用です。親の年金額や自身の経済力、貯金額などから、支払うことのできる限度額を決定します。長期にわたる計画を立てる必要があります。

　次に、親の健康状態に応じた介護施設のタイプを決定します。入所を希望する施設の場合でも、介護度合いによって入所ができない場合があるため、事前にリサーチしておかなければなりません。

　また、立地条件も重要です。子自身が通いやすいよう、自宅や職場などから近い方が利便性は増しますが、近いというだけで施設を選ぶことは危険です。

　その上で、実際に入所した際に親が安心して生活ができるような体制が整っているかを確認する必要があ

ります。たとえば、設備の程度や医療体制、日々の食事、施設全体の雰囲気など、必ず事前に現地を確認しながら検討していきます。施設の方針や経営状態、入所者の家族との連携体制なども同時に確認しましょう。

## 経営母体や規模で判断してはいけない

　我が国では、さまざまな業種の会社が介護業界に参入しています。もともと介護に特化した業界の他、医療業界、不動産会社、食品会社など、その種類は多岐にわたります。業種に応じてそれぞれの強みを生かした経営を行っており、どの経営母体が優れているということは一概には言えません。

　また、経営母体を調べる際には、業種のもう一つ注意すべき点があります。それは、企業の規模です。昨今では、「大手企業だから安心」という考えは非常に危険です。どのような会社にも倒産の危険性は生じます。入所した施設の事業主が何らか

の事情で変更になった場合、サービス内容や質、入所し続けられるかどうかなどの不安要素があります。そのため、大企業である、知名度が高いなどのネームバリューにとらわれず、実質的な経済状態を見ることが重要です。

方法としては、事業主の公表する財務諸表を確認することや、入居率が低すぎないか、退去率が高すぎないか、などの数値により、施設の経営状態やトラブル発生率を図ることができます。不明点は、施設に確認することも必要になります。

## ■ どんな点をチェックすべきなのか

施設を決定するということは、親の今後の人生を左右するものであり、費用も少額とはいえません。噂話や先入観にとらわれず、焦る気持ちを抑えながら選択することが重要です。

また、施設を利用するのは親本人です。目先の利益にとらわれることで本人の意志を無視してしまうと、親は不安や不満を抱えながら生活することになります。そもそも、本当に施設への入所が必要なのか、入所させるのであれば安心となる場所はどこかを検討しなければなりません。そして、実際に候補となる施設が発生した場合は、前述した条件に加え、必ず施設内で働くスタッフの様子を確認することが重要です。

まず、スタッフの勤務体制をチェックします。少人数の無理な働き方をさせている「ブラック企業」の場合は、スタッフのモチベーションが下がり、質の低下につながります。また、そのような施設はスタッフの入れ替わりも多くなりがちであるため、引継ぎの不備やコミュニケーション不足などの障害が生じます。その他、資格を持つスタッフがどのくらい配置されているのかや、教育体制を調べることも重要です。

さらに、スタッフの働きぶりやコミュニケーションの取り方もチェックしていきましょう。スタッフ同士の連携や入所者への態度、身だしなみなどから、その施設の管理体制がわかります。また、新しい施設の場合は、設備などの綺麗さに目を奪われがちですが、スタッフ体制が不十分であるケースもあります。

これらの問題点は、実際にスタッフと話をしたり、施設内のスタッフの様子などを見る方法などで観察するとよいでしょう。

# 4 特別養護老人ホームについて知っておこう

常時介護に重点を置いたサービスを提供する公的介護施設である

## 特別養護老人ホームとは

特別養護老人ホームとは、国の管轄である公的介護施設のひとつで、運営の主体は社会福祉法人や地方公共団体などです。介護保険法上では「介護老人福祉施設」に該当し、寝たきりなど常時介護が必要な者を受け入れる施設とされています。

特別養護老人ホームは全国各地で「地域密着型介護老人福祉施設入所者生活介護」を提供しています。地域密着型介護老人福祉施設入所者生活介護とは、定員に限りがあり、29人以下の小規模な特別養護老人ホームで行われることが特徴です。既存の特別養護老人ホームの近くに作られ、セットで運営されているケースもあります。少人数制で家庭的な雰囲気があり、地域や家庭とのつながりを重視していることが特徴です。

なお、前述のサービスは、①当該市区町村の住民である、②原則として要介護3以上の認定を受けている、③心身に著しい障害があるため常時介護が必要である、④在宅介護が困難である、という要件をすべて満たす場合に利用できます。

## どんな特徴があるのか

特別養護老人ホームは、老人ホームの中では費用が安価で全国的に非常に人気が高い施設です。そのため、親を特別養護老人ホームへ入所させたいと考える者が多いことが予想され、事実、相当の期間を入所待ちに要している世帯が存在することが現状です。

親が常に寝たきりの状態などのため24時間体制での介護が必要な場合や、そもそも自宅が介護生活をできる環境ではない場合、または経済的な理由で介護にまつわる費用をかけることができない場合などに、とくに常時介護に重点を置くサービスが提供される特別養護老人ホームへの入所を希望するケースが多く見られます。

## 特養ではどんなサービスを受けることができるのか

特別養護老人ホームには、施設長、

医師、生活相談員、看護職員、介護職員、栄養士、機能訓練指導員などが配置されています。

特別養護老人ホームでは基本的には医療行為は行われず、日常生活の世話を中心としたさまざまなサービスなどが提供されます。

施設介護サービス計画（ケアプラン）が入所した要介護者ごとに立てられ、このプランに沿って介護保険給付の対象となるサービスが決定されます。

具体的な内容は、入浴や食事、排せつ、清拭や体位変換などの身の回りの世話をはじめとする日常生活上必要となる支援です。また、要介護状態を少しでも改善し、自立した生活ができるよう、機能訓練や健康管理を受けることもできます。

## 従来型個室、多床室、ユニット型といった種類がある

従来の特別養護老人ホームは約4〜6名の相部屋が主流でしたが、最近ではプライバシーを重視したユニット型の個室も提供されるようになりました。

ユニット型の施設では、おおよそ10部屋前後の個室に加え、食堂やくつろぎ場などが設けられています。

この方法により、入所者がリラックスしながら過ごすことを可能とし、施設側も入所者の状況に沿った介護サービスを提供することができます。ユニット型の個室の場合、大人数の相部屋よりも料金は割高となるのが一般的です。

一方、このユニットが存在しない個室のことを「従来型個室」、ユニットが存在しない大部屋を「多床室」といいます。費用は、ユニット型に比べ安価となることに特徴があります。

## 複数の施設に申し込める

特別養護老人ホームは、以前は申込みを行った順に入所することができるシステムでした。しかし、現在では各自治体や入所を希望する施設が設けた要件に合致しているかどうかを判断し、その中でもとくに早急な入所対応を要する者から優先的に入所が認められます。

なお、申込みは同時に複数の施設に対して行うことができるため、第一希望、第二希望と複数の希望施設がある場合は、入所への確率を上げるためにも複数申込みを実施する方法が効果的です。

また、居住地とは異なる場所にある施設に申し込むことも可能である

ため、近辺に希望する施設がない場合や空いている施設がない場合は、対象エリアを広げて検討するとよいでしょう。ただし、居住地を離れた場所で地域密着型介護老人福祉施設入所者生活介護を受けることはできないため、注意が必要です。

## 入居対象者について

特別養護老人ホームの入所対象者は、寝たきりの状況や認知症が進んでいる状況など、在宅で生活することが難しい状態にある者です。短期間だけ入所してサービスを受けるショートステイの場合を除き、要支援の人が予防給付としてサービスを受けることはできません。

現在、特別養護老人ホームでは、重度者への重点化が進められ、入所者に対する基準が厳しくなっており、新規の入所者は原則「要介護3以上の高齢者」に限定されています。

ただし、要介護1・2であっても、やむを得ない事情などがある場合は、特例的に入所が認められるケースもあります。

入所を待っている要介護者全体に占める要介護3以上の人の割合は、以前と比べて非常に増えており、その中でも在宅の重度者に関する問題

は非常に深刻化しています。そのため、現在では、介護の度合いや認知症が見られるかどうか、または介護を行う家族などの生活内容や経済状況などを考慮して判断しています。つまり、これまでは入所ができなかった場合でも、親の介護度合いが悪化した場合など、状況が変わった場合は再申込みの手続きを行う方法が効果的です。そのためには、常に親の状態を正確に把握しておくことが重要であり、定期的に診断を受けておく必要があります。

## 入居できるかどうかの審査は点数制になっている

実際に特別養護老人ホームへ入居ができるかどうかの基準は、早い者勝ちや運任せというわけではありません。特別養護老人ホームは地域に密着した介護施設であるため、原則として入所にまつわる審査基準は各自治体により異なります。

ただし、施設の中には**点数制**のしくみが取られている場合があります。点数制とは、入所希望者の介護度合いや年齢、認知症の進行具合や介護を行う家族の環境などの要素に対して基準に合わせて点数をつけ、合算した数値で判断する方法です。同様

の点数制によるしくみを保育園の入所基準で採用している自治体もあります。

たとえば東京都新宿区の場合は、大きく分類すると①入所者の状況、②介護者の状況、という2種類の基準があります。そのうち重視度が高いのが①の入所者の状況で、要介護度・年齢・認知症の程度、という3種類の判断項目があり、それぞれ点数が設けられています。一方、②の介護者の状況の場合は、要介護の認定を受けて以来の在宅介護継続期間や在宅における介護サービスの利用状況、介護者をとりまく環境、住宅環境（介護仕様にリフォームができるか、など）、という4種類の判断項目が設けられています。また、横浜市でも同等の点数制がとられています。

## 特養での生活について

特別養護老人ホームでの生活は、部屋の形態にかかわらず大まかな流れがあらかじめ決められています。利用者に対する職員の担当割合は決められているものの、職員は24時間の交代勤務を取っているため、実態

### 特別養護老人ホームで支援を受ける場合

**在宅で生活することが難しい状態にある場合**　寝たきりである
認知症が進んでいる

**特別養護老人ホームへの入所が可能**

**施設介護サービス計画（ケアプラン）作成**　特別養護老人ホームへの入所時

**施設に入所しサービスを受ける**　日常生活上必要となる支援
要介護状態の改善・自立した生活に
向けた機能訓練・健康管理

**特別養護老人ホームでサービスを受ける場合の特徴**

施設サービスの中で常時介護を受けることに重点を置いているサービス
ショートステイの場合を除き、要支援者、要介護1・2の入所は不可
介護老人福祉施設（介護保険法上の名称）＝特別養護老人ホーム（老人福祉法上の名称）
　従来：2〜4人の相部屋が主流
　最近：ユニット型の個室（相部屋よりも料金は割高）

としては1人の職員が5人以上の入所者の介助を行うケースが多く見られます。起床は6時から8時の間で定める場合が多く、身支度や排せつを整えた後、朝食を取ります。自身で動くことのできない入所者も多いため、朝食までにはある程度の時間が設けられています。

食事の後はくつろぎ、テレビ、レクレーションなど日によってさまざまで、入浴は日中の職員数が充実した時間帯に行われる場合が多くあります。また、日中には医師による診察や外出の時間が取られることもあります。排せつの促しも、日中・夜間問わず行われます。

## 特別養護老人ホームを退所するケース

特別養護老人ホームに入所できた場合であっても、ずっと居続けられるわけではなく、一定の場合には退所しなければならなくなる場合があります。たとえば、入所者の心身機能が大きく改善し、要介護認定において「自立」「要支援1・2」と認定された場合には、退所しなければなりません。また、医学的管理の必要性が増大した場合や、3か月を超える長期の入院が必要になった場合などにも、退所しなければなりません。

**特別養護老人ホームの特徴**

| | |
|---|---|
| 運営主体 | 社会福祉法人・地方公共団体 |
| 入所対象者 | 原則、要介護3以上 |
| 費用 | 安価な設定 |
| サービス内容 | 介護に重点を置く（医療行為は制限あり） |
| 居室 | ユニット型個室、従来型個室、多床室 |
| 申込手続 | 施設に直接申込みを行う<br>（点数制などで入所順位が決定する） |
| 退所事由 | 要介護認定が「自立」「要支援1・2」に改善したとき<br>医学的管理や長期入院が必要になったとき |

# 5 介護老人保健施設について知っておこう

**医療サービスを受けながら居宅生活をめざしていく施設である**

## 介護老人保健施設は特養とどう違う

　**介護老人保健施設**は、特別養護老人ホームと同じく国の管轄である公的介護施設のひとつです。ただし、サービス内容は他の施設とは異なり、とくに特別養護老人ホームなどと比べると医療関係のサービスが多いことに特徴があります。

　介護老人保健施設は、看護や医療的な管理下で介護サービスを提供することに重点を置く施設です。自宅で医療的な管理をすることができない状況で入院する必要性が生じない者や、病院での治療が終了した者が、機能訓練などを行ってから自宅に戻り生活を送れるようにするために入所します。

　実際に介護老人保健施設に配置されている人員も、医療関係に従事する者が多く、設備も他の老人ホームと比べると充実していることが特徴です。

　また、リハビリを行った上で自宅へ戻ることを目標としている施設で

あるため、入所期間に制限がない特別養護老人ホームとは異なり、原則として３か月から１年程度に限定されています。

　入所にかかる費用については、入所者本人やその家族の経済状況（世帯収入）に応じて定められますが、公的な介護施設であるため比較的安価とされています。また、入所一時金の支払もありません。

　ただし、専門の医療従事者が常に待機していることから、特別養護老人ホームと比較すると月額でかかる利用料が高額になる場合があります。また、部屋のタイプについては、特別養護老人ホームのようにユニット型、従来型個室、多床室などが設けられているため、どの部屋を選択するかによって費用が異なります。

　結局、介護老人保健施設への入所を希望する場合、月額で最大10万円前後の費用はかかるものといえます。ただし、これはあくまでも多床室の場合であり、相部屋を好まず、従来型個室を希望する場合には、さらに

５万円ほど多く見積もっておく必要があるでしょう。

## 介護老人保健施設ではどんなサービスを受けることができるのか

介護老人保健施設では、介護を必要とする高齢者の自立を支援し家庭への復帰をめざすため、常勤の医師による医学的管理の下、看護・介護といったケアや作業療法士や理学療法士などによるリハビリテーションが行われます。

また、栄養管理・食事・入浴などの日常サービスまで併せて計画し、利用者の状態や目標に合わせたケアサービスを、医師をはじめとする専門スタッフが行い、夜間のケア体制も整えられています。

## メリットとデメリット

介護老人保健施設へ入所した場合のメリットは、さまざまな医療サービスを受けることが可能である点です。

入所時は、専門知識やスキルを持つ医師や看護師に囲まれ、持病を抱える高齢者でも安心して生活をすることができます。施設内の医療設備も充実しているため、いざという時にも安心した対応を受けることができます。

また、医学的な治療の他、日常生活を自宅で送ることができるように個々の状況に応じたリハビリ方法を指導してもらえます。さらに、入所者の家族も、介護や日常の世話、気を付ける点などのノウハウを受けることが可能となるため、入所者本人も家族も退院後の生活に対するさまざまな不安感を軽減させることができます。

その他、期間限定であれ親を専門の医療機関つきの施設へ入所させることで、家族は入所者が帰宅するまでの間に、家を介護仕様にリフォームさせることや退所後に受けさせる適切な介護サービスの選択など、今後の生活に対する対策を比較的余裕のある状態で立てることが可能になります。

一方、介護老人保健施設のデメリットは期間限定の施設だということです。もともと長期入所はできないという前提で入所する施設であり、一定期間ごとに退所するかどうかの判断がなされるため、入所の継続ができないという結論が下された場合は退所させなければなりません。そのため、家族は、入所後も常に退所後の施設や介護体制などについて考える必要があります。また、リハビ

リを中心とした施設であるため、他の施設に比べるとお楽しみイベントなどが少ないこともあります。

## 対象者と入所審査

　介護老人保健施設へ入所することができる対象者とは、第一に原則として65歳以上、つまり介護保険の「第1号被保険者」であることです。ただし、認知症などの要件を満たす内容の疾病を患っている場合は、40歳以上65歳未満の「第2号被保険者」も対象となります。その上で、要介護1以上の認定を受けており、かつ「病状が安定していること」が必要になります。

　ただし、感染症や伝染病にかかっていないことや、入院の必要性が生じないことなどの要件を満たさなければなりません。この要件について

は、施設ごとに異なるため、事前に入所を希望する施設の入居対象者について調査しておくことが重要になります。

　なお、実際に介護老人保健施設への入所を希望し、申込み手続きを行った場合は、入所審査が行われることが一般的です。入所希望者の現状が判別できる健康診断書や医師の意見書、指示書などをもとに入所許可についての審査が行われます。書類による検討のみで足りる施設もありますが、場合によっては施設スタッフによる面談が行われることがあります。審査の方法や必要書類については必ず事前にリサーチしておくなど、余裕を持った対応が必要です。

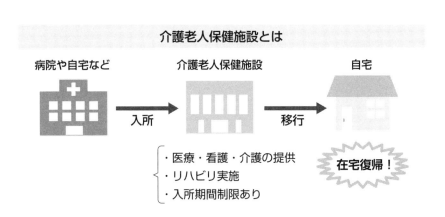

介護老人保健施設とは

病院や自宅など　→　介護老人保健施設　→　自宅

入所　　移行

・医療・看護・介護の提供
・リハビリ実施
・入所期間制限あり

在宅復帰！

# 6

# 有料老人ホームの形態や費用について知っておこう

利用形態や費用設定は施設によってさまざまである

### 有料老人ホームは介護施設ではない

一見施設に入居していても、以下の場合には施設サービスではなく、在宅サービス（90ページ）として介護保険の適用を受けます。

① 特別養護老人ホームや老人保健施設でショートステイという形式でサービスの提供を受ける場合

② 地域密着型サービスのうち、施設でサービスを受けられる場合

③ 有料老人ホームなどのケアつきの住宅のうち、特定施設として認められている施設に入居していてサービスの提供を受ける場合（特定施設入居者生活介護）

③の特定施設には、有料老人ホームの他に、ケアハウスや軽費老人ホーム（A型・B型）などが認められています。軽費老人ホームは、家庭の事情などから自宅で生活することが難しい高齢者で身の回りのことは自分でできる人が低額で入居できる施設です（144ページ）。A型に入居できる対象者は、炊事についてはサービスの提供を受ける程度の健康状態にある人で、B型は、自炊できる程度の健康状態にある人を対象としています。軽費老人ホームの中でも介護利用型の施設にケアハウスがあります。身の回りのことは自分でできる健康状態にある高齢者のうち、自宅で生活することが難しい人が対象になります。軽費老人ホームは、A型・B型・ケアハウスといった類型に分かれていますが、将来的にはすべての類型がケアハウスに統一される予定です。

これらの特定施設については、定員29名以下の少人数制体制で運営されているサービスもあります（地域密着型特定施設入居者生活介護といいますが、サービスの内容自体に大きな違いがあるわけではありません）。

### 有料老人ホームの利用形態

有料老人ホームとは、民間企業や社会福祉法人が運営する高齢者向けの住宅です。事業者は高齢者のニー

ズに合うよう、眺望や温浴施設・娯楽施設などの設備、高級な食事やイベントの提供など、さまざまなサービスを準備して差別化を図っています。利用申込みは直接施設に行い、利用負担については設置者との契約によります。

　有料老人ホームの利用形態は、さまざまな観点から分類することが可能です。

### ・住宅型・健康型・介護付きという分類

　まず、利用者が有料老人ホームに入居を望む目的から、住宅型・健康型・介護付きという分類をすることができます。

　「住宅型」とは、生活の場を求めると同時に、介護サービスを利用することを目的に有料老人ホームに入居する場合です。「健康型」とは、当分介護の必要がないと考えている利用者が、専ら住居の場を求めるために有料老人ホームに入居する場合です。

　「介護付き」では、施設あるいは外部の事業者による介護サービスを受けることができます。

### ・入居要件からの分類

　次に、入居要件からの分類として、利用者の身体的状況に応じて入居の可否が決定されることがあります。入居要件からの分類には、①自立型、②混合型、③介護専用型があります。

　①自立型とは、入居時に要介護や要支援状態にないことが入居要件になっている場合をいいます。②混合型とは、利用者が自立型のように健康な状態、または要介護・要支援の状態であっても入居可能であることをいいます。そして、③介護専用型とは、「入居要件として利用者が要介護認定1以上の状態でなければならない」と定められている場合や、「65歳以上」というように、利用者の年齢に制限を設けている場合を指します。

### ・契約方式に従った分類

　さらに、契約方式に従った分類もあります。一般的な賃貸型住宅と同様に月額の利用料を支払い、介護等については別途契約が必要な方式を、建物賃貸借方式といいます。

　これに対して、建物賃貸借契約および終身建物賃貸借契約以外の契約の形態で、居室に住む権利と生活に必要な支援など、サービスの部分の契約が一体となっている利用権方式もあります。

## 有料老人ホームに入居する際に必要になる費用

有料老人ホームに入居する際に必要になる費用として、主に入居一時金と、月額利用料があります。その他に介護に必要な自己負担額や消耗品費、レクリエーションへの参加費等が必要です。

**入居一時金**とは、施設に入居する権利を取得するための費用をいいます。金額や別途家賃の支払いが必要になるのかは施設ごとに異なり、また、短期で退所する場合には、一部返還される場合もあります。これに対して、**月額利用料**とは、一般の賃貸住宅の家賃に相当する金額を指し、一般に施設スタッフの人件費や、生活に必要な水道光熱費に充てられます。金額は施設ごとに、また地域によっても異なります。

## 介護付き有料老人ホームのサービスと費用の目安

介護付き有料老人ホームの大きな特徴は、都道府県から「特定施設入居者生活介護」の事業者である旨の指定を受けているという点にあります。これにより、入居者は、入浴や排せつなどの介護や、日常の生活上の世話などを、介護保険サービスと

して受けることができるわけです。入居一時金は0～1億円以上と、施設によって大きく異なります。月の利用料金は、12～40万円程度であることが一般的です。

注意しなければならないのは、実際の介護サービスを誰が行うという部分です。

ケアプランの作成から実際の介護の実施まで、すべてを当該施設の職員が担当するタイプでは、24時間体制で介護を受けられるというメリットがありますが、介護サービスをあまり利用しなかった月も利用料金は変わらない（毎月一定の料金がかかる）という点が欠点になります。施設ではケアプランの作成や生活相談のみを行い、実際の介護は外部の事業者が行うというタイプもありますが、この場合、介護サービスの利用度によって月の利用金額が変動することになりますので、介護サービスを利用しすぎて介護保険の支給限度額を超えてしまうと、高額な介護費用を自己負担しなければならなくなる可能性があります。

## 住宅型有料老人ホームのサービスと費用の目安

住宅型有料老人ホームは、施設内

に介護職員が設置されていない点に特徴があります。施設で提供されるサービスは、食事や清掃などの日常のサービスと、緊急時の対応がメインになります。

介護が必要になった際には、適切な介護サービスを受けることができるように併設または外部の事業者の在宅サービスや通所サービスを利用することになります。自治体の基準違反である場合が多いようですが、施設と提携している事業者でなければ選択できないというような縛りが設定されている場合もありますので、注意が必要です。

## その他どんなトラブルが考えられるのか

その他考えられるトラブルとしては、実際に契約した後に、当初の説明と実際のサービスが大きく異なるような場合があります。契約時のトラブルを防ぐために、契約内容をしっかり理解して説明をよく聞き、わからない部分については質問するなどによって契約内容を確認する必要があります。

## 有料老人ホームにかかる主な費用

| 項　目 | 費用の内容と注意点 |
|---|---|
| 入居申込金 | 部屋の予約の際に要求されることがあるが、不当に高額の場合には入居を再検討した方がよい。 |
| 入居一時金 | 家賃や共有部分の利用権を取得するための費用。1000万円を超えることもあるので途中で退去した場合の取扱いを聞いておくこと。 |
| 月額利用料 | 家賃・食費・管理費の3つをあわせたもの。光熱費や電話代の支払いが別途必要になるのかについて確認すること。 |
| 介護関連費用 | 介護保険の自己負担部分やオムツ代。介護保険のきかないサービスを受けた場合にはその費用。 |
| 個別の<br>サービス料 | 老人ホーム内でのイベントやレクリエーションに参加する場合にかかる費用。 |

# 7

# 軽費老人ホームやケアハウスについて知っておこう

自宅での生活が不安な時に安価に必要なサービスを受けられる

## どんな場所なのか

軽費老人ホームは老人福祉法に定められた福祉施設の一種です。施設長、生活相談員などの職員が配置されており、必要に応じて相談や援助などのサービスを受けることができます。福祉施設という位置付けですが、特別養護老人ホームなどと異なり、居室は原則として1人用の個室です。施設によっては夫婦等で同居できるような2人部屋を設けているところもあります。居室の他には、食堂や浴室、談話室、洗濯室など共用の設備を設けることが義務付けられています。いわば学生などが共同生活をする寄宿舎のような場所と考えればよいでしょう。なお、軽費老人ホームには、食事の提供がある**A型**と、自炊が基本の**B型**があります。また、ケアハウス（**C型**）も軽費老人ホームに含まれます。

軽費老人ホーム（A型・B型）の入居対象となるのは、次のような条件を満たす人です。

・60歳以上（夫婦の場合はどちらか一方が60歳以上であれば入居可能）であること。

・身体の機能が低下しているなどの事情で自立して生活することに不安があること。ただし、食事や入浴、着がえなど身の回りのことは自分でできること。

・家族などの援助を受けるのが難しいこと。

この他、運営主体が市町村など地方自治体の場合は、その自治体に一定期間居住していることが条件とされる場合があります。

また、一部公費補助により運営されている福祉施設ですので、家賃などの負担は必要ありませんが、その分所得制限が設けられています。ただし、生活費や事務費などの経費は自己負担となりますので、その費用を賄える資力があることは必要です。

## 入居方法や費用について

入居に際しては、希望者と各施設が直接契約をすることになっています。希望者が入居対象の条件に合致

しており、かつ施設に空きがあれば入居することができます。軽費老人ホームの所在地などの情報は、都道府県など、各自治体の高齢者関係窓口に問い合わせれば入手することができますし、インターネットなどにも掲載されています。

また、軽費老人ホームに入居する際に、入居一時金や敷金・礼金などの費用はかかりません。また、月々の家賃のようなものも不要です。その面では、経済的負担はかなり軽いといえるでしょう。

必要になるのは、月々の生活費と事務費です。生活費とは食費や共用部分の光熱費などの費用、事務費とは職員の人件費や管理費などの費用です。額については国が基準を定め

ています。生活費は施設の規模や所在地によって額が異なりますが、おおむね月5万円前後で、冬季には暖房代等を別途徴収する施設もあります。事務費については所得額に応じて負担するとされており、年収150万円以下の人であれば本人からの徴収額は月1万円となっています。

## 医療機関や介護などについてはどうなっているのか

医療面については、嘱託医や提携医療機関を置き、そこで定期健診なども行っているというところがほとんどですが、必要に応じて入居前からのかかりつけ医に通院することも可能です。ただ、緊急時には提携医療機関等に搬送されることも多いの

### 軽費老人ホームの種類とサービス

| | 入居条件　※1 | 特徴　※2 |
|---|---|---|
| 軽費老人ホームA型 | 部屋の掃除や洗濯などの身の回りのことは自分で行える状態 | 個室<br>食事など日常生活で必要なサービス提供あり |
| 軽費老人ホームB型 | 身の回りのことも自炊もできる状態 | 個室・台所・トイレ |
| ケアハウス | 身の回りのことを自分で行えるが自炊はできない状態、在宅での生活が困難な人 | 食事つきが原則で自炊も可 |

※1　どの類型でも60歳以上であることが必要だが、夫婦で入居する場合にはどちらか一方が60歳以上であれば可能
※2　どの類型でも、家賃に相当する分の利用料、日常生活上の経費は自己負担

で、あらかじめ健診を受けるなどしてカルテを作っておく必要はあるでしょう。

介護が必要になった場合、在宅の場合と同様、在宅サービスを提供する事業者と契約し、訪問介護などを受けることができます。ただ、重度の介護が必要になったり、認知症を発症して他の入居者との共同生活に支障が出るなどした場合は、別の施設などに転居しなければならないというところが多いようです。

## 日常生活には支障がないのか

A型の場合、食事は３食提供されますが、居室にミニキッチンを備えているところも多く、食べたくなければ断ることもできますし、外食に出ることも可能です。また、来訪も自由で、必要に応じて宿泊や来訪者向けの食事の提供を求めることができる施設もあります。

買い物や旅行などの外出や外泊については、届出が必要なところもありますが、おおむね自由に行うことができます。中にはホームから出勤したり、内職をすることを認めている施設もあります。

このように、日常生活には大きな支障なく、比較的自由に過ごすこと

ができますが、入浴は共用の浴場を使うことになるため、毎日は入れない場合もあります。

## ケアハウスとは

ケアハウスは、入居者が車いす生活になっても自立した生活が送れるように配慮した福祉施設です。軽費老人ホームの一種で、C型などと称されることもあります。居室は原則として一人用の個室で、マンションのような作りになっていますが、食堂や浴室、洗濯室といった共同設備も備えつけられています。生活は比較的自由ですが、食事は三食提供されますし、施設長、生活相談員、調理員、介護職員といった職員が配置されており、必要に応じて生活面の支援を受けることができます。

## ケアハウスは他の軽費老人ホームとはどう違うのか

内容は、軽費老人ホームA型とほぼ同じです。大きな違いは、低所得の人向けで入居一時金などが必要ないA型に比べ、ケアハウスでは家賃が必要になるということです。入居時に家賃の前納として入居一時金を徴収している所も多く、ある程度資力がないと入居できません。ただ、

その分所得制限はありませんし、施設数もＡ型より多くなっているので、Ａ型よりも入居先を見つけるのは容易でしょう。

## どのような人が対象なのか

ケアハウスの入居対象となるのは、次のような条件を満たす人です。

・60歳以上（夫婦の場合はどちらか一方が60歳以上であれば入居可能）であること。

・身体の機能が低下しているなどの事情で自立して生活することに不安があること。ただし、食事や入浴、着がえなど身の回りのことは自分でできること。

・家族などの援助を受けることが難しいこと。

この他、運営主体が市町村などの地方自治体の場合は、その自治体に居住していることが条件とされている場合があります。条件については、所得制限を除いて軽費老人ホームとほぼ同じです。また、入居一時金を徴収している施設の場合、それを支払えるだけの資力が必要です。

## 入居するには

入居に際しては、希望者と各施設が直接契約をすることになっていま

す。希望者が入居対象の条件に合致しており、かつ施設に空きがあれば入居することができます。ケアハウスの場合、入居時に入居一時金を徴収する施設が多いのですが、入居一時金は家賃の前払いとして納付するものですので、入居期間が短ければ、退去する際に入居期間分を差し引いた額を返金してもらうことができます。

なお、ケアハウスの所在地などの情報は、各自治体の高齢者関係窓口に問い合わせれば入手することができますし、インターネットなどにも掲載されています。

## 費用はどのくらいかかるのか

ケアハウスの場合、家賃の負担が必要です。徴収の方法としては、入居一時金として数年分、たとえば20年分の一括納付を求めるところと、一部の納付を求めるところ、月々の分納にしているところがあります。一括納付すれば、月々の家賃は必要ありませんが、一部納付、分割納付の場合は家賃もしくは管理費などの名目で月に数千円〜数万円が徴収されることになります。

なお、家賃の額は建築にかかった費用などから算出されるため、施設によって異なりますが、中には入居

時に1000万円以上の入居一時金を納めなければならない施設もあるようです。

さらに、他の軽費老人ホームと同様、月々の生活費と事務費が必要になります。額については国が基準を定めています。生活費の額は施設の規模や所在地によって異なりますが、おおむね月4万円前後で、冬季には暖房代等を別途徴収する施設もあります。事務費については所得額に応じて負担するとされており、年収150万円以下の人であれば本人からの徴収額は月1万円です。

## 医療機関や介護などについて

医療機関については、嘱託医や提携病院を持っているところがほとんどですが、かかりつけ医や提携外の病院に行くことも可能です。介護については、原則としてケアハウスは介護施設ではありませんので、介護が必要な場合には在宅時と同様、外部の介護事業者と契約して在宅介護サービスを利用することになります。

ただ、最近は「特定施設入居者生活介護」の指定を受けて、施設の職員が介護サービスを提供する介護付きケアハウスも増えてきています。

なお、重度の介護が必要になった

り、認知症などで他の入居者との共同生活に支障が出るような状態になった場合には、転居を求められることが多いようです。

## 日常生活には支障がないのか

ケアハウスは比較的元気な高齢者が入居する施設ですから、プライバシーもある程度守られていますし、かなり自由に生活することができます。外出、外泊、通勤なども自由ですから、日常生活に大きな支障はないでしょう。

ただ、施設での共同生活である以上、食事を食べないときは事前に伝える、他の入居者に迷惑をかけないなど、守らなければならないルールはあります。また、毎日入浴はできないこともありますので、気になる場合は確認しておきましょう。

# 8 グループホームについて知っておこう

**認知症の人が穏やかに暮らせるよう考慮された「家」**

## 認知症の問題とグループホームの利用

　高齢者に起こり得る心身の衰えの中で、対応が難しいもののひとつが認知症です。認知症の症状には、記憶力、判断力、注意力といった能力の低下だけでなく、徘徊や暴力行為、幻覚といった周辺症状もあります。このような症状が出始めると、家族は精神的・肉体的な疲労感を持ちやすく、それが積み重なると大きな負担になる可能性があります。

　認知症の周辺症状は本人の不安から来るものといわれ、生活状況が安定することによって改善を期待することができますが、専門知識を持たない家族が生活状況を安定させようとしても、なかなかうまくいきません。介護による肉体的な負担の大きさと、認知症という病気が原因で、家族である介護者のことさえも忘れてしまう高齢者のことを受け入れなければならないという精神的な負担から、穏やかに接することが難しいのです。

　このような場合に利用できるのが、**グループホーム**です。介護保険上「認知症対応型共同生活介護」として扱われるこのホームは、5〜9人程度の少人数の認知症の高齢者が、専門職員の助けを借りながら共同生活を送る「家」のような場です。できるだけ家にいるような環境で、地域社会にとけこみながら生活することを趣旨としているため、入居者が安心感を得やすくなっています。

　一人ひとりに個室が用意されている他、共用のリビングや浴室、トイレなどがあり、入居者が職員の助けを借りながらそれぞれのできる範囲で調理や掃除、後片付けといった役割をこなします。散歩や買い物に出かけたり、イベントを企画したりして、日常生活を楽しく穏やかに暮らせるよう、支援します。特別養護老人ホームなどの大型施設に併設されている場合が多く、入居者は、住み慣れた環境の中で生活を送ることができます。

　一方で、定員が少ないため、入居

149

者同士の相性が悪い、または悪化した場合であっても、柔軟な調整が難しいという特徴があります。

　介護保険を利用できるため、自己負担の月額はそれほど高くありませんが、初期費用として必要になるものとして入居一時金や保証金（敷金にあたるもの）があり、施設によって数十万円から数千万円と大きな開きがあります。利用料は、要介護度に対応して決定され、入居するには認知症であることを示す主治医の診断書とグループホームが立地する地域に居住していることの証明として住民票が必要です。

　グループホームには認知症をわずらっている65歳以上の高齢者のうち、おおむね要介護度1以上の人が入居することができます。ただし、他の入居者と協力して生活することになりますから、暴力行為が激しいなど共同生活に適さない症状を示す場合は入居することができません。また、認知症であっても、その原因となる疾患が、急性の状態にある場合は入居できません。

　中には寝たきりなど重度の介護が必要になった場合には退居を求めるところもありますので、事前に確認しておくとよいでしょう。

　なお、認知症の症状がある要支援2該当者を対象に日常生活上の世話ではなく支援を行い、利用者の生活機能の維持または向上をめざす介護予防認知症対応型共同生活介護というサービスもあります。

## 認知症対応型共同生活介護（グループホーム）のしくみ

| 特　長 | 認知症の高齢者が施設の介護スタッフとともに共同生活する介護サービス |
|---|---|
| 入居対象者 | 共同生活を送る上で支障のない認知症の高齢者<br>要介護認定で要支援2以上の人を対象 |
| 人　数 | 5〜9人 |
| 費　用 | 介護サービス利用料の自己負担分は原則1割。利用料の他に家賃、食材料費、光熱費、敷金などが必要 |
| 施　設 | 原則として個室<br>施設職員の介護サービス計画に基づいて食事や入浴などのサービスが提供される |

# 9 グループリビングをするにはどうしたらよいのか

少人数の高齢者が支援を受けながら居住する新しい形

## どんな特徴があるのか

最近は、65歳を越えて「高齢者」と呼ばれるようになっても、元気な人がほとんどです。70歳、80歳になっても趣味にいそしんだり、現役で活躍したりしている人もいるほどです。

しかし、年齢による心身の衰えは避けられず、ひとり暮らしをしていて突然病気になったらどうしようという不安、日々の家事に対する負担を感じることが増えてきます。子どもとの同居や自立型の有料老人ホームへの入居といった方法が考えられますが、「子どもと同居して迷惑はかけたくない」「施設や老人ホームに入居してルールに縛られるのは抵抗がある」という気持ちを持つ高齢者も多くいます。こうした現状の解決策のひとつとして注目されているのが**グループリビング**です。

## グループリビングのしくみ

グループリビングは制度化されていないため、それぞれの施設によっ

て入居・退去条件、サービス内容、費用や設備も異なりますが、基本的には5〜10人前後の少人数の入居者が個々に住める居室と、リビング、台所、風呂などの共用設備を併設した「グループハウス」に住むことをいいます。グループハウスの入居者は、おおむね60歳以上の比較的健康な高齢者が対象で、個々の生活ペースを尊重する一方、入居者同士で食事をいっしょにとったり、共用空間でおしゃべりを楽しんだりもできます。食事の準備（希望によって毎食提供する施設もあります）や共用設備の清掃などは相互に助け合う他、外部の事業者に委託するなどして運営するところもあります。外出や外泊に関するルールも最低限のものとする施設が多く、他の入居者への配慮やルールに縛られることについて懸念を持つ人でも、心理的な抵抗は軽減されやすいといえます。

諸費用は施設、地域によってさまざまですが、月額費用のみで初期費用が一切かからない施設もあります。

他の高齢者施設より低額であることも多いため、他施設の入居を待つ間にグループリビングが利用されることもあります。

　日本でグループリビングが誕生したのは1980年代といわれ、グループハウスの数はまだ少ないですが、思いをひとつにする高齢者同士が施設を立ち上げて運営はNPO法人に委託したり、社会福祉法人、民間企業や自治体が建設・運営に乗り出したりというケースもあります。介護施設ではないため、24時間の介護体制がない施設がほとんどであり、介護の必要性が高まって共同生活が難しくなった場合は退去とされることがあります。ただ、孤独感や不安感を解消し、人との関わり合いを保ちつつ個々の人生を楽しむことができるという点で、期待の持てる手段だといえるでしょう。

　なお、グループハウスに入居するには、入居者を募集しているところを探す他、その設立を支援するNPOなどに相談し、みずから施設を立ち上げることも一つの方法です。

　ただし、グループハウスには介護保険の適用がないため、他の施設と比べて運営することが難しいという特徴があります。細部までしっかりと検討を行わずに設立すると、安定的な財務基盤や運営を維持できず、短期間で閉鎖せざるを得ない事態に陥る危険性もありますので、十分に注意しましょう。

## グループリビングのしくみ

| | |
|---|---|
| 特　徴 | 比較的元気な高齢者が、いっしょに住み、自発的に助け合って生活すること |
| 入居対象者 | 健康で、身の回りのことを自分でできるおおむね60歳以上の人 |
| 人　数 | おおむね5〜10人 |
| 費　用 | 入居一時金、月額費用、共益費などがかかる。入居一時金が300万円以上の施設もある |
| 施　設 | 施設によって異なるが、個室と共有スペースが分かれている。風呂・トイレなどの設備を個室に備えている施設もあれば、共同生活者で共用するタイプもある |

# 10 サービス付き高齢者向け住宅について知っておこう

見守りサービスなどが受けられる賃貸住宅である

## サービス付き高齢者向け住宅とは

高齢者が安心して生活できる住宅として誕生したものが、**サービス付き高齢者向け住宅（サ高住）**です。

サービス付き高齢者向け住宅は、一定の要件を満たした上で、都道府県から登録を受けた住宅です。登録基準については、「高齢者住まい法」に規定が置かれています。たとえば、入居できるのは、60歳以上の人か要介護・要支援を受けている人と、その同居者に限定されています。また、同居者として認められるのは、配偶者、60歳以上の親族、要介護・要支援を受けた親族に限られます。

## どんなサービスが受けられるのか

サービス付き高齢者向け住宅は、常駐するスタッフが高齢者に対する見守りサービス（安否確認サービスや生活相談サービス）を行うことが必須の要件となっています。

**安否確認サービス**には、①毎日定刻に職員が居室を訪れるなどといった人的なものと、②トイレや冷蔵庫の扉などにセンサーを設置し、長時間開閉がない場合に職員が居室を訪れるといったシステムを活用したもの、③人的なものとシステム活用の両方を併用するもの、などがあります。**生活相談サービス**とは、健康上の悩みや生活上の心配事について相談することができるサービスです。

なお、見守りサービスは、ケアの専門家（医師・看護師・介護福祉士・社会福祉士・介護支援専門員など）が少なくとも日中建物に常駐して、サービス提供することになっています。

以上の要件に加えて、オプションサービスとして、食事のサービスなどの生活支援サービスも提供されています。各住宅において受けられるサービスの具体的な内容は、その住宅ごとに異なりますから、入居前に情報を集めるようにしましょう。全国のサービス付き高齢者向け住宅の情報は、「サービス付き高齢者向け住宅情報提供システム（http://www.satsuki-jutaku.jp）」によって調べることができます。

## どんな場合に選ぶのがよいのか

サービス付き高齢者向け住宅は、健康状態がある程度安定しており、できるだけマイペースに、プライバシーが保たれた生活を送りたいと考えている人に向いている住まいだといえるでしょう。ただし、心身の状態が衰えてくると、サービス付き高齢者向け住宅での生活にはデメリットが増えてきます。介護が必要になった場合は訪問介護などを利用することになるため、いつでも手厚い介護を受けられるというわけにはいきません。

また、介護度が重くなると自己負担額が増え、他の施設への住み替えが必要になる場合もあります。そこで、元気なうちはとりあえずサービス付き高齢者向け住宅に住み、自分の健康状態の様子を見ながら、必要に合わせて他の施設への住み替えも検討するのもよいでしょう。

## 入居条件と入居時にかかるお金

入居条件は、入居契約（契約の内容でいうと賃貸借契約）で必要事項を確認します。とくに、後々のトラブル防止のため、契約の解除事由や更新拒絶事由の条項はよく確認しておくようにしましょう。

サービス付き高齢者向け住宅に入居するときには、高額な一時金を支払う必要はありません。ただ、一般的には、敷金として家賃の2〜3か月分を支払うことになります。また、毎月の家賃、管理費、水道光熱費を支払う必要があります。月々の料金の目安としては、8万円から15万円程度の金額になることが多いようです。ただし、居室の面積や所在地（立地の良さや地域など）によって料金は大きく異なりますので、注意が必要です。食事などのオプションサービスを利用する場合には、さらにその費用も加わることになります。

### サービス付き高齢者向け住宅の要件

| 身体状況 | 自立（60歳以上） / 要支援 / 要介護 | | |
|---|---|---|---|
| 付帯サービス | 安否確認 / 生活相談 | | 食事（オプション） |
| 床面積 | 25㎡以上 | | |
| 主体 | 民間企業 | 社会福祉法人 | 医療法人 |
| 根拠法 | 高齢者住まい法 | | |

# 11 その他の高齢者が入居できる施設や住宅について知っておこう

**高齢者向け公営住宅などがある**

## 介護医療院とは

　**介護医療院**は、かつての介護療養型医療施設（介護サービスも提供する医療施設）が果たしてきた、重度の要介護者の看取りやターミナルケアなどの他、利用者が生活することも可能な施設です。

　基本的な役割は、介護療養型医療施設と同様です。手術や集中投薬などの治療を行った後、患者の状態が安定すると、退院を求められる高齢者の受け皿として機能し、介護老人保健施設のように短期間集中してリハビリテーションを行い在宅復帰も難しいような高齢者が対象となります。

　介護医療院が創設された背景には、医療療養病床と介護療養病床を明確に分けたいという国の方針があります。そのため、これまで介護療養病床を担っていた介護療養型医療施設が2023年までに廃止され、介護医療院などに転換しなければなりません。

　介護療養型医療施設との大きな違いは、「生活の場」を提供する点に違いがあります。居室の面積は介護

療養型医療施設と比べ広く設定されており、レクリエーションルームも設置しなければなりません。

　介護医療院を利用できるのは要介護者で、要支援者は利用することはできません。介護医療院は、現行の介護療養型医療施設相当に該当するⅠ型、介護老人保健施設相当に該当するⅡ型があります。それぞれ、医師や看護師、介護職員の人員基準が異なり、Ⅰ型の方が、医師や看護師の配置が手厚い施設になります。

　介護医療院に入所する場合の費用についても、入所一時金はかかりません。月額費用は介護療養型医療施設と大きな違いはなく、本人またはその家族の世帯収入に応じて定められます。たとえば、要介護3で介護保険一割負担である高齢者が多床室に入所した場合の費用は、介護保険の給付対象となる介護サービス費が3万5000円前後となります。さらに、居住費が月額1万円前後、食費が4万円前後、クリーニング費やレクレーション費などに1万円かかる

として、総合すると月額で最大10万円前後となります。個室を希望する場合には4万円、ユニット型個室の場合は5万円ほど多く見積もっておく必要があるでしょう。

## 養護老人ホームとは

**養護老人ホーム**とは、緊急的な理由があるために、養護する必要のある高齢者に対して、行政（市区町村）が措置として入居させる施設です。

たとえば、家族などから虐待を受けている、住む場所がなくホームレス状態で生活をしている、生活保護を受けているが経済的に自宅での生活を続けることが難しい状態である、というような問題を抱えた65歳以上の人が入居の対象になります。また、原則として、身の回りのことは自分でできることも入居の条件になります。ただし、介護が必要な場合に在宅サービスを受けることは可能です。

養護老人ホームと他の施設との大きな違いは、行政の「措置」によってのみ入居することができるという点です。利用者が気に入った施設を選んで契約する、という方法をとることはできません。

また、利用者が経済的に問題を抱えていることも入居の条件となりま

す。あくまでも、入居者の社会復帰を促進し、自立した生活を送ることができるようにすることが、養護老人ホームの目的だからです。

なお、養護老人ホームに入所した場合、入居一時金はかかりません。ただし、毎月の利用料は支払う必要があります。利用料は、入居者本人や扶養義務のある家族の世帯年収と課税状況を基準として決定されますが、月に0～10万円程度であることが一般的です。

## 公営住宅は安いのが特徴

都道府県や市町村といった地方公共団体が供給している公営住宅は、高齢であることを理由に入居申込みの拒否をすることはありません。家賃は収入に応じた負担となっているので、経済的に不安のある人も安心して入居することができます。

最近はバリアフリーや生活支援員の配置といった高齢者向けの配慮をしている**高齢者向け公営住宅（シルバーハウジング）**もありますので、必要に応じて探してみるとよいでしょう。なお、シルバーハウジングの場合は、60歳もしくは65歳以上の単身世帯か、夫婦世帯であることが入居の条件となります。ただ、公

営住宅は申込みに所得制限がある他、入居は抽せんになることがほとんどです。このため、立地がよいなどの理由で人気の高い公営住宅に入居するのは、容易ではありません。さらに、介護が必要な状態になった場合には、介護保険制度を利用して居宅介護サービスを受けるか、介護付きの老人ホームに入居しなければなりませんので、その点も考慮しておいた方がよいでしょう。

## その他どんなものがあるのか

この他、高齢者が入居できる公的な賃貸住宅としては、次のようなものが考えられます。これらの住宅には、とくに高齢者向けの設備などは備わってないことも多いのですが、高齢を理由に入居申込みを拒否されるようなことはありませんので、検討してみるとよいでしょう。

### ・特定優良賃貸住宅（特優賃）

特優賃は、都道府県等地方自治体の認定を受けた賃貸住宅で、地方自治体の他民間事業者が供給しています。入居条件として年間所得の範囲が定められており、主に中堅所得者を対象としています。所得によっては家賃補助を受けられる場合もあります。

### ・公社賃貸住宅

各都道府県の住宅供給公社が供給している賃貸住宅で、入居を申し込

## 介護医療院

**介護医療院**

病院や診療所などのうち、入院している介護が必要な人に対して、療養上の管理、看護、医学的管理が必要な介護ケアの他、機能訓練や生活の場を提供する施設（2018年に新設）

かつての介護療養型医療施設と類似の役割を担う

∵介護療養型施設では、医療が不要な利用者が、長期間に渡って利用している実態が問題視（社会的入院）

⇒介護医療院は長期的な医療と介護双方のケアが必要な利用者のニーズに、適切に応えることができ、生活する場としての機能を持つ

　∴社会的入院の問題を回避できる

　　※ただし2023年度末まで介護療養型医療施設も残置される

むためには一定の収入を得ていることが必要とされています。ただ、60歳以上の高齢者の場合、収入基準に満たなくても、一定の要件を満たせば申込みが可能になっています。なお、原則として家族での入居が条件となりますが、単身でも申込みができるところもあります。

### ・UR賃貸住宅

UR都市機構が供給している賃貸住宅で、一定の収入を得ている人であれば単身者でも入居を申し込むことができます。また、60歳以上の高齢者の場合、月の平均収入額が基準に満たなくても、一定の要件を満たせば申込みが可能になっています。

## 介護付き有料老人ホームと何が違うのか

「高齢者住宅」を名乗るのに法的な規定はありません。広い意味では有料老人ホームも高齢者住宅に含まれるということになるでしょう。

一方、介護付き有料老人ホームとは、県などの自治体から「特定施設入居者生活介護事業者」の指定を受けた施設のことです。この指定を受けると、ホームの運営事業者が介護保険を使って介護をすることができます。介護付き有料老人ホーム以外の高齢者住宅では、介護が必要な状態になった場合に、介護保険を使って介護サービスを受けようと思ったら、外部の事業者と別途契約しなければなりませんから、この点が大きな違いだといえます。

介護を受ける前からよく知っていて信頼のおける職員に介護を頼めるということは、大きな安心につながります。衛生管理や安全面といったことも考えると、介護付き有料老人ホームの方がより万全の体制を整えているということになるでしょう。とはいえ、ホームの職員から介護を受けても、外部の事業者と契約して介護を受けても、実態としてはあまり変わりはありません。介護付き老人ホームではない高齢者住宅には、入居一時金や管理費といった費用は比較的安価に抑えられる、ホームのルールに縛られず自由に生活することができる、といった利点もありますので、あえてこちらを選択するという高齢者も多いようです。ただし、高齢者住宅の場合、要介護度が高くなると退居を求められることもあるので注意が必要です。

# 第 5 章

# 成年後見制度のしくみ

# 1 法定後見制度について知っておこう

**本人の保護の程度で利用する制度を選ぶことができる**

## 法定後見制度とは

　精神上の障害などの理由によって本人の判断能力を欠くかまたは不十分となったときに、親族などの申立てによって本人を支援するために利用される制度が**法定後見制度**です。法定後見制度で行われる申立てとは、本人を支援する成年後見人等の選任を家庭裁判所に対して求めることです。申立てを受けた家庭裁判所は、成年後見人等を選任します。

　家庭裁判所に選任された成年後見人等が本人を支援する内容は、法律が定める類型によって３つに分かれています。この３つの類型は、「後見」「保佐」「補助」です。「後見」「保佐」「補助」という類型は、本人の保護を図る上で、本人に残されている判断能力の状況に合わせて柔軟な対応がとれるように考えられた類型です。

　選任される成年後見人等もこの類型に従って、「成年後見人」「保佐人」「補助人」に分かれます。「成年後見人」「保佐人」「補助人」を総称して「成年後見人等」と呼びます。

　本人を支援するために、成年後見人等には、類型やそのケースごとにあわせた権限が与えられます。成年後見人等に与えられる権限には、「代理権」「取消権」「同意権」があります。

　**代理権**とは、売買契約や賃貸借契約などの法律行為を本人に代わって行うことができる権限です。**同意権**とは、本人が契約などの法律行為を行うときに、その行為について同意することができる権限です。**取消権**とは、本人が行った法律行為を、取り消すことのできる権限です。成年後見人等に与えられる権限は、利用する制度の類型によって異なります。同じ類型でもどの種類の権限をどの範囲まで行使できるかは、本人の状況を考慮して考えることになります。

## 本人の財産管理と身上監護を行う

　成年後見人等は、本人の財産管理と身上監護を行います。

　**財産管理**とは、本人の財産を維持すること、管理することです。**身上監護**とは、本人が生活をする上で必

要になる、主に衣食住に関する事柄についての手配などを行うことで、実際に介護などを行うことは含まれません。

　法定後見制度を利用する場合、本人の財産管理についての権限を誰が持っているかという点で、通常の場合とは異なる場面が出てきます。たとえば土地の売買契約などを本人と行ったところ、後から成年後見人等によって契約を取り消されるようなケースが考えられます。これでは、契約の相手方も安心して契約を行うことができません。

　そこで、成年後見人等に与えられている権限の範囲について、契約する相手方にもわかるようにしておく必要があります。この点、かつての禁治産・準禁治産制度では、本人の状況について、戸籍に記載すること

で対応していました。契約の相手方は、戸籍の内容を確認することで、後から契約を取り消される危険を回避することができたわけです。しかし、戸籍にこうした情報が記載されることは、差別や人権侵害につながるとして、問題視されていました。

　この問題を解決するため、法定後見制度では、戸籍に記載するという方法を改め、**登記制度**を採用しました。成年後見人等は、自分に権限があることを登記しておくことにより、相手にその権限の範囲を証明することができるわけです。この登記内容は、土地や建物などの登記とは違い、第三者が自由に確認できるものではありません。本人や本人の配偶者、成年後見人等など、一定の権限のある者でなければ、登記事項証明書の発行を申請することができません。

## 成年後見制度のポイント

| 理念 | 本人の自己決定の尊重と本人の保護の調和 |
|---|---|
| 支援の内容 | ・財産管理（本人の財産の維持・管理）<br>・身上監護（生活に関する手配、療養・介護の手配など） |
| 支援の類型 | ・法定後見制度<br>　後見、保佐、補助（本人の判断能力の程度に対応）<br>・任意後見制度<br>　本人が契約によって後見人を選任 |
| 公示方法 | 登記制度による（戸籍への記載は廃止） |

# 任意後見と法定後見はどこが違うのか

## 権限や報酬・費用の点で違いがある

### 後見人等の選任方法と後見開始の条件

法定後見制度の場合、申立時に成年後見人等の候補者を推薦することはできますが、最終的に決定することはできません。成年後見人等を最終的に選ぶのは**家庭裁判所**です。

他方、任意後見制度の場合、本人は任意後見人になってもらう人（任意後見受任者）を自由に探してきて契約（任意後見契約）を結ぶことができます。

ただし、任意後見契約の効力が発生するのは、本人の判断能力が衰えて、実際に任意後見監督人を選任した段階です。任意後見監督人を選任する段階で任意後見受任者が任意後見人に適さないと判断された場合、この選任自体が却下されます。

また、契約を結んだときには信頼していた相手でも、実際に判断能力が落ちてきた段階では、その任意後見人が本人に不利益を与える存在となっていることもあります。そのような状況で、本人がそのまま任意後

見契約を実現したいと願ってそのとおりにしたとしても、本人の保護につながりません。

任意後見制度では、こうした点を考慮して、任意後見開始時に任意後見人の適格性を確認し、任意後見監督人を選任することで、本人の意思の尊重と保護を図っています。

### 報酬と費用について

法定後見制度で成年後見人等に選任された場合、成年後見人等の報酬は、家庭裁判所の報酬付与の審判でとくに定められない限り、原則として無償です。成年後見人等は、報酬付与の申立てを行い、報酬を得ることができます。申立てを受けた家庭裁判所は、本人の財産の状況や成年後見人等の職務内容の難しさなどから報酬を支払うべきかどうかや報酬額を判断します。成年後見人等に報酬を支払うのが妥当であると判断した場合、家庭裁判所は報酬付与の審判を行います。

報酬は後払いが原則で、成年後見

人等がその職についてから約1年経過後に支払われることが多いようです。報酬額については、本人の財産から支払うことになるため、本人の財産の状況なども判断材料として妥当な金額を決定します。成年後見人等が職務を行う際に生じた費用などは、速やかに本人に請求し、その財産から支払いを受けることができるようになっています。成年後見監督人等への報酬や費用の支払いも成年後見人等と同様に行われます。

一方、任意後見制度の任意後見人の報酬額や支払方法を定めるのは、法定後見制度とは異なり、家庭裁判所ではありません。報酬額や支払方法は、あらかじめ本人と任意後見受任者との間で交わされた任意後見契約で定められています。

任意後見受任者が任意後見人となって職務を行った場合、任意後見契約で定められた方法に従って、本人の財産から報酬が支払われます。職務を行う際に生じた費用なども、本人の財産から支払われます。

ただし、任意後見監督人については、家庭裁判所が審判によって報酬額を決定し、本人の財産の中から支払われます。その際、家庭裁判所は本人と任意後見人の財産の状況やそ

の他の事情を考慮して報酬額を定めます。

## それぞれの後見人の権限の違い

任意後見制度における任意後見人と、法定後見制度における成年後見人・保佐人・補助人は、それぞれ与えられる権限が異なります。

ここでは、任意後見人と成年後見人・保佐人・補助人の権限の種類と範囲について比べるとともに、どのような場合に、それらの制度を利用すべきかを考えてみましょう。

### ① 成年後見人と任意後見人

本人の財産管理に関する包括的な代理権が与えられているという点では、成年後見人はもっとも強力な権限を持っていますが、任意後見人が持つ権限も代理権です。

代理権が及ぶ法律行為については本人と任意後見受任者との間で自由に決めることができるため、成年後見人が持つ権限と同等の範囲の代理権を任意後見人に与えることもできなくはありません。ただ、任意後見の場合には契約時に作成する代理権目録に、任意後見人が持つすべての権限を書かなければなりません。

なお、法定後見制度は、実際に本人の判断能力が落ちていなければ利

用することができません。

　したがって、包括的な代理権を後見人に与えたい場合で本人の判断能力に問題がない場合には任意後見契約を結び、本人の判断能力が不十分な場合には、法定後見制度の利用を考えるのが妥当です。

② 　保佐人と任意後見人

　保佐人には同意権・取消権が認められており、その権限は民法が定めている重要な行為に及ぶのが原則とされています。さらに、同意権・取消権が及ぶ範囲を広げることもできますし、別に代理権を与えることもできます。一方、任意後見人に認められるのは代理権のみで、同意権や取消権は認められません。代理権だけでなく同意権や取消権も与えたい場合には保佐制度の利用を考えるとよいでしょう。

　ただ、成年後見人の場合と同様に、本人の判断能力が不十分でなければ保佐制度を利用することはできません。

③ 　補助人と任意後見人

　補助人は法定後見の中では本人の意思がもっとも尊重されています。

　補助開始の審判だけでは補助人には何の権限も与えられませんから、別途補助人にどんな権限を与えるかを選んで、家庭裁判所に申し立てる

ことになります。補助人に与えることのできる権限は、代理権、同意権・取消権のどちらか一方でも両方でも可能です。より広い範囲の権限を補助人に与えるという点から考えると、補助の方が任意後見よりも利用しやすいといえます。

　本人の判断能力が十分なうちは、他の類型と同様、補助の利用はできませんので、任意後見契約を結んでおくことになるでしょう。

　ただ、補助は他の類型より本人の判断能力についての判断はかなり緩やかで、鑑定も必要とされません。場合によっては、補助を利用する方が柔軟な運用ができるでしょう。

　結局、事前に後見人等にまかせる内容を定めておきたい場合には、任意後見制度を選び、実際に判断能力が不十分になりつつある場合には、本人の心身の状況と後見人等にどんな権限をどの程度与えたいのかによって判断することになります。

## 任意後見と法定後見の関係

　任意後見と法定後見は判断能力を欠くか判断能力が不十分な人を支援する制度ですが、両方の制度を同時に利用することはできません。

　また、法定後見の3つの類型も併

用できません。たとえば、同じ人を支援するために成年後見人と保佐人を同時につけることはできないのです。

任意後見と法定後見の制度を同時に利用することはできないので、任意後見契約を結んでいる人について、後見（保佐・補助）開始の審判の申立てが行われても、原則として家庭裁判所は申立てを却下します。

また、後見（保佐・補助）開始の審判をすでに受けている人について、任意後見監督人選任の審判が申し立てられた場合、家庭裁判所は原則として任意後見監督人の選任を行い、後見（保佐・補助）開始の審判を取り消します。

このように、本人の意思を尊重する理念から、任意後見制度が法定後見制度よりも優先されます。ただし、任意後見制度を優先させるよりも、法定後見制度を利用した方が本人のためになると判断できるような事情があった場合には、この限りではありません。

たとえば、本人を支援するには代理権だけでは不十分な場合です。任意後見契約では任意後見人には代理権しか与えることができません。

一方、成年後見人等には、代理権の他に同意権や取消権を与えることができます。このような場合には、法定後見制度を利用する方が本人の利益のためになるといえます。

任意後見契約で任意後見人に与えられた代理権の範囲があまりに狭いような場合も同様です。

## 後見人等に支払う報酬

| | 報　酬 | 報酬の額及び支払方法 |
|---|---|---|
| 成年後見人等・成年後見監督人等 | 原則：無償<br>例外：家庭裁判所の報酬付与の審判により本人の財産の中から支払われる | 家庭裁判所の審判により定める |
| 任意後見人 | 任意後見契約の定めに従う | 任意後見契約により定める |
| 任意後見監督人 | 本人の財産の中から支払われる | 家庭裁判所の審判により定める |

# 成年後見人等にはどんな人がなれるのか

## 特別な資格は必要ない

### 成年後見人等を選任する

　成年後見人・保佐人・補助人（成年後見人等）は、法定後見を必要とする人を支援する重要な役割を担っています。成年後見人等は、後見開始・保佐開始・補助開始の審判の手続きを受けて、家庭裁判所によって選任されます。申立ての際に配偶者や親族など成年後見人等の候補者がいる場合は、申立書に候補者を記載して提出しますが、家庭裁判所の判断により選任するため、必ずしも候補者である配偶者や親族が成年後見人等に選ばれるわけではありません。

　家庭裁判所が選任する際には、調査官が中心となって調査を行い、本人の意見も聴いた上で、成年後見人等として適切な人を選びます。

　家庭裁判所は、本人の心身や生活、財産の状況も考慮します。成年後見人等の候補者がどんな仕事をしているか、本人との利害関係がどうなっているか、という点にも注意します。その他のさまざまな事情を考慮した上で、最終的に成年後見人等が選ば

れます。また、候補者が成年後見人等に選任された場合でも、親族間で意見の対立があったり、本人の財産の種類が多く額も大きい場合など、成年後見人等だけでは適切に管理等を行えるか不安があったり難しいと裁判所が判断した場合には、職権により成年後見監督人等が選任される場合もあります。

　成年後見人等になるには、とくに資格などは必要ありませんが、なることのできない人もいます。成年後見人等になれない人とは、たとえば、以前に成年後見人等を解任されたことがある人や、未成年者、破産者などです。

　成年後見人等の候補者や法定後見の内容について親族間での意思の統一が図られているような場合には、候補者を立てた上で候補者についての必要書類も準備して申立てを行った方が、法定後見の開始時期が早まる可能性があります。

　しかし、親族間で意見がまとまっていない場合や適切な候補者が見当

たらない場合には、候補者を立てずに申立てを行うこともできます。

候補者を立てずに法定後見の申立てを行った場合、家庭裁判所が申立人から事情を聴いたり本人の意向を聴いて、さまざまな事情を考慮した上で、成年後見人等に適した人を選任します。

## 成年後見人等の人数

成年後見人等の仕事の範囲が広すぎて、一人で行うには不適当な場合もあります。たとえば、本人所有の不動産などの財産が、離れた場所にいくつかあるような場合です。また、本人が入所している福祉施設が自宅から遠いような場合、福祉施設で必要になる生活費用や施設への支払いといった財産管理と、自宅の財産管理を一人で行うには負担が大きい場合なども考えられます。このような場合には、各地の財産管理を、複数の成年後見人等に分担して、まかせることもできます。

財産管理は1か所ですむ場合でも、成年後見人等が行う仕事内容が、財産管理だけでなく、身上監護や法律問題の対応など、いくつかの専門性のある内容に分かれているような場合もあります。

このような場合には、複数の専門家がそれぞれの専門分野を担当する成年後見人等に選任される場合もあります。このように、法定後見制度では、一人の人を支援するための成年後見人等が、複数の人で構成されることもあります。

---

## 成年後見人等を選ぶ際の判断材料の例

- 心身・生活・財産上の本人の状況
- 本人の意見
- 成年後見人等の候補者の経歴・職業・法人の場合の事業の内容
- 成年後見人等が法人の場合には、その法人の代表者と本人との利害関係
- 成年後見人等の候補者が、未成年者や行方不明者・破産者ではないこと
- 成年後見人等の候補者やその親族等が本人に対して訴訟を起こしていたり起こしたことが過去にないこと

# 後見人等の義務・仕事について知っておこう

**本人の意思を尊重しつつ、本人の身上を配慮する義務がある**

## 成年後見人等に課せられている義務

成年後見人等は、本人の法律行為に関する強力な権限を持つと同時に、本人に対する意思尊重義務と身上配慮義務を負います。

**意思尊重義務**とは本人の意思を尊重することで、**身上配慮義務**とは本人の状態や状況を身体、精神、生活の面において配慮することです。成年後見人等は、本人に対する義務以外にも、家庭裁判所によって自身の仕事の状況を家庭裁判所に報告することを義務付けられることがあります。また、家庭裁判所だけでなく成年後見監督人等による監督も受けます。

なお、本人が住んでいる土地建物の処分などを行う場合には、家庭裁判所の許可が必要です。また、すでに他人に賃貸している土地建物について、その賃貸借契約を解除する場合も、家庭裁判所の許可が必要です。

## 成年後見人等に就任するとどんなことをするのか

各種の後見開始の審判が確定すると、後見の種類・後見人の氏名・住所・被後見人の氏名・本籍住所などが登記されます。続いて、本人の財産を特定します。不動産、預貯金、有価証券などは、名義を確認することで本人の財産であるか否かを特定することができます。ただ、性質上名義を確認できないものや、本人が他の人と同居している場合には、その区別に注意を要します。マイナスの財産（ローンなど）についても把握する必要がありますので、通帳の引き落とし履歴や金融機関からの郵送物などを確認するようにします。

一通りの財産を特定後、家庭裁判所から送付された財産目録（初回報告）の該当する箇所に記載し、裏づけとなる資料（通帳のコピーや不動産の権利証など）を保管します。

次に、関係機関（金融機関や市区町村など）へ後見人の届出をします。提出する届出の様式や添付する書類

等は、各関係機関によって異なりますから、電話などで担当者に確認するとよいでしょう。成年後見登記事項証明書、後見人の印鑑証明書、後見人の身分証明書、後見人の実印等はよく使用するため、必ず準備しておきましょう。

最後に、本人の生活状況と経済状況を把握し、今後の方針を検討しつつ、年間収支予定表（初回報告）を作成します。これらすべてが終了した後に、家庭裁判所に必要書類を提出し、最初の報告を行うことになります。

なお、家庭裁判所に対する最初の報告は定められた期限を守って、必要書類を提出しなければなりません。しかし、定められた期限にこれらの書類を提出することが難しい事情がある場合には、連絡票に提出が間に合わない理由・提出が可能になる見込み時期を記載して、家庭裁判所に送付する必要があります。

## ■就任中の仕事と定期的な報告

成年後見人等は初回の報告後も、毎年一定の時期に裁判所に対して、後見事務に関する報告をしなければなりません（定期報告）。後見人等は必要書類を備えて、裁判所に対して持参または郵送により定期報告を

行います。

定期報告では、後見事務等報告書（定期報告）を提出しなければなりません。後見事務等報告書は、質問事項に解答する形式をとられていることが多く、本人の身上に関する事項（健康状態等の変動の有無など）や財産状態の変更の有無等について、報告を行います。

また、初回の報告と同様に定期報告においても財産目録（定期報告）の提出が求められます。とくに定期報告においては、財産の内容に変化があったことを報告する目的がありますので、財産の内容に変化があった項目についてはもちろん、変化がなかった財産も含めて、本人の現在の財産状態をすべて記載する必要があります。財産として重要な預貯金や現金の記載は必須項目といえ、預貯金や現金を管理している人を明確にしなければなりません。

さらに、定期報告では、後見人等が行った後見事務等の足跡を示すことに意義があり、必要に応じて収支状況報告書の提出が求められることもあります。後見人等は、後見事務に必要な収支に関しては、必要書類を保管しておき、提出が求められた場合に備えておく必要があります。

## 後見人の任務が終了する場合とは

原則として、下図の事由が生じた場合、後見人の任務は終了します。

## 任務終了時の手続きについて

後見人が辞任する場合は辞任の申立てをしますが、その他、後見人の死亡以外の理由で終了する場合は、次のような手続きをとります。

本人が死亡した場合には、家庭裁判所に連絡して除籍謄本などの必要書類を提出し、法務局には後見終了の登記申請書を提出します。本人の財産については、収支を計算した上で財産目録を作成し、相続人や後見監督人に報告するとともに財産を相続人などに引き継ぎます。後見人が変更となる場合は、本人か後任者に財産を引き継ぎます。

このように、後見人が死亡したときを除けば、後見人の任務終了時には、必ず「管理してきた本人の財産の引き継ぎをする」という作業が必要になります。これは大変重要な作業になりますから、引き渡す相手や内容を間違えないよう、正確に対応しましょう。また、すべての事務が終了したら、最終的に家庭裁判所に報告することも必要になりますので、この点も忘れずに行うようにしましょう。

なお、後見人自身が死亡した場合には、速やかに後任の後見人が選任されることになりますが、財産の引き継ぎは、死亡した元後見人の親族が行うことになります。

### 成年後見人等の任務が終了する事由と財産の引き継ぎ

| 任務終了の事由 | 財産を引き継ぐ相手 |
| --- | --- |
| 後見開始の審判の取消し | 本人 |
| 本人の死亡 | 遺言あり：遺言執行者など |
| | 遺言なし：相続人 |
| | 遺言・相続人なし：相続財産管理人 |
| 後見人の死亡 | 後任の後見人（元後見人の親族から） |
| 解任 | 後任の後見人 |
| 辞任 | 後任の後見人 |

## 5 財産管理や費用請求の問題点について知っておこう

### 本人のための支出は原則として本人の財産から支払われる

### 交通費として認められる場合とは

成年後見人が本人のために職務を遂行する上で交通費を支出した場合、この交通費については原則として本人の財産から支払われます。具体的には、後見事務を行うのに病院や金融機関、法務局などに出向く必要があった場合に、それにかかる交通費などが該当します。

この交通費は、公共の交通機関を利用した場合が想定されています。したがって、電車やバス、地下鉄などの乗り物を利用した場合にかかった交通費については認められます。一方、タクシーの利用については、利用せざるを得ない事情がない限り、認められにくいといえます。

### 本人のために車を購入した場合

通常、成年後見人は後見事務を行う際に必要があって支払った費用などについては、本人の財産から支払いを受けることができますが、どのようなものでも認められるわけではありません。仮に、成年後見人が後見事務に伴って何らかの費用を支出したとしても、それが適切なものと認められない場合には、本人の財産から支払いを受けられない場合もありますから、注意が必要です。

本人のために車を購入する場合も同様で、それが単に本人の介護や送迎のために購入した、というだけでは適切な支出と認められない可能性が高いといえます。ただ、車がなければ本人が介護を受けられない場合やバスなどの公共の交通機関が利用できない状況で通院などの度にタクシーを利用しなければならない場合には、車を利用した方が経済的なこともあります。このような場合には、車を購入することも適切な支出と認められる可能性があります。

### 本人のための支出に含まれるものとは

本人のための支出については、原則として本人の財産から支払うことができます。ただ、財産には限りがありますから、本人にとって適正な

支出であることはもちろん、有効に利用する必要があります。

そのためには、常に支出の状況を把握して、支出内容を証明できる領収書などを保管するとともに、本人のために成年後見人が支出した分と第三者が支出した分を明確に区別するようにしなければなりません。本人と成年後見人等が親族であるような場合には、つい財産管理があいまいになりがちです。しかし、本人のために設けられた成年後見制度における成年後見人という地位に基づいて、本人の財産管理を行っている以上、そのようなことは許されません。

本人の財産から支出する場合には、それが①適正な支出であること、②一般的な常識と本人の財産状況に従って誰もが納得できるような支出であること、が必要です。

**適正な支出**とは、本人の医療費、施設費、税金、社会保険料、財産の維持管理費、負債の返済費用、本人の身上監護のために必要な費用、後見事務や後見監督のために必要な資料収集費用などです。本人と本人の被扶養者の生活に必要な費用も当然適正な支出です。

なお、後見や保佐開始の申立てをする際に、本人の判断能力などを専門的に判断するために、鑑定人による鑑定がなされます。この鑑定も本人のための支出といえそうですが、鑑定にかかる費用については、原則として、申立人が負担することになっています。ただし、特別の事情がある場合は家庭裁判所へ申し立てることで本人の財産から負担することもできる場合があります。

## 複数の収入がある場合の注意点

本人の年金や家賃の受取口座が複数ある場合には、1つの口座にまとめるようにした方が管理は楽です。

まとめる際には、振り込まれる金銭が家賃や年金そのものである場合には問題ありませんが、何らかの手数料や費用などが差し引かれた後の金銭が振り込まれている場合には、後に収支がわからなくならないように、明細書などをつけて、その金額が何の金額なのかを明らかにしておくようにした方がよいでしょう。

家賃などの場合には、管理業者などの手数料が引かれている可能性があるので注意が必要です。

## 親子であれば口座の引き落とし手続きができるのか

認知症の親の介護をしている子や、

知的障害のある20歳を過ぎた子（親の親権の及ばない子）の世話をしている親は、「親子関係にあるのだから本人の財産管理をしても問題ないだろう」と思いやすい傾向にあります。しかし、「親」や「子」ということだけで、本人の財産を管理することはできません。

たとえば、親に認知症の症状がある場合、親の財産として年金などが親の口座に振り込まれることがあります。子が、この年金を親の生活費に充てるため、必要な額を引き出そうと考えた場合であったとしても、親の口座から自由に引き落としを行うことはできないのです。引き落としだけでなく、銀行での取引全般についても同様のことがいえます。

このような場合、成年後見制度を利用して、子を成年後見人に選任することで親の財産の管理などをすることができます。親が判断能力があるときに任意後見契約を結んでいるケースでは、両方の制度を同時に利用することはできないため、調整することになるでしょう。

## ■ 預貯金口座の管理について

預貯金の口座を管理する場合、本人名義のまま、本人の届出印のままで管理することはできません。必ず、本人の口座がある金融機関の支店に成年後見の届出をする必要があります。

通常は、「○○○○成年後見人△△△△」というように名義変更をすることになります（○○○○の部分には被後見人の氏名、△△△△の部分には成年後見人の氏名が入ります）。複数の預貯金口座があって管理が大変な場合には、できる限り1つの銀行口座にまとめるようにします。その際には、入出金の状況に注意して口座を閉じた後に不都合が生じないようにする必要があります。預貯金以外の金融商品の口座については、本人の財産が保護されるかどうか、という観点から、慎重に取り扱う必要があります。

成年後見人として本人の財産を管理することになった場合には、本人の支出・収入・預貯金について確認する必要があります。銀行の通帳などで確認することになりますが、その際、過去にさかのぼってどのようなものが引き落とされているのかを確認する必要があります。最近は公共料金や商品の代金の支払いをクレジットカードで行うケースが増えていますが、ショッピングクレジット

やお店で行われている分割払いなどのようにクレジットカードの請求とは別の品目が自動引き落としされるケースもあります。

また、商品を借りる契約を締結している場合にはリース料などが引き落とされていることも考えられます。口座から一定額の引き落としが定期的になされている場合には、その根拠となる契約書を探し、契約内容が適切かどうかを確かめる必要があります。不要な契約は解除するようにしましょう。そうした書類が一切ない場合には、相手方に問い合わせて取引内容を確認するようにします。高齢者を狙った悪質業者による被害が増加していますから、本人が被害に遭っていないかを確認するようにすることが大切です。

## 不動産を処分する場合の注意点

成年後見人には後見事務を行う際に包括的な権限が与えられています。したがって、成年後見人が本人の不動産を処理する場合、それが本人にとって必要な場合には認められます。

ただ、その不動産が居住用の不動産である場合には、家庭裁判所の許可が必要になります。居住用の不動産とは、本人が現に住んでいたり今後帰宅する可能性がある住居とその敷地のことです。仮に成年後見人が家庭裁判所の許可を得ずに本人の居住用の不動産を処分してしまった場合、その行為は無効となります。

なお、不動産の処分とは、売却、抵当権の設定、賃貸などをいいます。

## その他こんなことに気を付けよう

成年後見人には、本人の財産を守る任務があります。したがって、財産が不必要に減るような事態は避けなければなりません。しかし、本人のためだからといって、危険を冒してまで、積極的に財産を増やそうとする必要はありません。たとえば、定期預金で管理している金銭を、元本保証のない投資信託などに切り替えた場合、一時的に本人の財産が増えたとしても、将来的には財産を減らしてしまう可能性があります。このような行為は、財産を適正に管理するという義務に違反します。適正な管理を怠り、本人に損害が生じた場合、後見人は損害賠償責任を負います。たとえ、親子など身内の間柄であっても、後見人としての行為は免除の対象になりませんから、十分に注意して管理するようにしましょう。

# 6 後見人等を監視する制度もある

### 本人の不利益の有無を監督する成年後見監督人と任意後見監督人

## 成年後見監督人とは

　成年後見人等に与えられた権限が適切に行使されない場合には、本人に不利益が生じてしまうおそれがあります。このため、成年後見人等の活動状況をチェックする人が不可欠になります。成年後見人等を監督するのは、通常は家庭裁判所です。家庭裁判所以外では、成年後見監督人・保佐監督人・補助監督人が成年後見人等の活動を監督する役割を担います。

　**成年後見監督人等**は、本人や本人の四親等内の親族、成年後見人等の申立てを受けて選任されます。家庭裁判所の職権で選任されることもあります。

　ただし、家庭裁判所は、成年後見監督人等を選任する際に、成年後見人等との間に利害関係がないか、注意して選任します。具体的には、成年後見人等の配偶者や直系血族、兄弟姉妹などが除外されます。

　この他、未成年者や破産者、それまでに成年後見人等を解任された経験のある人なども除外されます。

　一度成年後見監督人等になると、辞任するには家庭裁判所の許可が必要になります。家庭裁判所が許可するのは、辞任に正当な事情や理由がある場合に限られます。

## 成年後見監督人の仕事

　成年後見人等の職務遂行状況を把握するため、成年後見監督人等は、成年後見人等に対して定期的な報告や必要な資料の提出を求めます。

　そして、成年後見人等による財産の私的流用や横領があった場合（不正な行為）、成年後見人等の行いが、成年後見人等として不適格だと判断できるほどに著しく悪いような場合で、本人の財産管理をそのまま続けさせるのが危険だと判断した場合（著しい不行跡）、不正な行為とまではいかなくても、成年後見人等が権限を濫用したり、財産管理の方法が不適当だと思われる場合や任務を怠った場合（後見の任務に適しない事由）などの成年後見人等に解任すべき事由があるときは、家庭裁判所

に成年後見人等の解任の申立てを行うことができます。

成年後見監督人等が判断するのは、本人の財産の管理についてだけではありません。成年後見人等が死亡した場合や破産手続開始決定を受けた場合には、すぐに成年後見人等の後任者を選任するように家庭裁判所に申し立てなければなりません。緊急時には、成年後見人等に代わって必要な職務を行うことも成年後見監督人等の職務です。

また、本人と成年後見人等の利益が相反する状況になった場合には、成年後見監督人等は成年後見人等に代わって、本人のために行為をしま

す。成年後見監督人等は、成年後見人等が本人の意思を尊重しているか、本人の身上監護を適切に行っているかについてもチェックします。

なお、成年後見監督人等に解任事由が生じた場合は、自身が解任される場合もあります。

成年後見監督人等が解任される理由は、成年後見人等と同様で不正な行為を行った場合、著しく不行跡であった場合（成年後見監督人としての行いが著しく不適格である場合）、その他成年後見監督人等に適さない状況にある場合です。解任の申立ては、本人、本人の親族、検察官の他、家庭裁判所が職権で行うこともできます。

## 成年後見人と成年後見監督人の関係

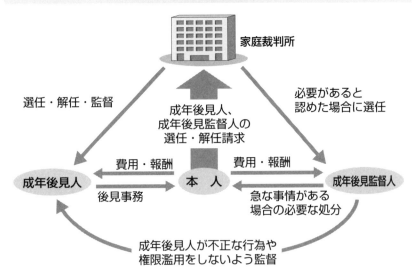

# 7 法定後見開始の申立てについて知っておこう

## 家庭裁判所への申立てから審判を経て法定後見が開始するまで

### 法定後見制度の手続きの流れ

　本人の判断能力が不十分であるなどの理由から法定後見制度を利用する場合、家庭裁判所に**後見等開始の審判の申立て**を行います。下記の申立ての流れはあくまでも一例であり、家庭裁判所によって異なります。

　申立てをする時には、あらかじめ必要な書類を用意しておき、面談日の予約を行います。申立ての当日に、家庭裁判所調査官は申立人と成年後見人等の候補者から事実関係を確認します。この際に、本人の状況を生活や財産面、判断能力の面などから確認します。申立時に立てられた成年後見人等の候補者についての判断も行われます。

　後見や保佐の場合には、本人の精神状況について、明らかに鑑定の必要がないと認める場合を除いて医師等による精神鑑定が行われることになっていますが、実情は鑑定が行われないケースの方が多いようです。

　さらに、親族の意向についても確認します。具体的には、申立内容や成年後見人等の候補者を親族に書面で伝えて確認します。

　可能な場合には家庭裁判所で本人調査を行い、本人の意向を確認します。本人が家庭裁判所に行くことができない場合には、本人のところに裁判所の担当者が出向きます。

　家庭裁判所は、鑑定・親族への意向照会・本人調査の結果から、内容について検討、判断します（審理）。

　審理を経て、結論を出した家庭裁判所は、その審判内容を申立人と成年後見人等に送ります（審判書謄本の送付）。

　審判では、申立書に書かれている成年後見人等の候補者がそのまま選任されることもあります。ただ、財産の状況や支援の内容によっては候補者ではなく司法書士や弁護士が選任されることもあります。

　裁判所から審判書謄本を受領してから、異議もなく2週間経過すると、審判が確定します。審判が確定すると、法定後見が開始され、法務局に法定後見開始の事実についての登記

がなされます。

## 求める内容によって申立方法も異なる

法定後見制度を利用する場合、本人の住所地を管轄する家庭裁判所に後見等開始の審判の申立てを行います。

申立てをする際には、いくつかの書類を提出することになりますので、あらかじめ用意しておきます。また、申立人と成年後見人等の候補者は、申立後、家庭裁判所調査官から申立内容について確認されるので、家庭裁判所に出向くことになります。申立ての際には、どの制度を利用するかによって準備する内容が異なります。

・後見の場合

後見開始の審判を求めるだけで他の審判の申立ての準備は必要ありません。これは、成年後見人の場合、申立時に追記しなくても、日常生活上の法律行為以外のすべての財産管理についての代理権が認められているからです。

・保佐の場合

保佐開始の審判を求めるだけですむ場合もあります。ただ、保佐人は成年後見人と違い、すべての法律行為について最初から権限を認められているわけではありません。重要な

行為についての同意権が認められているだけですので、保佐人に代理権を与える場合には別途「代理権付与の審判」を求める必要があります。

また、重要な行為以外の法律行為について、保佐人に同意権を与える場合には、どのような法律行為を対象とするのかについても、明確にしておかなければなりません。

・補助の場合

補助の場合には、基本的には補助開始の審判を求めただけではどんな支援内容も発生しませんから、具体的な支援内容を別の審判で決めなければなりません。補助人に代理権を与える場合には、代理権付与の審判を求めることになります。同意権を与える場合には、同意権付与の審判を求めることになります。両方の権利を与える場合には代理権付与の審判と同意権付与の審判が必要になります。また、代理権・同意権が及ぶ法律行為の範囲も定めておかなければなりません。

## 本人や親族が申立てをすることができる

法定後見制度を利用するための申立ては、本人が自ら行うことができます。ただ、法定後見は任意後見と

は異なり、後見・保佐・補助の利用が必要な程度に本人の判断能力を欠くかまたは不十分な状態でなければ利用できません。本人が申立てをすることができる状況のケースでは、実際には任意後見制度を利用する場合が多いようです。

本人が申立てをすることができない状況の場合には、本人の配偶者や四親等以内の親族、検察官が申立てをすることができます。

## 申立手続の例

### 1．申立て（本人の住所地にある家庭裁判所に対して行う）

- 申立てができるのは、本人、配偶者、四親等以内の親族、検察官、任意後見人、任意後見監督人、市区町村長など。

### 2．審判手続（調査 → 鑑定・診断 → 審問の順に行う）

- 家庭裁判所調査官が、本人の精神状態、生活状態、資産状況、申立理由、本人の意向、成年後見人等候補者の適格性などを調査する。家庭裁判所は、市区町村などの行政、金融機関などに必要な調査報告を求めることもある。

- 鑑定は裁判所から依頼された鑑定人、診断は申立権者が依頼した医師が行う。鑑定や診断の結果は、本人の意思能力や障害の程度がどれくらいか、能力が回復する可能性があるかどうかなどを判断する重要な資料となる。

- 本人の精神的な障害の程度、状況を確認し、援助の必要性を判断するために、裁判官が直接本人に会って意見を聴く。審問は必要に応じて数回にわたって行われることもある。

### 3．審判（家庭裁判所の判断の結果が示される）

- 申し立てられた類型やそれに伴う同意・取消権、代理権を成年後見人等に付与することが適切かどうか、家庭裁判所の判断の結果が出される。誰を成年後見人等にするかも決定する。

### 4．告知・通知（審判の結果が関係者に伝えられる）

### 5．登記（法務局に後見等の内容が登記される）

## すでに成年後見制度を利用している場合の申立権者

　法定後見の申立てができる人のことを**申立権者**といいます。

　本人とその親族や検察官の他に、任意後見人、任意後見監督人、成年後見人、成年後見監督人、保佐人、保佐監督人、補助人、補助監督人も申立権者です。

　任意後見人や任意後見監督人が申立てを行うことができる場合は、本人がすでに任意後見制度を利用していることが前提となります。任意後見で交わした契約内容では本人の支援を十分に行うことができないような場合に、任意後見人や任意後見監督人が法定後見制度を利用するために申立てを行うことができます。

　成年後見人・成年後見監督人が申立てをする場合は、すでに後見制度を利用していることが前提になります。本人の精神上の障害が後見よりも保佐や補助を利用する方が適切だと思われる状況になった場合などに、保佐や補助を利用するために成年後見人や成年後見監督人が申立てを行うことができます。

　保佐人・保佐監督人が申立てをする場合、すでに保佐制度を利用していることが前提になります。本人の精神上の障害の程度が進み、保佐では本人を保護しきれないような状況になった場合に、後見制度を利用するための申立てを保佐人や保佐監督人が行うことができます。これとは反対に、本人の精神の障害の程度が軽くなり、補助制度を利用する方が適切だと思われる場合に補助制度を利用するために保佐人・保佐監督人が申立てをすることができます。

　補助人・補助監督人が申立てをする場合も、他の場合と同様、補助制度を利用していることが前提になります。本人の精神の障害の程度が補助よりも保佐や後見を利用する方が適切だと考えられる場合に、保佐や後見を利用するために補助人・補助監督人が申立てをすることができます。

　なお、本人や四親等内の親族が法定後見開始の申立てをすることができない場合やしようとしない場合で、法定後見制度の利用が必要な状況のときには、本人の住んでいる市区町村長が申立てをすることができます。実際には、その自治体の福祉担当部門の職員が申立てに関する事務を行っています。

# 8 申立てにかかる費用や必要書類について知っておこう

## 手数料等を支払った上、申立書などの必要書類を提出する

### 申立てに必要な書類

　主な申立てに必要な書類と費用は、183ページ図のようになります。

　ただ、それぞれのケースごとに必要となる書類は異なる場合があります。これに伴って費用も変わってきますので、詳しい内容については申立てを行う家庭裁判所に聞いてみるとよいでしょう。

　まず、申立てを行う際に提出する申立書が必要です。申立書には本人の状況をはじめとする申立ての概要を記します。申立書は定型の書式で、家庭裁判所で無料で配布しています。

　この申立書を補充する書類も可能な限り添付します。

　添付種類には、たとえば、申立事情説明書、後見人等候補者事情説明書、財産目録、親族関係図などがあり、各家庭裁判所で用紙が用意されています。

　本人に関する書類としては、戸籍謄本・住民票（籍の附票）・登記事項証明書（成年後見登記についてのもの）・診断書が必要です。

　本人以外の人が申立てを行う場合、申立人の戸籍謄本も必要です。

　成年後見人等の候補者がいる場合には、候補者の戸籍謄本・住民票・身分証明書・後見登記されていないことの証明書（東京法務局または法務局の本局で取得）が必要になります。

　この他、家庭裁判所が判断する際に参考となりそうな資料がある場合には、審理を早く進めてもらうためにも添付するようにします。

　たとえば、本人の判断能力を判断するのに参考となる介護保険の保険証や障害者手帳、年金手帳などです。また、本人の財産状況の判断に有効なものとしては、前述した財産目録の他に、預金通帳や不動産評価証明書、不動産登記事項証明書、株券などが考えられます。

### 申立時に必要になる費用

　次に、各手続き・書類入手にかかる費用を挙げておきます。

① **申立手数料**

　収入印紙で収めます。金額は1

件につき800円です。これは1つの審判につき800円かかるということです。したがって、たとえば保佐で、代理権付与の審判も行う場合には、保佐開始の審判に800円、代理権付与の審判に800円、とそれぞれに手続きの手数料として収める必要があります。また、保佐の対象となる法律行為の範囲を広げる場合、その範囲を広げる手続き（同意権追加付与の申立て）の手数料に800円がかかります。補助で、代理権と同意権をともに補助人に付与する場合には、2,400円かかることになります。

② **登記手数料**

2,600円です。登記手数料は収入印紙で納めます。

③ **連絡用の切手**

各裁判所で金額が異なります。約3,000～5,000円程度です。連絡用として使われるものとしては、たとえば、裁判所から送られてくる審判書の郵送費用などです。

④ **鑑定費用**

鑑定の内容によってケース・バイ・ケースですが、約10～20万円は見積もっておくとよいでしょう。

⑤ **専門家に支払う費用**

司法書士は申立書の作成、弁護士は申立ての代理を行うことができます。依頼した内容に応じて報酬を支払う必要があります。ただ、報酬については一律に定まっているわけではありません。それぞれの専門家によって報酬額が異なりますから、事前に把握しておく必要があります。

⑥ **必要書類の入手費用**

戸籍謄本や登記事項証明書、診断書といった書類を入手するのには発行手数料がかかったり、郵送料が別途かかります。とくに本籍地にある役所が遠隔地にあるような場合、戸籍謄本などを入手するまでには日数や郵送料等が別途かかりますので、余裕を見て準備しましょう。

## 手続きにかかる期間と費用負担

申立てから審判確定までにかかる期間ですが、それぞれの事情によりある程度は左右されます。ただ、一般的には法定後見開始の申立てを行ってから約2か月から4か月ほどで審判に至ります。鑑定が必要な場合に、鑑定が早く終わればその分期間は短縮されます。

また、補助の場合には鑑定を必要としませんから、場合によっては1・2か月で審判が確定することもあります。反対に申立時に想定している制度とは別の制度の方がよいと判断

された場合や、書類等に不備がある場合には遅れることがあります。

申立時に必要になる費用は、申立手数料、登記手数料、連絡用の切手、後見や保佐の場合に裁判所の判断により必要とされる場合の鑑定費用、申立書類として必要な書類を発行してもらうために必要な費用などです。また、申立てを司法書士や弁護士などの専門家に依頼した場合には、報酬なども必要です。

申立費用は、本人が申し立てた場合は本人が支払い、本人以外が申し立てた場合には、申立人が原則として支払います。ただし、後見開始の申立てをする際に、申立費用（印紙代や切手代）を本人の負担とする内容の上申を行い、その内容が裁判所に認められた場合は、申立費用を本人負担とすることもできます。

## 申立てに必要な書類と費用（東京家庭裁判所の例）

**書　類**
- 申立書及び申立事情説明書
- 親族関係図
- 本人の財産目録及びその資料
- 本人の収支状況報告書及びその資料
- 後見人等候補者事情説明書
- 同意書
- 本人・後見人等候補者の戸籍謄本
- 本人・後見人等候補者の住民票
- 本人の登記されていないことの証明書
- 診断書（成年後見用）、診断書付票
- 愛の手帳の写し
  ※任意後見人の場合は以下の書類も必要です。
- 任意後見契約書の写し及び登記事項証明書

**費用等**
- 収入印紙（申立手数料 --- 1件につき800円）
- 収入印紙（2600円。任意後見監督人選任申立ては1400円）
- 郵便切手（3220円（後見の場合）または4130円（保佐・補助の場合）円分）
- 鑑定料 10 ～ 20 万円程度

※上記は東京家庭裁判所のものです。支部により若干異なりますので、詳しくは直接申立てを行う家庭裁判所に確認してください。

# 9 任意後見制度を利用する

## 任意後見契約書は必ず公正証書で作成する

### 任意後見制度とは

**任意後見制度**は、将来自分の判断能力が不十分になったときに依頼する後見事務の内容と後見事務をまかせる相手を、本人が契約を結ぶ際に必要な判断能力を有しているうちに、契約で決めておく制度です。この契約が任意後見契約です。後見事務を行うことを引き受ける人のことを**任意後見受任者**といい、本人が任意後見契約を結ぶ相手となります。「将来認知症になって判断ができなくなった場合にどうすればよいか」と不安に思う人が、そうした将来の不安に今のうちに備えておこう、と考えた場合に、利用できるのが任意後見制度です。

任意後見制度の場合、自分で判断ができるうちに任意後見契約を結び、自分の状況が認知症かもしれない、と思った時に家庭裁判所に申立てをして任意後見監督人の選任をしてもらう、といった流れになります。判断能力の状態については、自分でわかる場合だけでなく、配偶者や子などが判断して申立てを行う場合もあります。任意後見監督人は、本人が選んだ任意後見人がきちんと仕事をしているかチェックする人です。任意後見契約を結ぶ場合、任意後見人を誰にするか、そしてどこまでの後見事務を委任するかといった内容については自由に決めることができます。例外として、たとえば、結婚や離婚、養子縁組など、誰かが代理して行うのではなく自分自身が判断して行う必要があるものについては、委任することはできません。

### 任意後見制度の手続きの流れ

現時点では何でも自分で判断して決定することができ、体も自由がきく場合に、将来認知症などで判断が低下したときの準備をしておく手立てを考えたとします。この場合、判断能力がありますから、法定後見制度は利用できません。任意後見契約や財産管理等委任契約（任意代理契約）、信託契約の締結を考えますが、財産管理等委任契約については201

ページ、信託契約については34ページを参照してください。ここでは、任意後見契約を結ぶことにします。

この場合、まず、将来自分を支援してくれる人を探します。支援してくれる人は、将来自分の判断能力が衰えてきた際に任意後見人として自分を支援してくれる人となるので、信頼できる人を探します。

たとえば、家族や友人といった周囲の人の他に、司法書士や弁護士といった専門家に依頼する方法もあります。

信頼できる人が見つかったらその人と任意後見契約を締結します。

任意後見契約を結んだ後に、本人が認知症になったとします。これに気づいた配偶者などが、家庭裁判所に任意後見監督人選任の申立てを行います。本人が自覚していて自分で申し立てる場合もあります。家庭裁判所は、任意後見受任者が任意後見人としてふさわしいかを確認し、問題なければ任意後見監督人を選任します。この段階になってはじめて任意後見受任者は任意後見人となり、代理権が生じます。

また、任意後見監督人を選任し、任意後見が開始したので、その内容が法務局で登記されます。任意後見

が開始すると、任意後見人は任意後見契約で定められた財産管理などの仕事を行い、任意後見監督人はその仕事ぶりをチェックします。なお、任意後見契約は当事者が死亡した場合以外でも終了することがあります（193ページ）。

## 任意後見契約とは

**任意後見契約**とは、任意後見が実際に開始される前に、支援する人と本人の間で将来の後見事務について取り決めた契約です。

任意後見の契約書は、本人と任意後見受任者が公証役場に出向いて、公正証書で作成します。公証役場では、本人の意思と代理権の範囲などを公証人が確認します。任意後見契約書を作成した後、公証人は、管轄の法務局に任意後見契約の登記を嘱託します。法務局では任意後見契約について、本人と任意後見受任者が誰であるか、代理権の範囲がどの程度であるか、といった内容が登記されます。

本人と任意後見受任者の間で任意後見契約を結んだだけでは、効力は発生しません。本人の判断能力が衰えたときに、家庭裁判所に任意後見監督人の選任が申し立てられま

す。そして、実際に任意後見監督人が選任されたときに任意後見受任者は任意後見人となり、契約の効力が発生します。任意後見監督人選任の申立てを行うことができる申立権者は、任意後見受任者や本人、本人の配偶者、四親等内の親族などです。任意後見監督人は、任意後見人が任意後見契約の内容に従って後見事務を行っているかどうかを監督します。任意後見契約にはいくつかの利用パターンがあります（188ページ図参照）。

## 公正証書の作成方法と費用

任意後見制度を利用する場合、任意後見契約を結びますが、任意後見契約書は、必ず公正証書で作成しなければなりません。これは契約書を**公正証書**で作成することを法律で求められているからで、公正証書にしなければ、法的な効力が認められません。

公正証書は、公証役場で公証人が作成します。公正証書は、公証人が法律に従って作成する公文書で、高い証明力を持つ文書です。

公証人は、原則として30年以上の実務経験を持つ法律実務家の中から任命される他、長年法務に携わっていた人や学識経験をもっている人のうち公証人審査会の選考を経た人が任命されます。原則として公証人は、公証役場で仕事を行っていますが、体力的な理由などで公証役場に本人が出向くことができないような場合には、本人の自宅や入院中の病院などに公証人が出向いて公正証書を作成することもあります。

任意後見契約の公正証書を**任意後見契約公正証書**といいます。

また、任意後見契約と同時に見守り契約や財産管理の委任契約などを締結する場合には、その契約も公正証書で作成することができます。

任意後見契約公正証書を作成する場合には、本人の戸籍謄本、住民票、任意後見受任者の住民票が必要です。

なお、本人が外国人である場合には、外国人登録証明書が必要になります。また、任意後見受任者が法人の場合には、登記事項証明書が必要になります。これらの書類は、3か月以内に発行されたものであることが必要です。

この他、たとえば実印や印鑑登録証明書、運転免許証やパスポートなどの本人と任意後見受任者自身を確認できるものがそれぞれについて必要になります。

## 任意後見制度の流れ

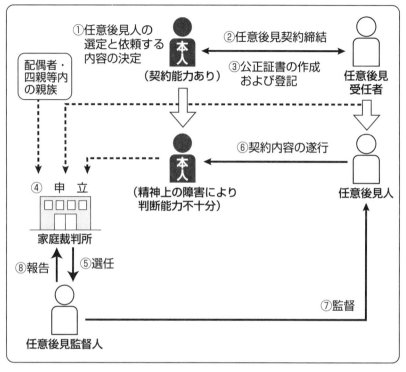

① 将来自己の判断能力が不十分になったとき、誰にどのような後見を受けたいかを決定します。

② 本人は自己が選定した任意後見人と、任意後見契約を締結します。

③ 任意後見契約の際には公証人に依頼して公正証書を作成する必要があります。公証人は東京法務局に登記の嘱託を行います。

④ 本人が精神上の障害により判断能力が十分でない状況となった時、本人、配偶者、四親等内の親族または任意後見受任者が家庭裁判所に任意後見監督人の選任を申し立てます。

⑤ 家庭裁判所が任意後見監督人を選任します。

⑥ 任意後見監督人が選任されるとともに、任意後見受任者は任意後見人となり、契約によってあらかじめ本人から委任された業務を遂行します。

⑦ 任意後見監督人は任意後見人の監督を行います。

⑧ 任意後見監督人は任意後見人の後見事務について、定期的に家庭裁判所に対して報告を行います。必要な場合には、任意後見人の解任を請求することもできます。

公正証書を作成する費用は以下の通りです。

① 公正証書作成の基本手数料 1万1,000円

② 法務局への登記嘱託手数料 1,400円

③ 法務局に納付する印紙代（収入印紙代）2,600円

④ 書留郵便の料金 約540円

⑤ 用紙代 250円×枚数分

任意後見契約と同時に委任契約などを結ぶ場合にはその契約数分の公正証書作成の基本手数料と用紙代などがかかります。

また、任意後見受任者が複数の場合には、本人と各任意後見受任者の間で個別に契約が交わされますから、その契約数分の費用が、別途かかります。ただし、各受任者が共同してのみ後見事務を行う場合は、1つの契約ですみます。

この場合でも、用紙代や郵送料などは人数分かかる場合があるので、詳細については公証役場で尋ねた方がよいでしょう。

## 任意後見契約利用のポイント

|  | 将来型 | 移行型 | 即効型 |
|---|---|---|---|
| 財産管理の方針・制度利用の目的 | 将来判断能力が低下したときになってはじめて支援を頼む | 将来判断能力が低下したときはもちろん、判断能力のある現在から支援を頼む | すでに判断能力が落ちてきつつある現在からすぐに支援を頼む |
| 任意後見契約締結時の状態 | 判断能力が十分にあり、自分のことは自分ですべて行える | 現在、判断能力は十分にある | 現在、判断能力が落ちてきているが、任意後見契約の締結を行う能力はある |
| 契約締結後の動き（実際に行うこと） | 任意後見契約を締結するにとどまる。将来判断能力が低下したときに、任意後見監督人選任の申立てを行う | 任意後見契約と委任契約を同時に結んでおき、早速、委任契約に基づいて財産管理をゆだねる | 任意後見契約を締結してすぐに任意後見監督人選任の申立てを行い、任意後見を開始する |

# 10 任意後見人と任意後見監督人について知っておこう

## 求められていることは成年後見人等と同じ

### 任意後見人について

任意後見契約は、法定後見制度とは異なり、本人と任意後見受任者との間で自由に内容を定めることができるのが原則です。任意後見契約も想定される内容はおおむね法定後見制度と同様です。

任意後見人が行う仕事の内容は、任意後見契約に従いますが、任意後見人に求められていることは本人の財産管理に関することと、身上監護に関することです。

任意後見人には、本人との間に結んだ事柄についての代理権が与えられています。任意後見人の職務も、この代理権が与えられている法律行為に関連する内容となります。

なお、介護サービスを自ら提供する行為は法律行為ではありませんから、任意後見人の職務ではありません。

たとえば、財産管理の面で、任意後見人に本人所有の不動産に関する法律行為の代理権が与えられている場合には、この不動産売買を行う際に必要な行為が職務内容となります。

身上監護事務も同様です。また、任意後見人に介護保険や福祉サービスの利用契約に関する代理権が与えられている場合、これに付随する諸手続きやサービス内容の確認などは任意後見人の職務となります。任意後見人に与えられた権限については、「代理権目録」に詳細を記すことになっています。

### 任意後見制度のデメリット

任意後見人は、任意後見契約で与えられた範囲内でしか本人を支援できません。任意後見契約で与えられた権限の範囲が狭すぎたり代理権だけでは対応できないような場合、本人の支援を十分に行えない可能性があります。しかし、任意後見制度では、代理権の範囲を変えるような変更は認められていません。範囲が増える部分については別途新たな契約を結ばなければなりません。任意後見契約は本人の判断能力が十分な場合には締結できますが、本人の判断能力を欠いた状態や不十分な状態に

なった後では新たな契約を結ぶことができません。

一方、法定後見制度の場合、成年後見人等には、代理権だけでなく同意権・取消権を与えることができますし、権限が及ぶ範囲を広く設定することも可能です。こうした事情から、与えられた権限で十分な支援が行えないと判断した場合には、任意後見人自らが本人について法定後見開始の審判を申し立てることができるようになっています。実際に任意後見が開始される前にこうした事情に気づいた場合には、任意後見受任者も法定後見開始の審判を申し立てることができます。

## 任意後見人にはどのような人を選ぶべきか

選んだ人が任意後見人に適さないと判断されると、任意後見契約の効力は生じないので、適切な人を任意後見人にしなければなりません。

未成年や、破産者の他、裁判所から法定代理人を解任されたことのある人、本人に対して訴訟を起こしたことのあるような人やその親族などは避けるようにしましょう。任意後見人には本人の財産管理もまかせることになりますから、浪費癖がある

人も不向きです。それ以外の人であれば、信頼できる成人を選ぶとよいでしょう。また、財産が多い場合や、まかせる内容が多いような場合には、複数の任意後見人を選んでおいてもよいでしょう。

## 任意後見監督人は必ず選任する

任意後見制度で任意後見人を監督する人のことを**任意後見監督人**といいます。任意後見契約では、任意後見監督人が選任されなければ、任意後見契約の効力は生じないしくみになっています。

任意後見制度における任意後見監督人は、任意後見制度を利用する本人の安全を図るという点で非常に大きな役割を果たしています。

任意後見制度では、本人と任意後見受任者との間で事前に任意後見契約が結ばれます。そして、任意後見契約の内容を実行すべきタイミング（本人の判断能力の低下など）が来ると、任意後見受任者などによって、家庭裁判所に任意後見監督人選任の審判の申立てがなされます。このとき、本人以外が申立人となっている場合で、本人の意思表示が可能であるときは、本人の同意を得ておく必要があります。

申立てを受けた家庭裁判所は、候補者が任意後見監督人としてふさわしいかどうかを成年後見人等や成年後見監督人等の場合と同じような基準で判断します。ただし、任意後見監督人は、その仕事内容の重要性から、本人の親族等ではなく、弁護士・司法書士・社会福祉士などの専門職の第三者が選ばれることが多いようです。任意後見受任者に近い親族や、本人に対して訴訟をした者、破産者で復権していない者などは、任意後見監督人にはなれません。

なお、成年後見監督人等と同様、法人でも複数の人でも、任意後見監督人になることができます。複数の任意後見監督人が選任された場合には、各人の役割を分担するか共同して行うかをあらかじめ家庭裁判所が定めることになっています。

## 任意後見監督人の仕事とは

任意後見監督人の職務のメインは、任意後見契約で定められた後見事務の内容を任意後見人が適切に行っているかどうかを監督することです。任意後見監督人は任意後見人の仕事の状況を把握するために、任意後見人の職務内容や遂行状況についての報告を求めることができます。任意後見人の仕事の状況や本人の財産状況について調査することもできます。

任意後見人の職務内容に本人の財産管理が含まれている場合には、その財産管理の状況について厳重にチェックを行います。具体的には、支出の内容や計算状況まで調べます。

任意後見人が死亡、病気や不在と

---

### 任意後見監督人の仕事内容

- ・任意後見人の仕事ぶりのチェック
- ・財産管理の状況のチェック
- ・チェックした内容を家庭裁判所に報告
- ・（任意後見人が不適任であると判断した場合）任意後見人の解任の申立て
- ・（任意後見人が仕事を行えない場合）代理して任意後見人の職務を遂行

いった事情で後見事務を行えない状況になった場合、任意後見監督人は任意後見人に与えられた代理権の範囲内で必要な法律行為を行います。

任意後見人の不正な行為を見つけた場合や、著しい不行跡があった場合（任意後見人としての行為が著しく不適格である場合）、任意後見監督人は家庭裁判所に任意後見人の解任を申し立てることができます。この他、任意後見人が権限を濫用している場合、財産の管理方法が不適当であった場合、任務を怠った場合にも、解任の申立てができます。

任意後見契約が終了した場合、本来の任意後見監督人の職務を行う根拠となる任意後見契約が終了しているため、任意後見監督人もその任を解かれます。しかし、任意後見契約終了時に本人の保護が必要な場合には、新たな任意後見契約による任意後見か、法定後見が開始されるまでは、任意後見監督人が本人の保護や

支援を行うのが妥当とされています。

## 任意後見監督人の辞任・解任

任意後見監督人は、任意後見制度を利用する上で非常に重要な役割を果たしているため、勝手に辞任することができません。ただし、正当な事情や理由がある場合には家庭裁判所が辞任を許可します。

**正当な事情や理由**とは、たとえば、遠隔地に転勤したような場合や、高齢になったり病気になって任意後見監督人の職務を行うことが難しくなった場合などです。家庭裁判所の許可があれば、任意後見監督人を辞任することができます。また、任意後見監督人が解任される場合もあります。任意後見監督人が解任される場合は、任意後見人が解任される場合と同様の理由によります。

任意後見監督人の解任の申立ては、本人、本人の親族、検察官の他、家庭裁判所が職権で行うこともできます。

### 任意後見監督人の選任と辞任

| | 任意後見監督人の進退 | 基　準 |
|---|---|---|
| 選　任 | 必須 | 本人との利害関係の有無・適性の有無 |
| 辞　任 | 許可が必要 | 正当な事由の有無 |

## 11 任意後見はどんな場合に終了するのか

当事者の死亡や解任などの事情により終了する

### 任意後見契約の終了

任意後見契約は、任意後見契約の解除、任意後見人の解任、本人について法定後見の開始、本人の死亡、任意後見人の死亡などにより、終了します。

任意後見契約は、通常の委任契約であれば、当事者の一方の申し出によって、あるいは両者の合意によって、いつでも解除することができますが、任意後見契約の解除の場合には、いくつかの条件を満たした場合にはじめて解除することができます。

任意後見契約では、任意後見監督人が選任される前に解除する場合と後に解除する場合とで、条件が異なります。

任意後見監督人が選任される前に解除する場合には、本人か任意後見受任者のどちらからでも解除することができます。解除を申し入れる場合、公証人の認証を受けた解除通知書（次ページ）を相手に送る必要があります。送る際には、内容証明郵便を使うとよいでしょう。

認証とは、署名や署名押印、記名押印が本人のものであることを公証人が証明することです。認証を受けた書面は、作成者（作成名義人）の意思に基づいて作成されたことが推定されます。双方が同意して解除する場合にも、公証人の認証を受けた合意解除書が必要です。

任意後見監督人選任後に解除する場合は、解除するのに正当な理由や事情がある場合に限って、家庭裁判所の許可を受け、解除することができます。たとえば、本人と任意後見人間の信頼関係が破たんしている場合や、転居によって任意後見人が仕事をすることができなくなった場合、任意後見人の心身の状態が仕事をすることができない状態になった場合などです。任意後見人の仕事ぶりから、契約違反や違法行為があったような場合も解除の原因となります。このような事情がない場合、自由に解除を申し出ることはできません。

## 任意後見人の解任

　任意後見人を解任する場合は、本人や本人の配偶者や親族、任意後見監督人、検察官の請求を受けた家庭裁判所が行います。任意後見人がその職務を行うにはふさわしくないと判断された場合に任意後見人は解任されます。

## 本人について法定後見の開始

　本人の法定後見が開始された場合についてですが、通常は任意後見契約が結ばれている場合には、法定後見は開始されません。例外として、法定後見を開始することが本人のために必要だと判断された場合に、法定後見開始の申立てがなされます。申立てを受けた家庭裁判所が法定後見を開始する必要があると判断した場合には、法定後見開始の審判が行われます。

## 本人の死亡、任意後見人の死亡

　本人や任意後見人が死亡した場合には、いずれの場合にも任意後見契約を続けることはできませんから、契約は終了となります。この他、任意後見人が破産手続開始決定を受けた場合や、任意後見人自身が後見開始の審判を受けた場合にも、任意後見契約は終了します。

　任意後見契約が終了しても本人の支援を必要とする場合には、法定後見を利用するか、本人に判断能力がある場合には任意後見契約を新たに結び直すことになります。

---

### ✎ 書式　解除通知書（任意後見監督人選任前）

**解除通知書**

　貴殿を任意後見受任者、私を委任者（本人）とする令和○年○月○日付任意後見契約公正証書（○○法務局所属公証人○○○○作成、令和○年第○○○号）による任意後見契約は、本日、解除しますので、この旨ご通知します。

令和○年○月○日

　東京都○○区○○町○丁目○番○号
　○○○○　殿

　　　　　　　　　　　　東京都○○区○○町○丁目○番○号
　　　　　　　　　　　　○○○○　㊞

# 第 6 章

# さまざまな
# 財産管理契約・信託契約の
# しくみ

# 1 見守り契約について知っておこう

任意後見開始までの間、定期的に連絡をとる契約のこと

## 見守り契約とは

　任意後見制度が始まるまでの間、支援する人と本人が定期的に連絡をとる契約を**見守り契約**といいます。

　任意後見制度を利用する場合、判断能力がある時に支援してくれる人との間で任意後見契約を交わしますが、実際に任意後見が開始するのは、本人の判断能力が衰えてからになります。せっかく将来を見越して依頼する内容などを決めておいたのに、ムダになってしまった、ということを避けるために見守り契約を結び、定期的に連絡をとっておくと、たとえば任意後見を開始する時期について相談でき、また、任意後見を開始させるタイミングを図ってもらえるといったメリットがあります。見守り契約は、任意後見契約を結ぶときにいっしょに契約しておくとよいでしょう。

　見守り契約の書式や内容は、自由に決めることができますが、主に契約の目的や本人と支援する人の面談や連絡についての詳細、支援する人

の義務などを記載します。

　任意後見契約の効力が生じるまでの期間に支援する人が本人のもとに赴くなど、見守り契約を結んで定期的に連絡をとることなども具体的に記載します。このように、定期的な連絡をとることで本人の生活や健康状態を把握し、見守ることが見守り契約の目的です。

　連絡の具体的な取り決めは、たとえば数か月に1回程度電話連絡を行ったり、3か月～半年に一度の面談などといった具合に、定めておいた方がよいでしょう。本人の状況を見守れる程度の頻度を保ちながら、本人の負担にならないように配慮する必要があります。支援する人はただ見守るだけではいけません。見守りながら本人との信頼関係を築きつつ、任意後見開始のタイミングを見極めなければなりません。

## 見守り契約の作成ポイント

　見守り契約で定める内容は、本人の必要に合わせて、柔軟に定めるこ

とができます。

　契約内容は、当事者の合意があれば、いつでも変更することができますから、本人の生活環境や心身の状態などが変化した場合には、その都度契約内容を見直すようにするとよいでしょう。

　見守り契約で定める基本的な事項としては、①目的、②連絡・面談、③見守り義務、④報酬などが挙げられます。

　目的では、任意後見契約の効力が生じるまでの間、本人と支援者が定期的に連絡をとり、面談を行うことによって、本人と支援者の間の意思疎通を確保することを記載します。また、支援者が本人の生活状況や心身の状態を把握して、その暮らしを見守ることも記載します。

　連絡・面談では、その具体的な頻度や方法などを定めます。本人・支援者のどちらから連絡を入れるか、面談場所はどこにするか、など、当事者双方にとって負担が重くならない方法を選択しましょう。見守り体制に不備が生じないよう、確実に連絡・面談が実施される環境を整備することも重要です。なお、見守り契約の報酬は、年払いであることが多いようです。

## 任意後見契約後も定期的な連絡をする

**見守り契約を締結した場合**

**見守り契約を締結しなかった場合**

### 見守り契約書

　委任者伊藤豊（以下「甲」という）と受任者伊藤徹（以下「乙」という）とは、令和○年第○○号公正証書によって締結した任意後見契約（以下「本任意後見契約」という）について、次のとおり見守り契約（以下「本契約」という）を締結した。

**第1条（目 的）**　本契約は、本任意後見契約の効力が生じるまでの間、定期的な連絡・面談等が実施されることによって、甲乙間の意思疎通を確保するとともに、乙が甲の生活状況及び心身の状態を把握しつつ、甲が地域社会において安心して暮らせるように見守ることを目的とする。

**第2条（契約期間）**　本契約の契約期間は、契約締結の日から1年間とする。

2　契約期間満了の30日前までに、甲または乙が相手方に対し何らの意思表示もしないときは、本契約は同一条件でさらに1年間更新されるものとし、以後も同様とする。

**第3条（連絡・面談等）**　本契約期間中、乙は甲に対し、定期的に連絡し、また面談等を行うことにより、甲の生活状況及び心身の状態の把握に努めるものとする。

2　前項の連絡は、乙が甲に対し、毎月1回以上、架電することにより行うものとする。

3　第1項の面談は、3か月に1回以上、乙が甲の住居を訪問することによって行うものとする。なお、具体的な面談日・時間等は、甲と乙が協議してその都度適宜定める。

4　乙は、前項に定める面談日以外の日であっても、乙が必要と認めた場合または甲の要請があった場合には、随時面談を行う。

5　本条に定める面談及び訪問は、次条に定める事務を行うことを

目的としたものである。甲は、当該面談及び訪問が、身辺の世話や買い物の手伝い等のためのものでないことを承知する。

**第4条（見守りの内容）** 乙は、甲との連絡・面談等を通じて甲の様子の変化を見守り、甲の事理弁識能力の状態について、常に配慮しなければならない。乙は、甲の事理弁識能力が不十分な状態であり、後見事務を行うことが相当であると判断した場合には、速やかに家庭裁判所に対して本任意後見契約に基づく任意後見監督人選任の申立てをしなければならない。

2　乙は、甲の身上面について十分配慮しなけれならない。乙は、甲の健康状態等を維持・向上するため、医療サービス、介護・福祉サービス等を受ける必要があると認めた場合には、適宜関係機関に対応措置の要請を行うものとする。

3　前項の場合、乙は、関係機関に対し、対応措置に必要と認める範囲で甲の個人情報を含む一切の情報を提供することができるものとする。

**第5条（報 酬）** 甲は乙に対し、本契約に対する報酬として、月額○○円を支払うものとする。ただし、支払いは年に一度行うものとし、毎年契約月に前月分までの報酬を合算した額を乙に手渡しすることで行うものとする。

**第6条（費用負担）** 本契約の締結及び実施に要する費用は、甲が負担する。

**第7条（秘密保持）** 乙は、第4条第3項の場合を除き、甲の承諾を得ないで本契約を通じて知り得た甲の個人情報及び秘密等を開示または遺漏してはならない。

**第8条（解約）** 甲または乙は、30日の予告期間をもって、本契約を解除することができる。

**第9条（契約の終了）** 本契約は、次の事由により終了する。

(1)　甲または乙が死亡したとき

(2)　甲または乙が破産手続開始の決定を受けたとき

⑶　甲が後見開始・保佐開始・補助開始の審判を受けたとき

⑷　乙が後見開始の審判を受けたとき

⑸　本任意後見契約が解除されたとき

⑹　本任意後見契約に基づく任意後見監督人選任の審判が確定した
　とき

　以上の契約の成立を証するため、本契約書2通を作成し、甲乙各
自署名の上、甲乙各自1通を所持する。

令和○年○月○日

　　　　　　　　　　（甲）住　　所　東京都○○区△△×丁目×番×号
　　　　　　　　　　　　　氏　　名　伊藤　豊　　㊞

　　　　　　　　　　（乙）住　　所　東京都○○区□□×丁目×番×号
　　　　　　　　　　　　　氏　　名　伊藤　徹　　㊞

## 2 財産管理等委任契約や死後事務委任契約について知っておこう

### 財産の管理を頼みたい場合に結ぶ契約のこと

### 財産管理等委任契約とは

　判断能力が衰える前から、財産管理などを信頼できる人にまかせたい場合には、自分に代わって財産を管理してもらうように**財産管理等委任契約**を結びます。まかせる人に代理権を与えることから、**任意代理契約**と呼ばれることもあります。財産管理等委任契約では、財産管理の他に身上監護の事務をまかせる契約を結ぶことができます。財産管理等委任契約も、任意後見契約と同時に結ぶことができます。

　任意後見契約（162ページ）は、判断能力があるときに契約を結んでおいて、実際に判断能力が低下したときに開始するものですから、本人の判断能力があるうちは、利用することができません。

　一方、財産管理等委任契約は、任意後見が開始するまでの期間も本人を支援してもらうために結ぶことができる契約です。このような違いの他に、任意後見と財産管理等委任（任意代理）では以下の点で異なります。

　任意後見契約の場合、公正証書を作成しなければなりませんが、財産管理等委任契約の契約書は、公正証書である必要はありません。また、任意後見の場合には、支援する人を監督する任意後見監督人が必ずつきますが、財産管理等委任契約の場合には特別に定めなければつきません。

　さらに、本人の判断能力については、不十分になった場合に開始する任意後見と比べて、財産管理等委任契約の場合には不十分でない場合にも効果を生じさせることができます。なお、財産管理等委任契約も任意後見契約も、契約を結ぶ時点では本人の判断能力が必要になります。

　任意後見の対象となる人は、判断能力が不十分な人に限られるため、判断能力がある間に契約しておけば知的障害者は利用できますが、判断能力のある身体障害者は利用することができません。一方、財産管理等委任契約を結ぶには判断能力が必要ですから、身体障害者は契約できますが、判断能力が不十分なときは知

201

的障害者は契約できません。

このように、判断能力が低下して初めて開始する成年後見制度に先立って、判断能力が低下する前から自分の財産管理を支援する人にまかせたい場合や、身体に障害があり、財産管理を誰かに代理して行ってもらいたい場合には、財産管理等委任契約を結ぶとよいでしょう。

## 公正証書で作成するのが安全

財産管理を頼む相手が決まったら、受任者に依頼する項目や付与する権限を定める財産管理等委任契約を締結することになります。契約書は法律の専門家である公証人に作成してもらうことで後々のトラブルを防ぐことが可能になります。公正証書の作成手続は、以下の流れで行うことになります。

① 受任者に依頼する内容を決定する

公証役場には、財産管理等委任契約書のひな型がおいてあります。このひな型を参考にして、権限を与えすぎるような項目を削除・修正し、足りない項目を加えます。このように、必要なものか不要なものかを取捨選択した上で、自分の状況にあった契約内容を決定します。

② 本人を確認できる資料が必要

運転免許証、パスポート、顔写真付きの住民基本台帳カードのいずれかと認印、または交付後3か月以内の印鑑証明書と実印が必要です。

③ 公証人に相談する

事前に電話で連絡した上で、公正証書による契約書作成日を予約しておくとよいでしょう。依頼を受けた公証人が作成した契約書の原案を確認し、修正があれば修正を依頼します。確認を終えたら、当事者が公証役場に出向き、公証人が公正証書による契約書を作成します。

## 死後に生じる事務に備える

「死後」と言うと、すぐに相続を思い浮かべがちですが、その他にも自分の死後に必要となる事務（死後事務）は意外に多いものです。それを見越して準備しておくことは、残された人への思いやりともいえます。主な死後事務には次ページ図に記載するものがあります。

## 死後事務委任契約とは

自分の死後に生じるさまざまな手続を第三者に行ってもらうように定める契約を死後事務委任契約といい、本人が死亡した場合に受任者が行うべきことを定めておくことができます。

死後事務委任契約の結び方は大きく2つに分かれます。一つは、死後事務委任契約を単独で契約する場合です。受任者との間で自分の死後の事務についての契約を結ぶことになりますが、契約書については財産管理等委任契約と同様、契約内容の原案を作成した後、公正証書で作成するようにしましょう。

一方、財産管理等委任契約の特約事項として、死後事務委任契約を含める方法も考えられます。この場合、財産管理等委任契約の受任者に、死後事務についても依頼することになります。信頼できる相手として選んだ人に死後事務もまかせたい場合、この特約事項で定める方法をとると、契約関係も複雑にならずにすみます。

## 契約を結ぶときに気をつけなければならない点とは

自分の死後も関係者ができるだけスムーズに動けるように、事前に準備できるものについては、文書等に残しておくようにします。たとえば、死亡の連絡を行う相手や利用している施設・お寺などの連絡先などについても、事前にリストアップしておくと、受任者はすばやく動けます。

葬儀についての希望がある場合は、喪主となる人と相談しておくのが理想的です。家財道具や生活用品などについても日頃から整理するよう心がけ、死後に処分してほしいものについては連絡先と同様、リストアップしておくとよいでしょう。パソコンや携帯電話などさまざまな情報が入っている機器の扱いについても、破棄処分の指示をしましょう。

### 主な死後事務の種類

・死亡の連絡（親族・知人等の関係者）
・役所への届出や加入団体等への退会届出
・葬儀の準備・手続きなど、お墓の準備（納骨、埋葬など）、永代供養の手続き
・医療費の清算
・介護施設・老人ホームへの支払い、その他の債務の弁済
・遺品の整理・処分とそれについて必要になる費用の支払

## 財産管理等委任契約書

**第1条（契約の目的）**

　委任者○○○○（以下「甲」という）は受任者△△△△（以下「乙」という）に対して、甲の財産の管理に関する事務を委任し、乙はこれを受任する。

**第2条（委任事務の範囲）**

　甲は、乙に対して以下に記載する事務（以下、本件委任事務という）を委任し、その事務処理のために代理権を付与する。

① 甲の全財産の管理、保存

② 金融機関との間で行われる預貯金の管理、口座の変更・解約

③ 甲の経営する不動産事業につき、定期的な収入（家賃、その他の給付等）の受領

④ 市区町村をはじめとする行政官庁への手続きの一切

**第3条（委任事務についての報告）**

1　乙は、本件委任事務を処理するにあたり、事務処理日誌、財産目録その他必要な書類を作成することとする。

2　乙は、甲に対して1か月ごとに本件委任事務の処理の状況につき、前項記載の書類を提出することとする。

3　甲は、乙に対して、いつでも本件委任事務処理の状況につき、報告を要求することができる。

**第4条（費用の負担）**

　本件委任事務の処理の際に必要となる費用については、甲が負担するものとする。

**第5条（報酬）**

　甲は、乙に対して、本件委任事務処理の対価として月額3万円を支払うものとする。

**第6条（契約の解除）**

　甲及び乙は、いつでも本件委任契約を解除することができる。

**第7条（契約の終了）**

　本件委任契約は、甲または乙に以下の事項が生じた時に終了する。

① 甲または乙が死亡し、または破産手続開始の決定を受けた時

② 乙が成年後見開始の審判を受けた時

## 死後事務委任契約書

委任者北山太郎（以下「甲」という）は、受任者南川正司（以下「乙」という）に対し、甲の死亡後における事務を委任し、乙はこれを受任する。

**第1条**　甲は、乙に対し、甲の死亡後における次の事務（以下「本件死亡事務」という）を委任する。

(1)　親族や関係者への連絡

(2)　葬儀、納骨、埋葬、永代供養

(3)　医療費・施設利用料など一切の債務弁済事務

(4)　家財道具・生活用品などの整理・処分

(5)　行政機関などへの手続き

(6)　上記(1)から(5)までの事務に関する費用の支払い等

**第2条**　本契約は、甲が死亡した場合においても終了せず、甲の相続人は、委任者である甲の本契約上の権利義務を承継する。

**第3条**　甲は、乙に対し、前条の事務処理をするにあたり、乙が復代理人を選任することを承諾する。

**第4条**　第1条第1項の親族および関係者は下記のとおりとし、乙は、甲の死後直ちに連絡する。

(1)　親族

①　妹　北山　恵理

②　従弟　東島　四郎

(2)　関係者

①　株式会社ノースマウンテン　総務課

②　北丸子町内会　会長　西林　次郎

**第5条**　第1条第2項の葬儀は、北丸子ホールにて行い、納骨は丸子寺に依頼する。

2　前項に要する費用は、金300万円を上限とする。

第6条　第1条第3項の債務の弁済にあたっては、それぞれの契約に従って行う。

第7条　第1条第4項の家財道具・生活用品などの整理・処分にあたっては、第4条第1項の親族に形見分けを行い、残余のものについては、乙において処分する。

第8条　行政機関などへの手続きは、法律の定めるところにより行う。

第9条　乙が、第1条から第8条に定める事務を行うにあたり必要な費用に充当するため、甲は乙に1000万円預託する。

2　乙は、第1条から第8条に定める事務を行うにあたり必要な費用を預託金より使用するとともに帳簿に記録し、すべての事務が終了した後、甲の親族に報告する。

3　すべての事務の終了後、第1項の預託金に余りがあるときは、甲の相続財産として、甲の親族に返還するものとし、不足を生じたときは甲の親族に請求する。

第10条　甲は、乙に本契約に基づく事務委任の報酬として、金30万円を支払う。

第11条　甲及び乙は、いつでも本契約を解除することができる。

第12条　本契約は、甲または乙に以下の事項が生じた時に終了する。

①　甲または乙が破産手続開始の決定を受けた時
②　乙が成年後見開始の審判を受けた時


令和○年○月○日

甲　　東京都大田区北丸子二丁目25番17号
　　　　　北山　太郎　㊞

乙　　東京都大田区中丸子一丁目11番8号
　　　　　南川　正司　㊞

## 3 生前契約について知っておこう

### 自分の葬儀も自分で決めたい人という人におすすめ

### ■生前契約について

生前契約は財産管理等委任契約や任意後見契約など生前に行っておく契約全般を指すこともあります。近年では高齢化や核家族化が進み、身寄りがない人や葬儀費用について家族に負担をかけたくない、自分の望む葬儀を行いたいなどの理由から、本人が生前のうちに、葬儀の予算や内容、所持品の処分方法など死後の事務について、引き受けてくれる専門の事業者と契約しておくことを「葬儀の」生前契約といいます。この契約を締結しておくと、より確実に自分の遺志どおりの葬儀や死後事務を行ってもらうことができます。

生前契約を締結する際には、まず自分が死んだ後に何をどのようにしてもらいたいかということをシミュレーションしてみることが必要です。その内容はどんなことでもかまいませんし、いくつ考えても自由です。例としては、次のようなことが挙げられます。

① 誰にどういう形で自分の死を知らせるか

死んだ直後に知らせるのか、葬儀が終わってから知らせるのか、電話か、手紙か、はがきかなど

② 葬儀の方法や規模はどうするか

葬儀をする、しない、する場合様式（仏式、神式、キリスト教式、無宗教など）、規模（密葬、家族葬、直葬など）など

③ 遺骨の取扱いはどのようにしたいか

墓、寺などの納骨堂、散骨、仏壇などでの保管など

④ 所有物はどのような形で処分するか

すべて廃棄するか、形見分けするか、売却するかなど

⑤ 財産は誰に相続してほしいか

どの財産を誰に相続させるか、相続をさせたくない者はいるか、寄附をするかなど

⑥ 祭祀を誰にまかせるのか

墓や仏壇を誰に祀ってもらうか、一周忌・三回忌などの法事はしてほしいかなど

ある程度イメージが固まったら、具体的な希望を検討し、必要に応じて葬祭業者や遺品整理業者、行政書士、弁護士、司法書士、NPO法人など生前契約を取り扱っている事業者に相談・契約します。

## 生前契約はどのように履行されるのか

契約は、当時者間の合意によって成立し、契約書に記載された期日に履行されます。生前契約も同様に履行されるはずなのですが、生前契約の場合、履行の時期が「依頼者の判断力が認知症などで低下したとき」「依頼者が死亡したとき」など、どうしても不確実になります。しかも、依頼者には確実に契約が履行されたかどうかを確認することができないという不安要素があります。このため、生前契約は公正証書によって締結するのが一般的です。まずは、契約内容の原案を作成し、公証役場で契約書を公正証書にしてもらいましょう。

さらに、葬儀に関する契約や財産管理の委任契約を公正証書として締結するとともに、公正証書遺言を作成しておくと、遺言執行者が葬儀事業者や財産管理事業者に契約を実行

するよう指示をするという形がとれるので、より確実に契約を履行してもらえるようになります。

生前契約の費用は契約の内容や、選択したサービスによってさまざまで、一概にはいえません。たとえば葬儀の場合には、祭壇や棺のランク、遺体搬送の費用、会食の費用など細々とメニューがあります。

これらに加え、生前契約の場合、いつ履行になるかわからないという特殊性から、入会金として契約時に数万円から数十万円、管理費、維持費などの名目で月に数千から数万円単位の費用がかかることがあります。管理費や維持費などの費用については、契約期間が長くなればその分、金額がかさんでくるわけですから、決して安いものではないと覚悟しておくべきでしょう。

## 書式　生前契約書

**生前契約書**

　北山太郎（以下「甲」という）と株式会社北丸子葬儀社（以下「乙」という）とは、甲の死亡後における葬儀他の諸手続きについて以下のとおり契約を締結する。

**第1条**　甲は、乙に対し、甲の死亡後における次の事務を委任、乙はこれを受諾する。

(1)　親族や関係者への連絡

(2)　葬儀の手続き

(3)　納骨、埋葬、永代供養の手続き

(4)　賃貸住居の退去手続き

(5)　一切の債務弁済事務

(6)　行政機関などへの手続き

(7)　上記(1)から(6)までの事務に関する費用の支払い等

**第2条**　本契約は、甲が死亡した場合においても終了せず、甲の相続人は、委任者である甲の本契約上の権利義務を承継する。

**第3条**　乙は、本契約の事務については、乙自身もしくは、乙に雇用された者のみが行い、第三者に再委任しない。

**第4条**　乙は、甲の死後速やかに以下に記載する甲の親族に連絡する。

①　弟　北山三郎

②　妹　西湖花子

2　乙は、甲の親族に対し、甲が遺言書を遺した旨を説明し、公正証書遺言の執行について助言をする。

**第5条**　前条の他、乙は別表のリストの関係者に連絡をし、通夜、告別式の案内をする。

**第6条**　乙は、甲の通夜、告別式を北丸子ホールにて仏式にて行い、丸子寺の僧侶に読経を依頼する。

**第7条** 前条の他、乙は、甲の通夜、告別式の一切の手配を行う。なお、弔辞は、学生時代からの親友である南島良一に依頼する。

**第8条** 乙は、甲の遺骨を丸子寺に納骨し、永代供養の手続きをする。

2 戒名については、丸子寺の僧侶に、「技」の文字を入れて名づけるよう依頼する。

**第9条** 乙は、甲の住居にある家財道具・生活用品などを処分し、甲が賃借していた住居を貸主に明け渡し、賃貸借契約を終了させる。

**第10条** 乙は、甲の死後、甲の財産を調査し、甲に債務があるときは、すべての債務につき甲の財産よりその返済を行う。

**第11条** 乙は、甲の死亡届他、法律の定めるところにより、行政機関に対し必要な手続きを行う。

**第12条** 乙は、本契約に必要な費用を事前に見積もり、甲はその金額を乙に支払う。なお、その金額に不足があるときは、甲の相続人に対して請求し、残余があるときは、甲の相続人に対して返還する。

**第13条** 甲は、乙に本契約に基づく通夜、告別式の実施、ならびに諸手続きの手数料として、金500万円を支払う。

**第14条** 甲及び乙は、いつでも合意により本契約を解除することができる。

**第15条** 本契約は、甲または乙に以下の事項が生じた時に終了する。

① 乙が解散した時

② 甲または乙が破産手続開始の決定を受けた時


令和〇年〇月〇日

甲　　　東京都大田区北丸子二丁目25番17号

　　　　　　　北山　太郎　㊞

乙　　　東京都世田谷区玉川台三丁目1番5号

　　　　株式会社北丸子葬儀社

　　　　　代表取締役　東池　二郎　㊞

# 4 福祉型信託について知っておこう

## ニーズに対応する必要がある

## どんなしくみになっているのか

福祉型信託とは、高齢者や障害者のための生活支援や財産管理のために信託を設定することをいいます。高齢者や障害者を受益者として信託財産から生活費や施設費用・治療費などを給付することで高齢者や障害者が安心して生活できるしくみを作ることができます。具体的には、受益者の財産を守り、受託者から生活費の給付を行います。福祉型信託は、老後や消費者被害への備え、自分の死後や障害のある家族の生活を守る、葬儀・遺産分割などをスムーズに行うといった目的で利用されます。

## どんな注意点があるのか

福祉型信託を利用する場合には以下の点に注意する必要があります。

① それぞれのニーズに対応させる

受益者である高齢者・障害者の生活状況や家族関係などはさまざまですので、一律に信託の形を決めることはできません。事例に応じて、成年後見制度や遺言などと併用してい

く必要があります。

② 利益を上げることを目的としていない

福祉型信託の場合、受益者の生活を守ることが大きな目的になります。もちろん、信託によって利益を生み出すことができれば、その方がよいわけですが、基本的には受益者の生活のために福祉型信託が利用されます。

③ 福祉サービスとの連携が必要

福祉型信託により、受益者に対して金銭が払われます。しかし、受益者が高齢者や障害者の場合、その金銭を使って日用品などの買い物を行うことは難しい場合もあります。そのため、公的機関と連携したり、任意後見契約を併用することで、受益者が必要な物を入手できるような体制を整える必要があります。

## 法定後見や任意後見との併用

信託制度は判断能力を十分に備えている人及び判断能力が不十分な人についても法定後見制度を併用することによって活用することができます。

信託を利用した場合、受益者は生活に必要な金銭を受け取ることができますが、その金銭を使用する際の支援を受けることはできません。そうすると、受益者が高齢者や障害者である場合に、信託によって受け取った金銭を利用できないという不都合が生じます。そのため、このような部分を補うものとして、任意後見制度を利用する必要があります。信託と任意後見制度を併用することにより、効果的な支援が可能になります。任意後見制度と信託とを併用した場合、後見人と受託者とを兼任することが可能です。

## どんな利用法があるのか

福祉型信託の利用法としてはさまざまなものが考えられますが、ここでは２つの利用方法を紹介します。

① **遺言代用信託の活用**

遺言代用信託とは、遺言書を作成せずに、指定した人に財産を引き継ぐことができる信託です。遺言代用信託は、遺言によって設定される遺言信託とは異なり、生前に受託者と信託契約を締結し、委託者自らを受益者とした上で、自分の死後に財産を承継させたい人（第二受益者）を指定しておきます。こうすることで、委託者が死亡しても、通常の相続のように資産が凍結されることなく、円滑に財産の管理や運用を継続して行うことができるわけです。

遺言代用信託を行った場合、委託者は、判断能力のある限り死亡するまで、死亡後に受益権を取得する受益者を変更することができます。遺言代用の信託を行う委託者は、通常は受益者を変更する権利を保持しておきたいという意思を有しているので、委託者が受益者を変更する権利について信託法で規定されています。

また、「委託者の死亡後に受益者

## 遺言代用信託のしくみ

**パターン1**

委託者の死亡 ➡ 受益者の指定 ➡ 受益者が受益権を取得

**パターン2**

委託者の死亡以後に受益権を取得する定め ➡ 信託財産の給付を受ける

が財産を受け取る」という内容の信託の場合、原則として委託者が死亡する前は、第二受益者は受益者としての権利を有しません。

さらに、遺言代用信託では、委託者自らが受託者の適正をチェックすることができるため、福祉型信託で利用する場合などは、残された高齢配偶者や障害のある子の生活保障をより確実なものとすることができます。委託者は、判断能力のある間はいつでも信託契約の内容を変更したり契約そのものを解約することもできるため、不誠実な受託者を解任することもできるのです。

② 受益者連続型信託の活用

受益者が死亡した場合に、その受益者の受益権が消滅し、他の者が新たな受益者となるという内容の信託のことを**受益者連続型信託**といいます。受益者連続型信託は、後継ぎ遺贈型信託と呼ばれることもあります。たとえば、Aには、妻B・長男C・次男Dがいるとします。何もしていなければ、Aが死亡した場合にはAの財産はBに2分の1、CとDに4分の1ずつ相続されます。しかし、信託により、Aが生きている間はAが受益者、Aが死亡した後はBが受益者、Bが死亡した後はCが受益者、Cが死亡した後はDが受益者とすることもできます。これが受益者連続型信託です。もっとも、複数の受益者がいる場合、受託者は公平に財産的利益を分配する義務を負いますが、受益者連続型信託は、受益者変更の時期などにより、受益者が受け取る利益の額に、大きな差が生じる場合があるため、運用には注意が必要です。

なお、受益者連続型信託の制度を利用した場合、財産を相続したのと同一の相続税を支払う必要があります。

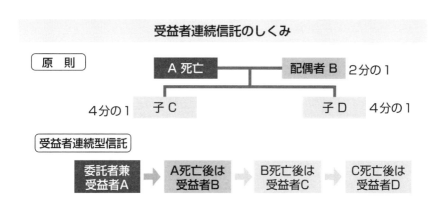

**受益者連続信託のしくみ**

原則

A 死亡 ── 配偶者 B　2分の1

4分の1　子 C　　　　　　　子 D　4分の1

受益者連続型信託

委託者兼受益者A　→　A死亡後は受益者B　→　B死亡後は受益者C　→　C死亡後は受益者D

# 後見制度支援信託について知っておこう

被後見人の財産を守る必要がある

## どのような制度なのか

**後見制度支援信託**とは後見制度を利用している被後見人の財産を守るための制度で、生活費など日常的に使用する金銭については後見人が管理し、それ以外の金銭については信託銀行等に信託するしくみです。

手続きの流れは次のようになります。

家庭裁判所は、後見開始の審判をするにあたり、後見制度支援信託の利用を検討すべきケースだと判断した場合は、弁護士や司法書士などの専門職後見人を選任します。

選任された専門職後見人は被後見人の生活・経済状況などに照らし後見制度支援信託の利用の適否を検討し、利用に適していると判断した場合は、信託する財産の額、生活費などの日常的に支出に充てるための額などを設定し、家庭裁判所へ報告書を提出します。

裁判所は報告書の内容をふまえ、指示書を発行します。専門職後見人は発行された指示書を信託銀行等（受託者）に提出して、信託契約を締結します。信託が設定されると、専門職後見人は辞任し、親族後見人に財産の引継ぎが行われ、以降、親族後見人は日常的に必要となる金銭のみを管理し、それ以外は信託銀行等が管理していくことになります。

なお、親族後見人が管理する金銭が不足する場合は、家庭裁判所から指示書を得て、信託銀行等から払戻しを受けることになります。

後見制度支援信託を利用して信託できる財産は、金銭のみに限定されています。

## どんなメリットがあるのか

後見制度支援信託を利用した場合の大きなメリットとして、後見人の不正を防止できることが挙げられます。

後見制度の下では、後見人は大きな権限をもつことになります。しかし、後見人が被後見人の財産を流用してしまうという事例が増加しており、このような後見人の不正行為を防ぐ必要がありました。

後見制度支援信託であれば、信託

財産を払い戻すには家庭裁判所の指示が必要になります。被後見人の財産からの支出を家庭裁判所がチェックすることができるため、後見人の不正行為を防ぐことができます。

ただし、後見制度支援信託を利用した場合、後見人は、被後見人の年金を受け取り、その中から介護施設のサービス利用料など日常的な支払いを行っていきます。つまり後見人が管理できるのは日常生活費等に限定されているため、急な医療費や臨時の支出があった場合など急きょ金銭が必要となった場合は、裁判所から指示書を発行してもらわない限り、信託財産からの払戻しを受けることができないので、不便さを感じてしまうかもしれません。

## 家庭裁判所の指示書が必要な事項

後見人が信託財産について下記の行為を行う場合には、家庭裁判所が発行した指示書が必要になります。

・一時金を払い戻してもらう場合
・定期的に交付されている金額を変更する場合
・信託財産を追加する場合
・信託契約を解約する場合

## 信託契約が終了する場合とは

信託契約の契約期間は、成年後見の場合は被後見人の死亡時に終了します。被後見人の後見開始取消審判が確定した場合にも信託契約は終了します。

この他にも、信託金額が1回の定期金の額を下回った場合、信託契約が解約された場合、信託会社等が受託者を辞任した場合などにも信託契約は終了します。

## 専門職後見人から親族後見人への引継ぎ

後見制度支援信託を利用する場合、信託契約の締結には専門知識が必要になるため、弁護士あるいは司法書士が専門職後見人として選任されることになります。実務上は、ケースごとに一定の弁護士や司法書士を選任する取扱いがなされているようです。契約の締結など、専門職後見人が関与する事務の終了後、専門職後見人から親族（親族後見人）に財産管理の事務などを引き継ぐことになります。

## どんな問題点があるのか

まず、①被後見人の財産を信託することになるので、後見人が柔軟に

被後見人のための支出ができなくなる可能性があります。また、②後見制度支援信託で信託財産にできる財産は金銭だけであるため、被後見人が不動産や株式などの財産をもっていた場合には後見制度支援信託を利用できません。さらに、③専門職に依頼した場合の専門職後見人に対する報酬額や、信託会社等に対して支払う手数料も高額になってしまう可能性があります。

①の問題点については、家庭裁判所が財産の払戻しについての指示書を迅速に発行することで対処する必要があります。それぞれの事情にあわせた財産の支出をすることで、適切に被後見人を支援することが可能になります。

②の問題点については、後見制度支援信託を利用するためには、被後見人の財産を金銭にしておくことが必要です。ただし、株式や社債など金銭以外の財産を金銭にしてしまうと、被後見人が不利益を受けてしまう可能性があります。そのため、被後見人の財産が不当に目減りしてしまうことがないよう、慎重に金銭への換価をすることが必要です。

③の問題点については、報酬額などが高額になる可能性があるものの、そもそも後見制度支援信託の利点には費用軽減という点があります。信託会社等が受け取る報酬は信託財産の運用益から支払われます。信託財産の元本が取り崩されることはありません。ただし、信託会社等が必要とする手数料は、運用益がないときは元本から支払う必要があります。

## 後見制度支援信託のしくみ

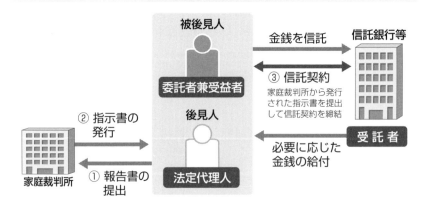

# 第7章

# 将来に備えるための
# 遺言・相続などの
# 知識と手続き

# 1 遺言の種類と改正ポイントをおさえよう

自筆証書遺言の要件の緩和や一部分割に関する規定が重要である

## 遺言の種類

遺言には、普通方式と特別方式がありますが、一般的には普通方式によることになります。特別方式の遺言は、死期が迫った者が遺言をしたいが普通方式によっていたのでは間に合わない、といった場合などに利用できます。具体的には、①病気などで死亡の危急に迫ったとき、②伝染病で隔離されているとき、③船舶内にいるとき、④船舶遭難の場合に船中で死亡の危急に迫った場合、の4つがあります。

普通方式の遺言には、自筆証書遺言、公正証書遺言、秘密証書遺言の3つがあります。実務上、秘密証書遺言はほとんど利用されていないため、遺言書の作成は、自筆証書遺言か公正証書遺言によることになります。

### ① 自筆証書遺言

遺言者自身が自筆で遺言の全文・日付・氏名を書き、押印した遺言書です。

### ② 公正証書遺言

遺言者が証人2人の立ち会いの下で口述した内容を、公証人が筆記し、遺言者と証人が承認した上で、全員が署名・押印して作成したものです。

## 自筆証書遺言の方式の緩和

自筆証書遺言は、全文・日付・氏名を自書し、これに押印することで作成されます。そのため、作成に際しては自書能力（文字を知り、これを筆記する能力）が必要です。ただ、判読不能な部分は無効となることから、自書（手書き）で遺言書を作成しても、その効力について争いが生じるケースもあります。

2018年相続法改正では、自筆証書遺言の一部について、自筆以外の記載を認めるなど様式を緩和し、自筆証書遺言の保管制度を創設しました。

具体的には、自筆証書遺言を作成する際に、遺産を特定するために必要な財産目録を別紙として添付する場合、その財産目録に署名押印することを条件として自書を不要とし、他人による代筆やパソコンによる入力の他、登記事項証明書や通帳の写しを添付しても有効と扱われま

す。つまり、相続法改正では自筆証書遺言を遺言事項と財産目録とに分け、遺言事項（全文・日付・氏名）は自書を要求する一方で、財産目録（添付書類）は自書を不要とすることで、形式的要件の緩和が図りました。

ただし、自書によらない財産目録が複数ページにわたる場合は、すべてのページに署名押印が必要です。また、自書によらない財産目録が両面にある場合は、その両面に署名押印が必要です。さらに、自書によらない財産目録の内容を変更（追加・除除・訂正）する場合は、遺言者が変更場所を指示し、その内容を変更したことを付記し、これに署名押印しない限り、変更の効力は生じないとする規定も置かれています。

## ■自筆証書遺言の保管制度について

自筆証書遺言については、原則として家庭裁判所による検認手続き（家庭裁判所が遺言の存在と内容を確認するための手続き）を経なければなりません。検認手続きを怠ると過料に処せられることから、相続人や保管者の負担は比較的重くなります。その一方で、紛失や偽造・変造のおそれが高いことも問題とされていました。また、相続人が遺言書の存在を把握しないまま遺産分割協議が成立し、後に遺言書が発見されたことでトラブルになるケースもありました。

このことから相続改正法では、**自筆証書遺言の保管制度**が創設されました。具体的には法務局で自筆証書遺言を保管する制度が2020年7月10日よりスタートしています。この保管制度を利用した場合は、裁判所による検認手続きは不要になり、遺言書の存在を把握することも容易になるため、その後の相続手続を円滑に進めることができます。

## 自筆証書遺言の方式の緩和

| 改正前 | すべての事項について自書が要求されていた |
|---|---|
| 改正法 | ①財産目録を別紙として添付する場合は、自書でなくてもよく、パソコンなどで入力しても有効である<br>②第三者の代筆や、登記事項証明書、通帳のコピーなどを添付してもよい<br>③財産目録の各ページに署名押印が必要である（両面ある場合は、その両面に） |

## 2 公正証書遺言について知っておこう

### 公正証書遺言作成のためには費用がかかる

### 公正証書遺言を作りたいときは

公正証書遺言は、遺言者が公証役場に行き、公証人に対して直接遺言を口述して遺言書を作成してもらいます。公正証書遺言の原本は、原則として作成時から原則として20年間、公証役場で保管されます。

公正証書遺言の作成は、まず証人2人以上の立会いの下で、遺言者が遺言の趣旨を公証人に口述します。遺言者に言語機能の障害がある場合は、通訳または筆談によって公証人に伝えます。公証人はその口述を筆記し、遺言者と証人に読み聞かせ、または閲覧させます。遺言者と証人は、正確に筆記されていることを承認した上で、署名押印します。

最後に、公証人が正しい方式に従った遺言であることを付記して、署名押印します。遺言者が署名できないときは、公証人はそのことを付記して署名に代えることもできます。

### 公正証書遺言作成の手続き

公正証書遺言の作成を依頼すると

きは、まず遺産のリスト、不動産の地番、家屋番号などの必要資料をそろえます。遺言の作成を依頼する時点では、証人の同行は不要です。証人となる人は、署名をする日に公証役場に行くだけですが、当日は本人確認書類（免許証や住民票など）と認印を持参しましょう。一般的に公証人は、あらかじめ公正証書の下書きを用意してきますので、当日にはこれを参考にして遺言を作成します。完成した公正証書遺言は、公証役場に保管されますが、遺言の正本1通は遺言者に交付されます。また、遺言書を作成した公証役場で請求すれば、必要な通数の謄本をもらうことができます。

### 作成にかかる費用と書類

遺産の金額によって費用が異なりますので、事前に公証役場に電話して確認しましょう。弁護士などの専門家に公正証書遺言の原案の作成を依頼する場合は、遺言の内容や遺言者の財産状況によって費用が変わり

ます。なお、身分関係や財産関係を証明するための書類（下図）を事前に用意しておきましょう。

① **遺言者の本人性を証明する**

原則として、実印と3か月以内に発行された印鑑証明書を用意します。

② **遺言の内容を明らかにする**

相続人、受遺者、相続財産の存在を証明するための書類も準備しなければなりません。具体的には、相続人や受遺者については、戸籍謄本や住民票を用意します。相続財産については「財産目録」を作成します。不動産については、登記事項証明書が必要です。

## 公正証書遺言作成の際の注意点

公正証書遺言を作成する際は、嘱託先、証人、遺言内容、遺留分などに注意する必要があります。

① **どこの公証人に嘱託するのか**

遺言者自身が公証役場に行き、公正証書遺言を作成してもらう場合には、どこの公証役場の公証人に嘱託してもかまいません。遺言者の体が自由にならない場合は、自宅や病院まで公証人に出張してもらうことができます。ただし、公証人の出張先は所属する法務局の管内に限定されるため、近くの公証役場に相談することが必要です。

② **証人を用意しておく**

公正証書遺言を作成するには、証人2名が立ち会わなければなりません。証人は本人確認書類と印鑑（認印でよい）を持参します。証人は誰でもなれるわけではなく、未成年者、推定相続人とその受遺者に加えて、

---

### 公正証書遺言を作成するための資料

遺言者本人を確認するための資料
- ①運転免許証と認印
- ②パスポートと認印
- ③住民基本台帳カード（写真つき）と認印
- ④個人番号カードと認印
- ⑤印鑑証明書と実印

①②③④⑤のいずれかを用意する（原則は⑤）

**＋**

**公正証書遺言の作成に特有の資料**
- ・遺言者本人の印鑑証明書
- ・遺言者と相続人との続柄がわかる戸籍謄本
- ・財産を相続人以外の人に遺贈する場合には、その人の住民票
- ・遺産に不動産が含まれる場合には、登記事項証明書または固定資産評価証明など

これらの配偶者や直系血族も証人となることができません。

### ③ 遺言すべき内容を決定する

ここでの遺言とは、法律上の身分関係や財産関係に限られます。具体的には、「誰に何を相続させるか」「遺贈するか」「どのようにして遺産を分割するのか」「誰が遺言を実行するのか」などを内容とします。

### ④ 「相続させる」という記載

特定の遺産を誰かに譲り渡す場合、その誰かが相続人の中に含まれていれば「相続させる」と表現します。相続人以外の人であれば「遺贈する」と表現します。たとえば、遺言でAさんが「六甲の別荘を敷地・建物ともにBに相続させる」と表現した場合、すべての相続人による遺産分割協議を経ることなく、六甲の別荘は直ちにBのものになります。

### ⑤ 遺留分

兄弟姉妹以外の相続人には、最低限相続できる割合（遺留分）が法律で保障されています。紛争の火種を残さないように、遺留分に配慮した遺言をしておいた方が無難でしょう。

### ⑥ 遺言執行者

公正証書遺言の中でも、相続財産を管理し、遺言の執行を行う遺言執行者を指定できます。

## 遺言検索システム

**相続の開始** 相続人や相続財産の調査の他に、『遺言書の有無の確認』が必要

平成元年以降の公正証書遺言の有無の確認のために…

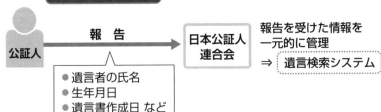

**遺言検索システム**

公証人 ── 報告 → 日本公証人連合会

報告を受けた情報を一元的に管理
⇒ 遺言検索システム

● 遺言者の氏名
● 生年月日
● 遺言書作成日 など

★ 全国どの公証役場でも必要書類を提出すれば遺言書の検索・照会を行ってもらうことが可能
⇒ 利用にあたり費用は無料。
遺言書の謄本を複写するには1ページにつき250円の費用がかかる

# 3 遺言書を書くときの注意点について知っておこう

## 遺言書に書くための用紙や文字は自由である

### 用紙と使用する文字

遺言には一定の形式が要求されますが、記載する用紙は自由です。原稿用紙でも、便せんでもメモ用紙でもかまいません。もちろん筆記用具も自由です。原則として、自筆証書遺言では遺言者本人の自筆によりますから、パソコンの入力ソフトなどで作成した遺言は認められません。パソコンの入力ソフトなどの文字は、遺言者自身の意思が読み取りづらく、偽造等も容易であるためです。手書きで署名し、押印しても無効です。自筆した遺言書を写した写真やコピーなども認められません。自筆したものだけが有効な遺言書となります。

なお、視力を失った人が、他人の助けを得て筆記することは許される場合があります。使用する文字は、法律上規定がないため、漢字、ひらがな、カタカナ、ローマ字すべて有効です。また、方言や家族内での通用語を用いても無効にはなりませんし、速記記号、略符、略号でもよいとされます。しかし、遺言は、一般人が普通に理解できるように心がけて書くべきでしょう。

### 相続人名簿と財産目録を作る

遺言書を書くときは人名や遺産の指定を間違えないように注意する必要があります。家屋や土地の所在地や地番の間違いは意外に多いようです。また、人名の書き落としもありがちです。遺言書を作成するときは、必ず相続人名簿と、財産目録も作っておきましょう。

### 遺言の内容に工夫が必要

遺言の記載内容について疑問がなければ、争いが起こらないかというと、そうでもありません。そのため、遺言の内容について少し工夫が必要です。つまり、なぜそのような相続分の指定にしたか、という根拠を書いておくようにすべきです。自筆証書であれば、遺言書自体にそのことを書いてもかまいませんし、公正証書の場合にも付言事項という形でそれを補うこともできます。

223

## 遺言者の意思能力の立証

遺言書があるとともに、それを作成した当時、本人が正常な判断能力を有していたことを証拠立てておくことはとても大切なことです。

その方法としては、「本人が自筆の書面を書いておく」「医師の診断を受けて精神状況の診断書をとっておく」などが考えられます。

## 署名をする

署名は自筆で氏名を書きますが、通称でもかまいません。自筆証書で遺言を作成するには、遺言者本人が日付と氏名を自署し、押印しなければなりません。氏名とは戸籍上の姓名のことですが、本人だと判断できれば名前だけの記載でもかまいません。署名が雅号、芸名、屋号、ペンネームなどであっても、遺言者との同一性が示せるのであれば有効ですが、混乱を生じさせないためには氏名で記載することをおすすめします。

## 遺言書に押す印鑑はどうする

自筆証書遺言と秘密証書遺言の遺言書の押印は、拇印（指先に朱肉をつけ、指を印の代わりにして指紋を残すこと）でもよいと考えられていますが、被相続人本人のものかどう

かの判読が難しいため、できれば実印を押しておくべきでしょう。

遺言者の死後、遺言書に押印がないのを知った相続人などが後から印鑑を押すと、遺言書を偽造・変造したとみなされます。印鑑を押した人は相続欠格者になる可能性もあります。

## 遺言書に署名押印がないときは

自筆証書遺言、秘密証書遺言は、署名押印がなければ無効です。署名押印の場所は問いません。ただ、署名押印が遺言書自体にはなく封書にある場合、遺言書と一体の部分に署名押印があったとして、遺言を有効とした判例があります。しかし、封印のある遺言は家庭裁判所において相続人が代理人の立会いの下で開封しなければなりません。

## 契印や割印をしておく

遺言書に書きたいことが多いため、遺言書が複数枚になった場合でも、1つの封筒に入れておけば同一の遺言書とみなされます。さらにホチキスなどでとじておいた方が確実です。

割印や契印（紙の綴目に印を押すこと）については、法律上定めがないので、とくに必要とされていません。しかし、将来のトラブルを予

防するためには、契印や割印をして
おく方が安全だといえます。

## 遺言書を封筒に入れる

　法律的には、自筆証書遺言を封筒
に入れる場合に封をする必要はあり
ません。しかし、遺言書の改ざんや
秘密を守るためにも、遺言書を封筒
に入れ、封をしておきましょう。封
印された遺言書を開封するときは、
相続人またはその代理人の立会いの
下で家庭裁判所においてしなければ
ならず、勝手に開封した場合は、5
万円以下の過料に処せられますので、
注意が必要です。そのため封をする
ときは、封筒の表に「遺言書」と書
いておくだけでなく、「遺言書の開
封は家庭裁判所に提出して行わなけ
ればならない」と書いておくように
しましょう。

## 遺言書が2通見つかったときは

　遺言書が数通ある場合であっても、
それぞれの遺言書は有効です。また、
相続人別に遺言書を書くこともある
でしょう。新しく書き直したが、前
の遺言書を破棄していないこともあ
ります。

　法律的に正しく作成されている遺
言書であれば、いずれの遺言書も有
効です。ただし、それぞれの内容に
矛盾がある場合、矛盾している部分
については、新しい日付の遺言書の
方が有効になります。

　遺言書が2通見つかった場合に2
通の作成日が同じであれば、時刻で
も書かれていない限りどちらが新し
いかわかりません。このような場合、
内容に矛盾がある部分については、
両方の遺言書が無効とされる可能性
もあります。この場合、遺言が無効
となるのは矛盾する部分についてだ

### 遺言書が複数枚になるとき

ホチキス
などで
端をとめる

遺言書

綴目に契印を
しておくと
確実

印

けであり、遺言全体が無効となるのではありません。

さらに、1通は公正証書遺言でもう1通は自筆証書遺言という場合も考えられます。この場合も効力は作成日の前後によります。きちんと法的な要件を備えていれば、後から作成する遺言書がどんな方式であっても、矛盾する部分は後にした遺言が有効となります。

## 遺言を取り消したいとき

遺言の取消しは遺言によって行います。ただ、日付の新しい遺言は古い遺言に優先しますから、わざわざ取り消すまでもありません。遺言者が遺言書を破棄すると、遺言を取り消したことになります。「書面が偶然に破れた」「他人が破った」というような場合はここにいう破棄にはあたらず、遺言があったことを証明できれば、遺言は実行できます。取消しの場合のケースは、3つに分かれます。なお、遺言の取消しをさらに取り消すことは原則としてできません。

① **前の遺言と後の遺言とが矛盾するとき**

前の遺言と異なる内容の遺言書を作れば、前の遺言は取り消したものとされます。

② **遺言と遺言後の行為が矛盾する場合**

別の遺言書を書かなくても、前の遺言の内容で対象になっている物を売ってしまえば、遺言を取り消したものとみなされます。遺言者が故意に遺贈の目的物を破棄したときも同じです。

③ **遺言者が故意に遺言書を破棄したとき**

遺言書を故意に破棄すれば、破棄した部分について遺言を取り消したことになります。

④ **遺言書の文面全体に赤ボールペンで故意に斜線を引いた場合**

近時、文面全体に赤ボールペンで故意に斜線が引かれた自筆証書遺言の効力が争われた事案で、最高裁は無効と判断を下しました。これは、赤色ボールペンで文面全体に斜線を引く行為が、一般的に、遺言書に記載された内容をすべて取り消す意思の表れだと評価されたからです。したがって遺言書全体に斜線が引かれている場合は、「故意に遺言書を破棄したとき」にあたるため、遺言そのものが無効になります。

## 遺産分割後に見つかった遺言書

遺産分割後に遺言書が見つかった

ときは、原則として分割は無効になります。また、遺言書が隠匿されていた場合には、相続欠格による相続人の変化が生じますから、これによる分割無効の問題も生じます。以下、いくつか特殊な場合を考えてみましょう。

① 認知の遺言

相続人が増えることになりますが、分割無効ではなく、民法910条の規定に基づいて、認知された子から相続分相当の価額の賠償が請求されることになります。

② 廃除または廃除取消の遺言

家庭裁判所の審判確定により、遺産分割に加わる者が変わるわけですから分割は無効になります。

③ 単独包括遺贈の遺言

単独包括遺贈とは、遺産の全部を一人に遺贈するものです。単独包括遺贈により単独取得となりますから分割は無効です。以後は分割の対象がなくなり、再分割の必要はありません。

④ 特定遺贈の遺言

遺贈財産は分割の対象ではなくなりますから、その限度で分割は無効になります。また、分割全体に影響が及べば、全体が無効になります。

## 遺言内容の変更

| 遺言書の種類 | 目　的 | 方　法 |
|---|---|---|
| 自筆証書遺言 | 加入・削除・訂正 | 遺言書に直接書き込んで変更 |
| | 取消し | ● 遺言書の破棄<br>● 遺言を取り消す旨の遺言書を作成 |
| 公正証書遺言 | 加入・削除・訂正 | 遺言を変更する旨の遺言書を作成 |
| | 取消し | 遺言を取り消す旨の遺言書を作成 |
| 秘密証書遺言 | 加入・削除・訂正 | 遺言を変更する旨の遺言書を作成 |
| | 取消し | 遺言書の破棄 |

# 遺言書作成の仕方

遺言書とわかるようにはっきりと「遺言書」と書きます

## 遺言書

遺言者○○○○は本遺言書により次のとおり遺言する。

1　遺言者は妻○○に次の財産を相続させる。

相続人に対しては「相続させる」、相続人以外に対しては「遺贈する」と書きます

　①　遺言者名義の土地

　　　所在　静岡県伊東市一碧湖畔二丁目

土地や建物の表示は登記簿に記載されているとおりに記載します

　　　地番　25番

　　　地目　宅地

　　　地積　100.25平方メートル

　②　○○銀行○○支店遺言者名義の定期預金（口座番号×××

　　　××）すべて

受遺者の氏名、住所、生年月日、遺贈する財産を記入します

2　遺言者は、東村和子（東京都世田谷区南玉川1－2－3、

　昭和30年8月23日生）に、遺言者の東都銀行玉川支店の普通

　預金、口座番号1234567より金弐百万円を遺贈する。

3　その他遺言者に属する一切の財産を妻○○に相続させる。

4　本遺言の遺言執行者として次の者を指定する。

具体的に記載しなかった財産の相続人についても記載しておきます

金銭の場合には支店名・口座番号も記載しておきます。改ざんを防ぎたい場合には算用数字より多角文字を使用した方がよいでしょう

　　　住所　東京都○○区○○町○丁目○番○号

　　　氏名　○○○○

遺言執行者を指定する場合には遺言執行者の住所・氏名・生年月日を書きます

5　付言事項

　　妻○○は、苦しい時代にも愚痴ひとつこぼさず、ひたすら

　遺言者を支え続け、子どもたち2人を立派に育ててくれた。

　子どもたち2人はこれからも、お母さんの幸せを温かく見

　守ってやってほしい。

家族への思いなどについては、最後に「付言事項」として書き残します

令和○年○月○日

作成日付・遺言者の住所・氏名を、正確に記載し、押印します

　　　　　　　　　　東京都○○区○○町○丁目○番○号

　　　　　　　　　　遺言者　　○○○○　㊞

# 4 代筆や文字の判読、日付の記載、訂正をめぐる問題について知っておこう

## 日付は遺言書の絶対要件である

### ■遺言書の代筆は認められるのか

自筆証書遺言について、本人の自筆による遺言であることが証明されなければ、その遺言は無効です。自筆かどうかが争われた場合は、主に作成時の状況によって判断します。

また、自筆で遺言を書く意思はあっても、病気などのために文字がうまく書けないので、他人に介添えをしてもらって書いた場合は、介添えの程度によって判断します。

判例によれば、自筆証書遺言の成立に必要なのは、遺言者が文字を認識する能力と筆記する能力であり、これは視力を失った場合などにも喪失するものではありません。その上で、介添えが自筆の範囲内として許されるのは、用紙の位置に手を置くための補助を行うなど、遺言者が自らの意思で手を動かして筆記できる状態が確保されている場合に限られるので、それ以外の介添えによる場合は自筆と認めることができず、自筆証書遺言としては無効となります。

### ■遺言書の文字が判読できないとき

遺言書が判読できない状態としては、遺言書の破損・摩滅により文字がうすれていて物理的に読めない場合と、自筆が乱れており文字自体が読みにくい場合が考えられます。

遺言書の文字が判読できない場合、それが遺言者の意思による破棄であれば、その破棄された部分については遺言が取り消されたとみなされます。また、汚れなどの原因により判読不可能となっている部分は無効になります。これが遺言者以外の相続人や受遺者による意図的な（故意による）破棄であるときは、その人は相続欠格とされ、相続人としての資格を失います。この場合は破棄された箇所も遺言としての効力は失われずに有効とされます。

相続人が遺言書の文字を判読できないときは、自筆証書遺言の効力を認めることができません。もっとも、作成時の状況や遺言者の真意から、可能な限り判読するよう相続人間で協議し、協議が調わなければ、家庭

裁判所での調停を試み、それでも結論が出ない場合は訴訟を提起して判断してもらうべきでしょう。

　裁判では、主に作成時の状況から、判読できるか否か、判読できるとするとどのように判読するかを争います。この際、筆跡鑑定を採用することは原則としてありません。実際には、相続人間の協議で結論を出すケースが多いようです。

## ■日付の記載がないときは無効

　日付の記載がない、あるいは存在しない日付を記載した自筆証書遺言は無効です。

　また、内容が相互に矛盾する遺言書が2つ以上見つかった場合、内容が矛盾する部分については、最も新しい日付の遺言書が有効とされます。

　遺言書に記載する日付は「令和○年○月○日」のように、明確な年月日を用います。元号でも西暦でもいいですし、漢数字でも算用数字でもかまいません。

## ■遺言の年月日が間違っている場合

　日付に誤りのある遺言は無効とするのが原則です。しかし、遺言に日付の記載が要求されるのは、遺言者の最終的な真意確認のためです。この真意確認の観点からすると、日付が誤記であることが明白であり、特定の年月日の記載があると認められる場合には、その遺言は有効だと判断される可能性があるといえるでしょう。

## ■遺言書の加入・削除・訂正

　自筆証書遺言などの遺言書に加入・削除・訂正をする場合、下図のようになります。

### 自筆証書遺言の訂正例

遺　言　書

遺言者○○○○は次のとおり遺言する。

本行1字加入
1字削除
１．長男○○○○の相続分は全遺産の参分の壱とする。
（中略）　　　　　　　　　　　弐㊞
○○○○

３．二男○○○○に対して東京都○○区○○町○丁目○番の
本行2字加入
建物を与える。
土地㊞
○○○○

令和○年○月○日

遺言者　○○　○○　㊞

# 5 法律上の形式に反する遺言の効力について知っておこう

## 遺言は必ず遺言者の意思によらなければならない

### 口頭による遺言の効力は

遺言が有効に成立するためには、民法が定めた方式に従って遺言書を作成する必要があります。遺言者が単に口頭で述べただけのものは、有効な遺言ではありません。

ただ、遺言者が口頭で述べて成立する遺言もあります。公正証書遺言の場合には、本人が署名できないときは、公証人がその内容を付記することで、遺言が有効に成立します。

また、特別方式による遺言には、遺言者が口頭で述べた内容を証人が筆記するものもありますし、署名押印ができない場合の特別規定もあります。民法が定めた方式に従って作成されていれば、その遺言は有効です。ただし、証人や立会人の署名押印は必要です。

### ビデオテープやDVDなどの使用

本人が登場して遺言内容を述べているビデオテープやDVDなどは、遺言として認めてもよさそうです。しかし、遺言の形式的要件である本人の署名押印などを備えていないので、ビデオテープやDVDなどに記録した遺言は、法的効力をもつ遺言とはなりません。

ただ、本人の自発的意思による遺言であることがわかるように、病床での遺言作成の模様を録画するということでしたら、後日のトラブルを予防する効果があるでしょう。また、ビデオテープやDVDなどに録画した内容を記録させておけば、第三者に遺言書が破棄されてしまったとしても、遺言書が存在したことや、その内容についての証拠になることもあります。

### 障害のある人がする遺言

公正証書遺言は、従来、遺言者から公証人への口述、公証人による読み聞かせが厳格に要求されていたため、障害者にとっては非常に不便な制度でした。しかし、1999年の民法改正により、遺言者の聴覚・言語機能に障害がある場合には、口述の代わりに手話通訳か筆談で公証人に伝

えること、公証人による内容の確認は手話通訳か閲覧の方法ですることが認められています。

また、点字機による自筆証書遺言は認められませんが、秘密証書遺言は点字機によることもできますが、署名押印は自ら行うことが必要です。一方、全盲の遺言者であっても、普通の文字で遺言書を書くことができれば、有効な自筆証書遺言を作成することができます。

## ▌共同遺言は認められるのか

共同遺言とは、2人以上の人が、1つの遺言書によって遺言をすることです。民法では共同遺言を禁止しています。たとえ夫婦がお互いの自由意思に基づいているとしても、その夫婦が1つの遺言書で遺言をすることはできません。

遺言は遺言者の真意が明確に表現されることが重要です。しかし、2人以上の人が同じ遺言書に遺言をしてしまうと、どの部分が誰の遺言であるのかを特定することが困難になりかねません。これでは遺言者の死後に、遺言の内容をめぐってトラブルが生じますので、民法では共同遺言を禁止しています。財産をどのように処分するか（誰に相続させるかなど）について、夫婦間で相談して決めるのは自由ですが、遺言書は必ず別々に書くことが必要です。別々の書面に書くのであれば、同じ日に遺言書を作成してもかまいません。

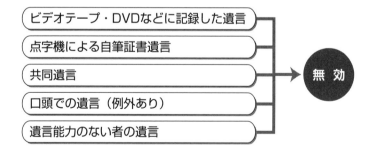

**法律上の形式に反する遺言**

- ビデオテープ・DVDなどに記録した遺言
- 点字機による自筆証書遺言
- 共同遺言
- 口頭での遺言（例外あり）
- 遺言能力のない者の遺言

→ 無効

# 6 相続分は遺言で変えられる

## 誰がどれだけ相続するかは遺言で指定できる

### 相続人の範囲

相続人の範囲は民法で法定されています。つまり、法定された範囲内の人だけが相続人となり、それ以外の人は相続人になることができません。最優先順位で相続人になるべき人を推定相続人といいます。

ただし、法定相続分（235ページ）に従い相続させるのは不合理だと被相続人が考え、誰に何を相続させるかを遺言した場合、法律上は、被相続人の遺言に従い処理するという原則がありますので、遺言書により指定された人が遺産を承継します。また、相続放棄、廃除、相続欠格による相続権の喪失や、代襲相続の問題などがあるため、推定相続人が必ずしも相続人になるとは限りません。

### 血族の相続順位

血族とは、血縁関係のある親族のことで、直系血族（親や子など直線的につながる血族）と傍系血族（兄弟姉妹など共通の始祖から枝分かれしている血族）に分けられます。直系血族はさらに、直系尊属（上方向の直系血族）と直系卑属（下方向の直系血族）に分かれます。

血族の相続順位の第1順位は子です。養子や胎児も含まれます。婚姻関係にない男女間に生まれた非嫡出子は、認知を受けた場合に父親の地位を相続します（母親について認知は不要です）。なお、子の代襲相続人（次ページ）が1人でもいる場合は、その人が第1順位の相続人となり、直系尊属や兄弟姉妹は相続人になりません。

第2順位は直系尊属です。第1順位が誰もいない場合に、直系尊属が相続人となります。直系尊属の中では被相続人から見て親等の最も近い者が相続します。たとえば、被相続人の親が1人でも生きていれば、その親が相続人となり、祖父母は相続人になりません。

第3順位は兄弟姉妹です。第1順位と第2順位が誰もいない場合に、兄弟姉妹が相続人になります。兄弟姉妹の間に優先順位はありません。

なお、兄弟姉妹の子は代襲相続人になりますが、代襲相続はその子でストップしますので、再代襲（孫以降への代襲相続）は生じません。

## 配偶者の相続権

　被相続人の配偶者は、血族とともに、常に相続人となります。相続権がある配偶者は、婚姻届が出されている正式な配偶者に限定されます。内縁関係の相手方は、たとえ長年いっしょに生活し、夫婦同然だとしても、相続人となることができません。

## 代襲相続とは

　代襲相続とは、本来相続人になるはずだった血族が、死亡・相続欠格・相続廃除によって相続権を失った場合、その子や孫などが代わりに相続人となることです。本来相続するはずだった血族を被代襲者、代襲相続によって相続する人を代襲相続人と呼びます。

　具体的に、被代襲者は被相続人の子か兄弟姉妹で、代襲相続人は被相続人の直系卑属かおい・めいです。したがって、被相続人の配偶者や直系尊属が相続権を失っても代襲相続は生じず、被相続人の養子の連れ子は被相続人の直系卑属でないため代襲相続人になりません。

　また、本来の相続人が子である場合に起こる代襲相続は「孫→曾孫…」と再代襲が無限に続きますが、本来の相続人が兄弟姉妹である場合に起こる代襲相続は、兄弟姉妹の子（被相続人のおい・めい）に限られることから、再代襲は生じません。兄弟姉妹について再代襲を認めると、被相続人から見るとほぼ顔も知らない人にまで財産が与えられてしまうからです。

　代襲相続が行われる原因（代襲原因）は、死亡、相続廃除、相続欠格によって、相続人となるはずだった被相続人の子か兄弟姉妹が相続権を失うことです。一方、相続放棄の場合は、初めから相続人でなかったことになるので、代襲相続は生じません。

## 指定相続分と法定相続分

　相続人が2人以上いる場合、相続人が受け継ぐ相続財産（遺産）の割合を**相続分**といいます。相続分については、原則として、被相続人の遺言で定められた割合（指定相続分）が優先し、遺言がなければ民法という法律で定められた割合（法定相続分）に従います。

### ① 指定相続分

　被相続人が、相続人ごとの相続分

を自由に決めて（遺留分を侵害しないことが必要です）、遺言で指定した相続の割合のことです。具体的な割合を示さずに、特定の人を遺言で指名して、その人に相続分の決定を一任することもできます。

② 法定相続分

民法が定めている相続人の取り分のことです。実際に誰が相続人になるかによって、以下のように法定相続分が変化します。

・**配偶者と直系卑属（第1順位）が**

**相続人となる場合**

配偶者の相続分が2分の1、直系卑属の相続分は2分の1

・**配偶者と直系尊属（第2順位）が相続人となる場合**

配偶者の相続分が3分の2、直系尊属の相続分は3分の1

・**配偶者と兄弟姉妹（第3順位）が相続人となる場合**

配偶者の相続分が4分の3、兄弟姉妹の相続分は4分の1

## 相続人の範囲

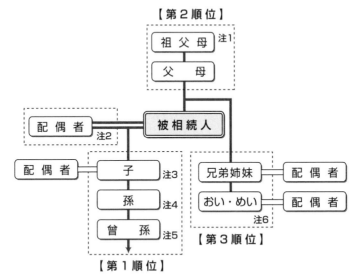

注1　父母が死亡・相続権を失ったとき相続人となる
注2　他の相続人と同順位で常に相続人となる
注3　養子や胎児も含まれる
注4　子が死亡・相続権を失ったとき相続人となる
注5　孫が死亡・相続権を失ったとき相続人となる（曾孫以降も再代襲が生じる）
注6　兄弟姉妹が死亡・相続権を失ったとき相続人となる（おい・めいの子以降の再代襲は生じない）

# 7 預金口座をめぐる法律問題について知っておこう

遺産分割確定前に相続人が預貯金の払戻しを受ける制度が整備された

## 本人の預金口座と引き出し

　金融機関に預貯金を預けている人が死亡し、その事実を金融機関が知ると、預金口座を凍結するため、相続人が勝手に預金を引き出せなくなります。もっとも、金融機関が預金者の死亡を知る前に、相続人が葬儀代などとして預貯金を引き出すケースもあります。しかし、遺産分割協議などにより預貯金がどの相続人に帰属するのかが確定し、口座凍結が解除されるまでは、預貯金を引き出すことは許されず、遺産分割協議を行うために、まず被相続人の預金額や相続人による、引出しの有無を確認しなければなりません。

　その点、相続人は、金融機関に対して、被相続人名義の預貯金などの口座について、①残高証明の発行請求、②取引履歴の開示請求が可能です。残高証明（①）は、多くの場合、最寄りの支店へ請求すれば、その金融機関の被相続人の全口座分について残高証明を発行してもらえるため、相続人が把握していない口座が見つ

かることもあります。取引履歴（②）は、過去数年分の取引の状況が開示されるため、不正な引き出しがあるかどうかを確認できます。

　残高証明の発行や取引履歴の開示は、いずれも相続人が１人で行うことができます。残高証明の発行請求は、各金融機関所定の残高証明発行依頼書に必要事項を記載して行います。添付書類は、被相続人の死亡を確認できる戸籍謄本または除籍謄本、相続人であることを確認できる戸籍謄本、相続人の印鑑証明書などです。

## 口座凍結解除をするには

　口座凍結を解除するための条件として、①遺産分割協議を完了させることが挙げられます。この方法によるときは、被相続人が残した全遺産について、相続人全員で話し合って、誰がどの遺産を手に入れるのかを決める必要があります。また、②預貯金の分割方法だけを先に決めてしまうことも可能です（遺産の一部分割）。相続人全員の協力があれば、

比較的短期間で行うことができます。

## 預貯金の仮払いを認める制度

代金債権や貸金債権などの可分債権（分割できる債権）は、相続開始と同時に法定相続分に応じて当然に分割され、各相続人が相続分に応じて権利を承継していました。しかし、2016年12月の最高裁大法廷決定で、預貯金債権については、不動産・動産・現金と同じように、相続開始と同時に相続分に応じて当然に分割されることはなく、遺産分割の対象となるとの判断が下されました。

しかし、これでは、緊急の払戻しの必要が生じた場合に、相続人全員の協力が得られなければ、一切の払戻しを受けることができないという

不都合な事態が生じかねません。

そこで、2018年の相続法改正では、預貯金債権について遺産分割の確定前であっても、一定額を相続人に払い戻すことを認める仮払い制度が整備されました。具体的には、①家庭裁判所の保全処分を利用するための要件を緩和したことと、②家庭裁判所外において各相続人が単独で払戻しを受けられる制度を新設したことが挙げられます。

### ①　家庭裁判所の保全処分を利用するための要件の緩和

家事事件手続法には、遺産分割の審判・調停の申立てがあった場合、相続人の急迫の危険を防止するため必要があるときは、家庭裁判所は必要な保全処分を命じることができる

---

### 預貯金の仮払い制度

**預貯金債権** ⇒ 遺産分割の対象に含まれることから、遺産分割前は預貯金の払戻しは受けられないのが原則である。

#### 遺産分割前に預貯金の払戻しを受けるための制度（仮払い制度）

**【家庭裁判所の保全処分を利用】**
家庭裁判所へ遺産分割の審判または調停を申し立てる→預貯金の仮分割の仮処分を申し立てる→家庭裁判所は、申立人や相手方が預貯金債権を行使する必要性を認めたときに、預貯金の仮分割の仮処分を命ずる→金融機関は仮処分の内容を確認し、仮処分で認められた範囲内で払戻しを行う

**【裁判所外で各相続人が単独で払戻しを受けられる方法】**
各相続人は「相続開始時の預貯金の額 ×1/3× 法定相続分」で、かつ、金融機関ごとに法務省令で定める額を上限として、直接金融機関の窓口で預貯金の払戻しを請求できる

という内容の規定があります。現在もこの規定に基づいて預貯金の仮分割の仮処分が可能ですが、要件が厳しすぎることが問題でした。相続法改正では、仮処分を認める要件を緩和する規定を追加しました。

　具体的には、家庭裁判所は、ⓐ遺産分割の審判または調停の申立てがあった場合に、ⓑ仮処分の申立てが別にあったときは、ⓒ相続財産に属する債務の弁済、相続人の生活費として支出したり、その他にも、遺産に含まれる預貯金債権を、申立人やその相手方が行使する必要性が認められる場合は、ⓓ他の相続人の利益を害しない限り、預貯金債権の全部または一部を仮に取得させることができます。仮分割される金額は家庭裁判所の判断にゆだねられていますが、原則として遺産の総額に申立人の法定相続分を乗じた額の範囲内になると考えられています。ただし、仮分割の仮処分を利用するには、上記のⓐにあるように遺産分割の審判・調停を申し立てる必要があります。

② **裁判所外で各相続人が単独で払戻しを受ける方法**

　2018年の相続法改正では、各相続人が、裁判所の判断を経ずに、直接金融機関の窓口で、一定額の預貯金の払戻しを受けることができるとする制度が創設されました。具体的には、各相続人は、遺産に属する預貯金債権のうち、相続開始時の預貯金の額の3分の1に、払戻しを受ける相続人の法定相続分を乗じた額で、かつ、金融機関ごとに法務省令で定める額を上限として、単独でその権利を行使できます。

## ■ 銀行預金などの名義変更の方法

　被相続人の口座は、遺産分割が確定するまで凍結され、確定後に名義変更や解約の手続きをします。名義変更は、金融機関に備え付けの名義変更依頼書で申請します。所定事項を記入し、被相続人や相続人の戸籍謄本、相続人の印鑑証明書、被相続人の預金通帳または預金証書や届出印などの添付書類とともに提出するのが一般的です。

　遺産分割の状況によっては、①遺産分割協議書（遺産分割協議に基づく場合）、②調停調書謄本または審判書謄本と審判確定証明書（家庭裁判所の調停・審判に基づく場合）、③遺言書または遺言書の写し（公正証書遺言以外の場合は「検認調書謄本」も必要）といった添付書類が必要になることもあります。

# 8 配偶者居住権について知っておこう

## 配偶者は居住や遺産分割において保護されている

### 配偶者短期居住権

相続法の改正で新設された**配偶者短期居住権**とは、相続開始時に、被相続人所有の居住建物に無償で居住していた生存配偶者が、一定期間に限り、その建物に無償で住み続けることができる権利です。

生存配偶者が、相続開始時に被相続人所有の建物に無償で居住していた場合に、相続人間で居住建物の遺産分割をすべきとき（相続や遺贈に関する被相続人の遺言がないときなど）は、遺産分割によって誰が居住建物を相続するかが決まった日、ま

たは相続開始時から6か月が経過する日、のいずれか遅い日までの期間、居住建物を無償で使用できます。

これに対して、生存配偶者が、相続開始時に被相続人所有の建物に無償で居住していた場合に、相続や遺贈に関する遺言などによって居住建物の所有者が決まっている（生存配偶者以外が所有者である）ときは、その所有者が配偶者短期居住権の消滅を申し入れた日から6か月が経過する日までの間、無償で居住建物を使用できます。

### 配偶者短期居住権

**【配偶者短期居住権の効果】**

① 遺言なし ➡ 最低でも6か月間はBは無償で建物を使用できる

② Cに相続させる（または遺贈する）という内容の遺言あり

➡ Cが短期居住権の消滅を申し入れた日から6か月が経過する日まで、Bは無償で建物を使用できる

## 配偶者居住権

**配偶者居住権**とは、生存配偶者が相続開始時に居住していた被相続人所有の建物を対象に、終身の間、居住建物を無償で使用収益できる権利です。存続期間は、遺言や遺産分割の定めにより、終身よりも短い期間とすることができますが、配偶者居住権が認められる場合には、その建物を他の相続人が活用することは困難になります。もっとも、配偶者居住権を成立させるためには、原則として、以下のいずれか1つを満たしていることが必要です。

① 建物の所有者は他の相続人に決定しても、配偶者に配偶者居住権を取得させる遺産分割協議が成立した

② 被相続人と生存配偶者との間に、被相続人死亡後に生存配偶者に配偶者居住権を取得させる内容の死因贈与契約が存在していた

③ 生存配偶者に配偶者居住権を取得させる内容の遺言があった

上記のいずれかの要件を満たすと、生存配偶者は配偶者居住権を取得し、配偶者居住権の財産的価値に相当する金額を相続したものと扱われます。

また、配偶者居住権は登記をすることで、第三者に権利を主張することができるという点にも注意が必要です。

---

### 配偶者居住権（長期居住権）

**【配偶者居住権】**

要件

① 建物の所有者は他の相続人に決定しても、生存配偶者に配偶者居住権を取得させるという内容の遺産分割協議が成立した

② 被相続人と生存配偶者との間に、被相続人死亡後に生存配偶者に配偶者居住権を取得させるという内容の死因贈与契約が存在していた

③ 生存配偶者に配偶者居住権を取得させるという内容の遺言がある

➡ 原則として終身の間、生存配偶者がその建物を継続して使用可能

# 特別受益を受けると相続分はどう変わるのか

遺留分に反しない限りは尊重される

## 特別受益とは

　被相続人から相続人が特別に財産をもらうことを**特別受益**といいます。特別に財産をもらった人が特別受益者です。相続財産に特別受益の額を加えたものが「全相続財産」となります。特別受益者である相続人の相続分からは、贈与や遺贈の分が前渡し分として差し引かれます。

　ただし、被相続人が遺言などで、贈与や遺贈の分を特別受益として差し引かないと決めていた場合（持戻し免除の意思表示）は、それに従うことになります。特別受益分が遺留分を侵害していれば、侵害された人は、特別受益者に対して遺留分侵害額請求ができます。特別受益とされるのは、次のどれかにあたる相続人に対する贈与や遺贈に限られます。

① 　**婚姻または養子縁組のため、または生計資金として、特定の相続人が受けた贈与**

　生計資金とは、住宅の購入資金の援助や特別な学費など、他の相続人とは別に、特別にもらった資金があ

てはまります。新築祝いなどの交際費の意味合いが強いものや、その場限りの贈り物などは含まれません。

② 　**特定の相続人が受けた遺贈**

　遺言によって財産を遺贈された場合、その目的にかかわらず、遺贈を受けた受遺者の相続分から遺贈の価額が差し引かれます。遺贈された財産は、被相続人の相続開始時の財産に含めて考えます。

## 贈与額や遺贈額が相続分を超える場合はどうか

　特別受益が相続分より多い場合は、遺産分割にあたっての取り分がなくなるだけで、相続分より多い分にはとくに問題になりません。被相続人の自由意思で贈られた特別受益は、遺留分に反しない限りで尊重されます。

## 「持戻し免除の意思表示」の推定に関する改正

　被相続人から相続人である配偶者が居住用不動産の贈与・遺贈を受けることは特別受益に該当します（生

計資金としての贈与・遺贈に該当）。そのため、特別受益を持ち戻した上で、それぞれの相続人の具体的相続分を計算します。たとえば、妻、子が相続人の場合で、被相続人から妻へ居住用不動産（評価額2000万円）が贈与され、相続開始時の財産は預貯金2000万円のみとします。妻と子の具体的相続分を算定する際は、贈与された居住用不動産2000万円も相続開始時の財産に含めて計算しますので、「居住用不動産2000万円＋預貯金2000万円＝4000万円」が全相続財産となります。4000万円を法定相続分に応じて分配すると、妻は2000万円、子は2000万円となる結果、妻の具体的相続分は特別受益（2000万円）を控除した「ゼロ円」となるので、妻は預貯金を相続できないことになります。これでは、居住用不動産を確保できても、その後の生活に支障をきたしかねません。

2018年相続法改正では、前述したケースの妻のような生存配偶者の生活保障を図る趣旨から、婚姻期間が20年以上の夫婦間でなされた贈与・遺贈のうち居住用不動産（建物やその敷地）については「持戻し免除の意思表示」があったと推定する規定が置かれました。つまり、居住用不動産の贈与・遺贈については、推定をくつがえすような事実がない限り、居住用不動産の価額（特別受益）を持ち戻して計算する必要はないことになります。

本ケースでも、夫から妻に生前贈与された居住用不動産2000万円の持戻しは原則として不要となりますので、全相続財産は「預貯金2000万円」となるとともに、特別受益分の控除も行われませんので、妻は1000万円を相続します。これにより、生存配偶者が安心して暮らしていくことができます。

## 特別受益者の具体的相続分の算定方法

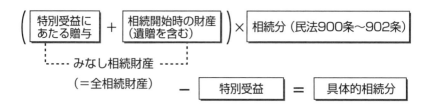

# 10 寄与分を受けると相続分はどう変わるのか

### 寄与分は相続分にプラスされる

### ■財産形成への貢献を評価する

　**寄与分**とは、被相続人の財産の維持または増加に特別の寄与（財産形成に対する特別な貢献）をした相続人（貢献者）に対して、本来の相続分とは別に、寄与分を相続財産（遺産）の中から取得できるようにする制度です。

　寄与分制度は、特別受益者の相続分と同様に、相続分の計算方法を修正して、相続人同士の実質的な公平を図るための制度です。

　たとえば、配偶者としての貢献や親孝行などは、特別の寄与とは認められず、寄与分制度の対象になりません。しかし、被相続人に事業資金を提供したことで被相続人が倒産を免れた場合や、長期療養中の被相続人の看護に努めたことで被相続人が看護費用の支出を免れた場合などは、特別の寄与と認められ、寄与分制度の対象となります。

### ■寄与分の具体的な計算方法

　寄与分の算出方法は、まず、相続財産の総額から寄与分を差し引いた「みなし相続財産」を決定します。次に、みなし相続財産を相続分に応じて分けて、寄与分は貢献者に与えます（次ページ図）。

　たとえば、妻と長男、二男、長女の4人が相続人で、相続財産が2000万円、長男の寄与分が200万円である場合は、以下のように、貢献者である長男の相続分は500万円となります。

・相続財産…………2000万円－200万円＝1800万円

・妻の相続分………1800万円×2分の1＝900万円

・長女の相続分…（1800万円－900万円）×3分の1＝300万円

・二男の相続分…（1800万円－900万円）×3分の1＝300万円

・長男の相続分……300万円（本来の相続分）＋200万円（寄与分）＝500万円

　寄与分の割合について特段の定めはありませんが、相続財産の総額から遺贈の価額を控除した額を超える

ことはできません。

## 相続人以外の者の特別の寄与についての改正

　以上のように、相続財産の維持や増加に貢献を果たしたことが「特別の寄与」にあたる相続人は、自身の相続分に寄与分を加えて相続することが可能です。しかし、寄与分は相続人のみに認められるため、たとえば、相続人の妻（親族）が被相続人の療養看護に努めても寄与分として考慮されません。とくに、被相続人の死亡時点で相続人がすでに亡くなっている場合、その配偶者は、相続人を介して被相続人の財産を相続することもできません。そのため、被相続人の療養看護に勤めていた場合は、ますます不公平感は大きくなっていました。

　次の具体例で生じる不都合を考えてみましょう。たとえば、父Aが亡くなり、Aには相続人として子Bと子Cがいて、Cの妻DがAの生前の療養看護を担当していたという場合を考えてみます。

　このとき、Aの財産が1000万円であったとすると、法定相続分に従えば、相続人BとCが各500万円ずつを相続します。しかし、日常生活におけるAの世話を見てきたのはDであるにもかかわらず、DはAの相続に関して、何らかの主張ができないのでしょうか。

　被相続人を献身的に介護したり、被相続人の家業に従事するなどして、被相続人の財産の維持や増加に特別な貢献をしたといえる場合、仮に、寄与分が認められるのであれば、その貢献を寄与分として考慮して、具体的な相続分に上乗せすることが認められます。

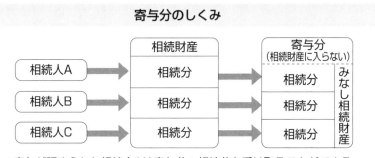

### 寄与分のしくみ

※寄与が認められた相続人Aは寄与分＋相続分を受け取ることができる

しかし、寄与分が認められるのは相続人に限定されているため、たとえ相続人の妻が被相続人を献身的に介護しても、その貢献は寄与分として認められず、本ケースにおけるＤは、寄与分を主張することはできません（ただし、Ｄの貢献を相続人Ｃの貢献と考えて、相続人Ｃの寄与分として認められる可能性はあります）。

こうした不公平な取扱いを是正するために、2018年相続法改正により、相続人以外の親族が無償で、療養看護や労務の提供により被相続人の財産の維持または増加に貢献したときは、相続人に対して特別寄与料を請求できるとする規定が設けられました。

つまり、本ケースのＤのように、相続人でない親族が、被相続人の療養看護などによって被相続人の財産の維持・増加に特別の寄与（貢献）をした場合に、相続人に対して金銭（特別寄与料）の支払いを請求できるということです。

特別寄与料を請求できるのは「被相続人の親族」です。具体的には、①６親等内の血族、②配偶者、③３親等内の姻族を指しますが、相続人、相続放棄をした者、相続欠格事由に該当する者、相続廃除者は除外されます。本ケースのＤは、③（１親等の姻族）にあたるので、相続人Ｂ・Ｃに対して特別寄与料の支払いを請求できます。また、2018年相続法改正では、当事者間で特別寄与料についての協議が調わない場合は、家庭裁判所に処分の請求（特別寄与料を定める請求）ができるという規定も設けられています。

## 相続人以外の親族（特別寄与者）の貢献を考慮する方策

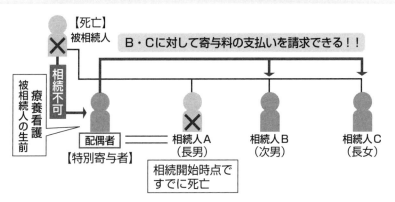

# 11 遺留分について知っておこう

## 遺留分は侵害できない

### 指定相続と遺留分

　兄弟姉妹以外の相続人（遺留分権利者）には、遺言によっても影響を受けない**遺留分**（法律上決められている最低限の相続できる割合）が保障されています。

　遺留分権利者全体に保障された遺留分（総体的遺留分）は、直系尊属だけが相続人の場合は相続財産の3分の1、それ以外の場合は相続財産の2分の1です。遺留分権利者が複数いる場合は、法定相続分に基づく各人の遺留分（具体的遺留分）を決めます。

　遺留分を算定する場合、その算定の基礎となる財産（基礎財産）を確定することが必要です。基礎財産は「相続開始時の財産（遺贈された財産を含む）＋生前に贈与した財産－借金などの債務」という計算式によって求めます。ただし、「生前に贈与した財産」は、相続人以外の人に対する贈与か、相続人に対する贈与かによって、遺留分の算定の基礎となる財産に含まれるかどうかの判断基準が異なります。

　まず、相続人以外の人に対する贈与は、①相続開始前の1年間にした贈与と、②相続開始の1年前の日より前にした当事者双方が遺留分権利者に損害を与えることを知った上での贈与が含まれます。

　一方、相続人に対する贈与は、2018年相続法改正により、遺留分算定の基礎財産に算入される相続人に対する生前贈与の範囲について、③相続開始前の10年間にした特別受益となる贈与と、④相続開始の10年前の日より前にした当事者双方が遺留分権利者に損害を与えることを知った上での贈与が含まれることが明記されています。

### 遺留分侵害額請求とは

　遺留分が侵害された場合、遺留分権利者は、遺贈や贈与を受けた相手方に対し、侵害された遺留分の回復を請求することができます。これを**遺留分侵害額請求**といいます。

　遺留分侵害額請求の方法に限定は

なく、遺留分を侵害している受遺者や受贈者に対して、遺留分侵害額請求権を行使するという意思表示をすれば足ります。遺留分侵害額請求は、まず遺贈について行い、それでも遺留分の侵害が解消されない場合は、贈与（生前贈与）について行います。贈与については後の贈与（一番新しく行われた贈与）から順番に、遺留分の侵害が解消されるまで、遺留分侵害額請求が行われます。

なお、相続人に対する特別受益にあたる贈与は、相続分の前渡しとみなされます。この場合の贈与は、相続人以外への贈与とは異なり、1年以上前の特別受益にあたる贈与であっても遺留分侵害額請求の対象になります（2018年相続法改正により、10年前までの特別受益にあたる贈与に制限されることになりました）。

## 遺留分侵害額請求権の消滅

遺留分侵害額請求権の行使期間は1年間です。この「1年間」の計算については、相続開始および遺留分を侵害する贈与や遺贈があったことを知った日から数え始めます。ただし、相続開始または遺留分を侵害する贈与や遺贈があったことを知らずにいたとしても、相続開始日から10年を経過したときは、遺留分侵害額請求権が消滅します。

## 遺留分侵害額請求をするには

遺留分侵害額請求をしたい遺留分権利者は、各自で意思表示をしなければなりませんが、時効による権利消滅を防ぐため、通常は配達証明付内容証明郵便で請求します。その場合、遺留分を侵害している受遺者や受贈者の全員に送付します。交渉が困難な場合は、家庭裁判所の調停や、

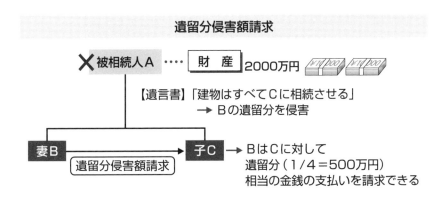

**遺留分侵害額請求**

被相続人A ‥‥ 財 産 2000万円

【遺言書】「建物はすべてCに相続させる」
→ Bの遺留分を侵害

妻B ── 子C → BはCに対して
〔遺留分侵害額請求〕　遺留分（1/4＝500万円）
相当の金銭の支払いを請求できる

訴訟の提起を通じて請求することになります。

## 遺留分侵害額請求の効果

遺留分侵害額請求権を行使すると、遺留分侵害額相当の金銭債権が発生することになり、遺留分権利者は、受遺者や受贈者に対し、遺留分侵害額に相当する金銭の支払いを請求できるにとどまります。

## 遺留分の放棄には家庭裁判所の許可が必要

たとえば、ある人が生前に、配偶者に主要な財産を残したいと思った場合には、配偶者以外に相続人になる見込みの人たちと話し合って遺留分を放棄してもらう方法があります。

被相続人の生前に遺留分を放棄したい場合は、遺留分権利者が自ら家庭裁判所に対し「遺留分放棄許可審判申立書」を提出して、遺留分放棄の許可を得なければなりません。被

相続人の生前に自由な遺留分の放棄を認めると、被相続人や他の推定相続人により強制的に遺留分を放棄させられるおそれがあるため、遺留分の放棄が本人の真意に基づくものであるかどうか、相続人の利益を不当に害するものでないかどうかを家庭裁判所で審理してもらうことにしています。

## 相続開始後の遺留分の放棄

相続開始後は、遺留分を自由に放棄することができます。遺留分の放棄の方法については、特段の規定がありませんので、たとえば遺留分を放棄することを遺産分割協議の場で表明をしても有効です。

ただし、相続財産（遺産）の存在などの事実関係に関する誤った認識や、他の相続人による詐欺や強迫（脅し）などがあれば、遺留分の放棄も含めた遺産分割協議の無効などが問題になる場合があります。

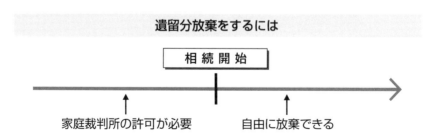

遺留分放棄をするには

相続開始

家庭裁判所の許可が必要　　自由に放棄できる

# 12 人が亡くなった直後に行う手続きにはどんなものがあるのか

死亡診断書、死亡届、火葬許可証などの書類の届けが必要

## どんな手続きが必要になるのか

人が亡くなったときには、①死亡診断書か死体検案書、②死亡届、③火葬許可証と埋葬許可証といった書類の届けが必要になります。

### ① 死亡診断書か死体検案書の交付

まずは死亡したことを医学的に証明する「死亡診断書」か「死体検案書」の交付を受けます。自宅や病院で亡くなったり、医師に死亡確認をしてもらった場合は、死亡診断書を交付してもらいます。

一方、自宅で亡くなった状態で見つかった場合、事故に遭った場合などには検死を受けなければなりません。まずは警察に通報し、判断を仰いでください。検死が終わると死体検案書が作成されます。

### ② 死亡届の提出

死亡診断書もしくは死体検案書には、「死亡届」の様式がついています。届出人（届出義務者）は、**死亡の事実を知った日から7日以内に**、必要事項を記載した死亡届を市区町村役場の戸籍係窓口に提出しなければなり

ません。届出人とは、親族、親族以外の同居者、家主や地主などの関係者ですが、届出人から依頼された代理人なども届け出ることができます。

### ③ 火葬許可申請書の提出と火葬許可証の交付

火葬をするためには、火葬場に火葬許可証を提出しなければなりません。死亡届を提出する際、同時に「火葬許可申請書」を提出することで交付されます。最近は葬儀社などが死亡届の提出から火葬場の予約までを代行することが多いようです。

### ④ 埋葬許可書の交付

墓地などに納骨するためには、埋葬許可証が必要になります。火葬終了後、火葬場管理者が火葬許可証に火葬証明印など必要事項を記載したものが埋葬許可証となります。埋葬許可証は、火葬終了時に火葬場で受け取ります。

## 葬儀の手配から納骨まで

ご遺体を火葬場へ運び、骨上げをするためには火葬場の予約をとるな

どの手続きが必要です。

通夜・葬儀などの打ち合わせの際には、喪主を決め、会場選定から遺体搬送、祭壇のランク、僧侶の手配、会食の手配など、さまざまなことを業者と打ち合わせて進めなければなりません。

通夜や葬儀に出席してほしい近親者や知人、会社関係者などに電話などで連絡します。

## その他の公的手続き

その他、人が亡くなったときにはやらなければならない手続きが多数あります。市区町村への届出の他、公的年金を受給していた場合は受給を停止するための届出、健康保険証などの返却も必要です。期限のある手続きも多いため忘れずに届け出るようにしましょう。

・世帯主の変更

死亡した人が世帯主だった場合は、死亡から14日以内に市区町村役場へ「世帯主変更届」を提出し、新しい世帯主を届け出ます。ただし、届出が必要になるのは、世帯に15歳以上の人が2人以上残っている場合です。死亡した人が一人暮らしだった場合や、死亡により世帯に1人のみ残る場合は手続き不要です。

なお、届出ができるのは、原則として新しい世帯主本人か同じ世帯の人ですが、委任状を提出した場合は代理人が申請することもできます。

・健康保険の資格喪失の手続き

死亡した人が国民健康保険に加入していた場合は、死亡から14日以内に市区町村役場へ「国民健康保険資格喪失届」(75歳以上の場合は「後期高齢者医療資格喪失届」)を提出し、保険証や高齢受給者証を返却します。先に「死亡届」を提出していればこの届出は不要な自治体もあり、その場合は保険証の返却のみを行います。

また、国民健康保険の被保険者だった世帯主が亡くなった場合は、世帯主を変更した上で新しい健康保険証を発行してもらう必要があります。亡くなった人の保険証の他、被扶養者全員の保険証を返却し新しい保険証を発行してもらいましょう。

死亡した人が扶養親族だった場合は、自分の加入している健康保険組合などで資格喪失の手続きを行います。保険証もいっしょに返却する必要がありますので、速やかに会社へ連絡しましょう。

・年金受給を停止する手続き

死亡した人が年金を受給していた場合は、年金事務所などへ「年金受

給権者死亡届」を提出し、年金受給を停止します。提出期限は、国民年金の場合は死亡から14日以内、厚生年金の場合は10日以内です。停止手続きをせずに受給を続けると不正受給とみなされますので注意しましょう。なお、日本年金機構に死亡した人のマイナンバーが収録されている場合は、原則として届出の提出は不要です。

　一方、受け取るべき年金を受給せずに亡くなった場合は、生計を一にしていた遺族が未受給分を受け取ることができます。年金は死亡した月の分までは発生することになりますが、自動的に遺族へ支給されるわけではありませんので、年金事務所などでの手続きが必要です。

・**その他（介護保険証、障害者手帳などの返還）**

　死亡した人が介護保険の被保険者だった場合は、市区町村役場へ「介護保険資格喪失届」を提出し、介護保険証（原則65歳以上の人に交付されています）もいっしょに返却します。

　また、障害者手帳を持っていた者が死亡した場合は、市区町村役場で障害者手帳（身体障害者手帳・療育手帳・精神障害者保険福祉手帳）の返還手続きが必要です。障害年金を受給していた場合は、年金受給権死亡届の提出も必要です。

## 公的機関の手続き

| 項　目 | 期　限 |
| --- | --- |
| 死亡届の提出 | 7日以内 |
| 住民票の抹消 | 14日以内 |
| 世帯主の変更 | 14日以内（故人が世帯主だった場合） |
| 健康保険の資格喪失と保険証返却 | 国民健康保険の場合は14日以内 |
| 年金受給の停止 | 国民年金の場合は14日以内<br>厚生年金の場合は10日以内 |
| 介護保険の資格喪失と保険証返却 | 14日以内 |
| 障害者手帳などの返還 | － |
| 雇用保険受給資格者証の返還 | 1か月以内<br>（故人が雇用保険を受給していた場合） |

# その他しなければならない手続きにはどんなものがあるのか

## 急ぐ必要はないが着実にこなす必要がある

### 支払方法の変更・解約

　前項の手続き以外の事後処理として、以下のものが挙げられます。仕事、家事などと並行して進めることが多くなるので、やるべきことをリストにして優先順位を確認し、書類の準備や提出の順番をあらかじめ考えて効率よく進めましょう。

・**本人名義の契約の解除や名義変更、未払い料金の精算など**

　家賃や公共料金、クレジットカードなどに未払金が残っている可能性があります。また、本人名義の契約を解除したり、名義変更も必要になります。多額の借金がある場合、支払いを行うことで相続放棄ができなくなる可能性があるため、未払金の支払時は注意が必要です。

・**生命保険の受給手続きや財産整理**

　遺産や生命保険の保険金などの整理は重要な事後処理です。生命保険証書があれば、保険会社に連絡して契約状況を確認しましょう。保険証書が見つからない場合、通帳等で支払実績の有無を確認します。最低で

も年に一度は契約内容確認のための郵便が届いている可能性が高いため、郵便物も細かくチェックしましょう。

　保険金の受取期間は、一般的に無くなった日の翌日から3年間と設定されていることが多いです。期限を過ぎると請求権がなくなるおそれがあるため、注意が必要です。

・**所得税の申告手続き**

　確定申告をしなければならない人が年の中途で死亡した場合、その相続人は、相続の開始があったことを知った日の翌日から4か月以内に、亡くなった人の1月1日から亡くなった日までの所得税の確定申告と納税を行います。これを**準確定申告**といいます。相続人が2人以上いる場合は、原則として各相続人が連署により準確定申告書を提出します。もうひとつの方法として、相続人がそれぞれで準確定申告書を作成し、提出することもできます。連署して提出する場合は代表者を決める必要があり、各自で提出する場合は提出内容を他の相続人に通知する必要が

あります。

## ・葬祭費・埋葬料の申請

　健康保険に加入していた被保険者が業務外の事由により死亡したときは、その被保険者により生計を維持されていた家族に埋葬料が支払われます。協会けんぽの場合、埋葬料は5万円です。

　被扶養者が死亡したときは、被保険者に対して家族埋葬料が支給されます。協会けんぽの場合、家族埋葬料は5万円です。埋葬料の支給を受けるには協会けんぽの都道府県支部などに申請書を提出する必要があります。協会けんぽの場合、埋葬料支給申請書の提出期限は、被保険者または被扶養者が死亡した日の翌日から2年間です。また、死亡原因や申請書の記入内容に応じて添付書類が定められています。

　国民健康保険、後期高齢者医療制度に加入している被保険者が亡くなったとき、実際に埋葬を行った者に葬祭費が支給されます。

　葬祭費の額は、亡くなった人が加入していた保険の種類や保険者によって異なりますが、3万円から7万円の範囲で定められているものが多いです。葬祭費の請求手続きは、亡くなった人が加入していた保険者に対して行うため、支給申請書の様式や必要書類はさまざまです。葬祭費は、葬祭を行った日の翌日から2年経過すると申請できなくなります。

### 保険・税金関係の事後処理と必要書類

| 手続き | 必要な書類 |
|---|---|
| 生命保険金の支払請求 | 死亡保険金支払請求書（実印で押印）、保険証券、死亡診断書、死亡した人の戸籍（除籍）謄本、受取人の戸籍謄本、受取人の印鑑証明書、契約印 |
| 葬祭費の申請 | 国民健康保険葬祭費支給申請書、国民健康保険証、死亡診断書、葬祭費用の領収書、印鑑 |
| 埋葬料の申請 | 健康保険埋葬料支給申請書、健康保険証、死亡を証明する事業所の書類（事業主の場合は死亡診断書）、葬儀費用の領収書、住民票、印鑑 |
| 準確定申告 | 生命保険金や損害保険金の領収書、源泉徴収票、申告者（納税代理人）の身分証明書（運転免許証やパスポートなど）、印鑑 |

## ・高額療養費の請求

　医療費の自己負担額を超えた分が払い戻される制度です（詳細については58ページ参照）。診療月の翌月の初日から２年を経過するまでの間に、申請書を協会けんぽの都道府県支部などに提出します。

## ・婚姻前の氏に戻す

　配偶者が亡くなり、婚姻前の旧姓に戻すには復氏届を提出します。申請書の様式は市区町村により若干異なりますので、提出先所定の用紙を入手して作成しましょう。本籍地以外で提出する場合は戸籍全部事項証明書の添付が必要であり、本籍地で提出する場合は不要です。提出期限はなく、いつでも提出することができますが、国際結婚の場合は亡くなった日の翌日から３か月以内と定められています。復氏届の効力は本人のみであり、子供の姓は変更されないため、家庭裁判所に対して別途手続きが必要になります。

## ・姻族関係の終了

　配偶者が亡くなった場合、婚姻関係は終了しますが、姻族関係は継続します。姻族関係終了届を提出することで、姻族関係を終了させることができます。姻族関係が終了した場合、相手方の親族の扶養義務を負うことはなくなりますが、相続の権利および遺族年金の受給資格には影響しません。姻族関係終了届は、本籍地または居住地の市区町村役場に提出し、期限はありません。この届出を提出しても戸籍には反映されず、姓と戸籍はそのままとなりますので、婚姻前の戸籍や姓に戻したい場合は前述の復氏届が必要です。一度終了させた姻族関係は二度と復活させることができませんので、冷静に判断しましょう。

## ・遺品整理・住居の明渡し

　賃貸か持ち家かで、遺品整理が必要となるタイミングは変わります。外部業者の活用も含め、適切なタイミング・流れで遺品整理ができるよう段取りを整理し、確認しておく必要があります。これまで取り上げた手続きを行う上で必要な書類等を誤って処分することを避けるため、すべての手続きを終えて一段落してから遺品の整理に取りかかる人も多いです。

　遺品整理の過程で、把握していない通帳、有価証券や土地の権利書などの貴重品が見つかった場合、これらを独断で処分すると問題になる可能性が高くなります。他のものとは別にまとめ、法律の定めや親族・相続人の合意に従って整理するようにしましょう。

## 【監修者紹介】

### 中村　啓一（なかむら　けいいち）

司法書士（大阪司法書士会所属、簡裁訴訟代理関係業務認定）。1976年生まれ。鳥取県出身。2013年5月司法書士登録。大阪市内、和歌山市内の司法書士法人で不動産登記、商業登記、相続手続、生前対策などの業務に従事した後、2018年に司法書士事務所を開設。単に書類作成するだけでなく、様々な視点から最善となる方法を模索、アドバイスを行い依頼者をサポートしている。

監修書に、『最新　売掛金回収・債権管理の基本と対策』『株式会社の変更登記と手続き実務マニュアル』（小社刊）がある。

シンセリティー司法書士事務所
大阪市中央区北久宝寺町1－7－9 堺筋本町プラザビル702
https://souzoku-shintaku.net

### 森島　大吾（もりしま　だいご）

1986年生まれ。三重県出身。社会保険労務士、中小企業診断士。三重大学大学院卒業。観光業で人事労務に従事後、介護施設で人事労務から経営企画、経理まで幅広い業務に従事する。2020年1月に「いちい経営事務所」を開設。会社員時代には、従業員の上司には言えない悩みや提案を聞くことが多く、開業してからも経営者の悩みに共感し寄り添うことをモットーに、ネガティブな感情をポジティブな感情に動かす『感動サービス』の提供を行っている。人事労務から経理まで多岐にわたる業務に従事していた経験と中小企業診断士の知識を活かして、給与計算代行や労働保険・社会保険の手続き代行だけでなく、経営戦略に寄与する人事戦略・労務戦略の立案も行い、ヒト・モノ・カネの最大化に向けたサポートをしている。

監修書に、『入門図解 テレワーク・副業兼業の法律と導入手続き実践マニュアル』『入門図解 高年齢者雇用安定法の知識』『入門図解 危機に備えるための 解雇・退職・休業・助成金の法律と手続き』『失業等給付・職業訓練・生活保護・給付金のしくみと手続き』『図解で早わかり最新 医療保険・年金・介護保険のしくみ』『株式会社の変更登記と手続き実務マニュアル』（小社刊）がある。

すぐに役立つ
イザというときに困らない
最新　親の入院・介護・財産管理・遺言の法律入門

2021年2月28日　第1刷発行

監修者　　中村啓一　森島大吾
発行者　　前田俊秀
発行所　　株式会社三修社
　　　　　〒150-0001　東京都渋谷区神宮前2-2-22
　　　　　TEL　03-3405-4511　FAX　03-3405-4522
　　　　　振替　00190-9-72758
　　　　　http://www.sanshusha.co.jp
　　　　　編集担当　北村英治
印刷所　　萩原印刷株式会社
製本所　　牧製本印刷株式会社
©2021 K. Nakamura & D. Morishima Printed in Japan
ISBN978-4-384-04861-2 C2032